珍藏本
纪念版

汉译世界学术名著丛书

逻辑研究

第二卷

现象学与认识论研究

第二部分

〔德〕埃德蒙德·胡塞尔 著
乌尔苏拉·潘策尔 编

倪梁康 译

商务印书馆
SINCE 1897 The Commercial Press

2017年·北京

Edmund Husserl
EDMUND HUSSERL GESAMMELTE WERKE (HUSSERLIANA) BAND XIX/2
Logische Untersuchungen
Zweiter Band, Zweiter Teil
Untersuchungen zur Phänomenologie und Theorie der Erkenntnis
Text der 1. und 2. Auflage. Hrsg. von Ursula Panzer

根据海牙马尔蒂米斯·内伊霍夫出版社《胡塞尔全集》第十九卷第二部分
1984 年德文校勘版译出

目　　录

第二篇

感性与知性

第三篇

对引导性问题的澄清

附录

外感知与内感知。物理现象与心理现象

① 在《胡塞尔全集》第十九卷、第二部分的目录中,"第 6 节"被误作"第 8 节",这里根据《逻辑研究》1922 年第三版改正之。——中译注

第二版前言 B_2 III

我很抱歉，摆在读者面前的这个新版《逻辑研究》之结尾部分与我在1913年为本书第一卷第二版所做序言中的预告并不相符。我不得不做出决定：不再发表已彻底修改过的文本——这个修改过的文本的相当大部分在当时已经得到付印——，而是发表原先的、只是在几个篇章中得到了根本修正的文字。书都有其自己的命运，这句老话在这里再次得到了验证。首先迫使我中断印刷的原因在于，一段时间的超量工作自然而然地导致了我的疲惫。而我在付印期间所感受到的理论困难要求我对新构思的文字进行切入性的重构，为此需要付出更新的力量。但在接下来的战争年代[①]中，我无法为逻辑现象学（Phänomenologie des Logischen）付诸那种激情般的参与，而没有这种参与，在我这里也就不可能产生成熟的工作。我只能在最普遍的哲学沉思以及一些重新着手的工作中去承受战争和接踵而来的"和平"，这里所说的重新着手之工作是指在方法上和实事上制定现象学哲学的观念，系统地构设这门哲学的基本路线，整理它的工作问题并且将这样一些在此关系中不可或缺的具体研究继续进行下去。而我在弗莱堡的新教学工 B_2 IV

① 这里的"战争年代"是指1913－1919年的第一次世界大战。——中译注

作也要求我将我的兴趣朝向主导的普遍性和体系。只是在近期里，这种系统性的研究才重又将我引回到我现象学研究的起源区，并且使我回忆起这项原先的、久待完成和发表的纯粹逻辑学基础工作。此外，悬而未决的问题还有，被紧张的教学与紧张的研究分割开来的我，究竟何时才能使这里的工作与在此期间已经获得的进展相应合，何时才能对这项工作进行文字上的重新加工；我在加工时究竟是继续利用第六研究的文字，还是赋予我的那些在内容上已远远超出第六研究的构想以一部全新著述的形态。

根据这些情况，我屈从了本书的朋友们的急迫愿望，不得不决定：至少是以原初的形态将此书的结尾部分再次交付给公众。

第**一**篇“客体化的意向与充实。认识作为充实的综合以及综合的各个阶段”几乎是得到了逐字逐句的重印。我无法在不危及整体风格的情况下对它进行个别的加工。与此相反，对我尤为看重的第**二**篇“**感性与知性**”，我却进行了深入的加工，它在文字结构上得到了多重的改善。我始终还坚信，关于“感性直观与范畴直观”的一章连同前一章准备性的阐述为从现象学上澄清**逻辑**明见性（当然随之还包括对它在价值论领域和实践领域的平行项的澄清）开辟了道路。如果人们关注了这一章，那么某些对我《纯粹现象学的观念》[①]的误解就会是不可能的。不言而喻，在《观念》中所说的对最一般本质之观视的直接性据此也就像其他范畴直观的直
B₂ V 接性一样，意味着非直观思维之间接性的对立面，例如意味着象征-空乏思维之间接性的对立面。与之相反，人们以往之所以将

① 即发表于1913年的《纯粹现象学与现象学哲学的观念》第一卷。胡塞尔以下也将此书简称为《观念》。——中译注

这种直接性归诸于通常意义上的直观直接性，恰恰是因为人们没有认识到在感性直观与范畴直观之间的区别，这个区别对于任何一门理性理论来说都是根本性的区别。这样一些具有深切意义的、在一部近二十年来受到诸多敌视、但也受到诸多引用的著述中得到阐述的素朴确定，始终没有能够产生特别的文献影响，在我看来，由此便可见哲学科学目前的状况究竟如何了。

关于“本真思维与非本真思维的先天规律”那一章（在文字上同样受到修改）的状况也是如此。这一章为在理性理论中首先彻底克服心理主义至少提供了一个类型；这个类型已经突破了此项研究的框架：此项研究仅仅关注了形式逻辑并局限在形式逻辑理性上。这一章没有得到过深入的阅读，这也表现在我常常听到的一些在我看来是怪诞无稽的指责上，即：我在本书的第一卷中尖锐地驳斥了心理主义，而在第二卷中又回落到心理主义之中。——即使我在这里补充说，今天，在二十年的继续工作之后，我对许多事情已经不再会那样写，我已经不再赞同某一些说法，例如不再赞同范畴代现（kategoriale Repräsentation）[①]的学说，这也不会使人

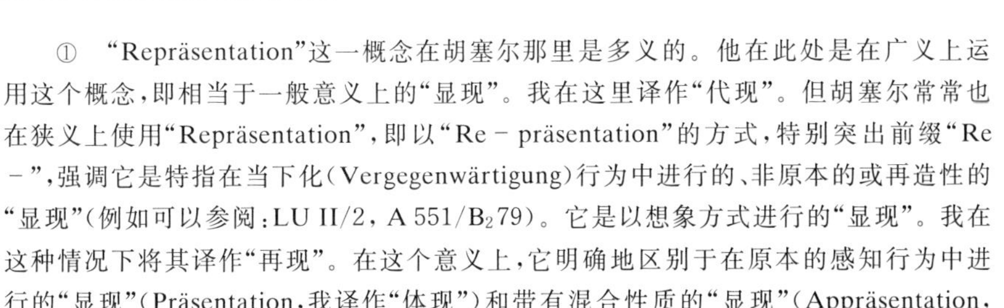

① “Repräsentation”这一概念在胡塞尔那里是多义的。他在此处是在广义上运用这个概念，即相当于一般意义上的“显现”。我在这里译作“代现”。但胡塞尔常常也在狭义上使用“Repräsentation”，即以“Re－präsentation”的方式，特别突出前缀“Re－”，强调它是特指在当下化（Vergegenwärtigung）行为中进行的、非原本的或再造性的“显现”（例如可以参阅：LU II/2，A 551/$B_2$79）。它是以想象方式进行的“显现”。我在这种情况下将其译作“再现”。在这个意义上，它明确地区别于在原本的感知行为中进行的“显现”（Präsentation，我译作“体现”）和带有混合性质的“显现”（Appräsentation，我译作“共现”）。以下均同，包括对“Repräsentant”（“被代现者”）的翻译。

此外还可以参阅译者在《逻辑研究》中译本第二卷，第二研究，第四章“抽象与代现”中对“代现”概念的说明。——中译注

们改变以上的说法。尽管如此，我相信可以说，此书中的那些纵然不尽成熟，甚至带有失误的东西也是值得深思熟虑一番的。因为这里面的所有一切都产生于那种真正切近实事本身、纯粹朝向其直观自身被给予性的研究之中，尤其是产生于那种朝向纯粹意识的本质现象学之观点的研究之中，而唯有这种研究才能为一门理性理论带来成效。当然，谁要想理解我在这里以及在《观念》中所做阐述的**意义**，他就必须不畏惧巨大的艰难，这里也包括将他自己的概念以及关于相同的或貌似相同的命题之信念“加括号”的艰
B_2 VI 难。但这种艰难是实事本身之本性所要求的。谁无畏于这种艰难，他才会找到足够的机会来改进我的主张，而且如果他乐意的话，他也可以来指责我的主张的不完善。但这类尝试是不能在肤浅阅读的基础上以及从一个非现象学的思维圈出发来进行的，这样做的结果只会使他受到每一个真正理解者的摒弃。莫里茨·石
980 里克(Moritz Schlick)的《普通认识论》表明，某些作者做起拒斥性的批评来是多么舒适随意，他们的阅读是怎样的仔细认真，他们会果敢地将什么样的荒谬归属于我和现象学；我们吃惊地读道(第121页)：“在这里[在我的《观念》中]声言有一种特殊的直观存在，据说它**不是心理实在的行为**；如果有人无法找到**这样一种并不包含在心理学领域中的‘体验’**，那么他便会被告知，他没有理解这门学说的意义，他没有深入到正确的经验观点和思维观点之中，因为据说这需要付出‘专门的和艰苦的研究’”①。熟悉现象学的人一

① 胡塞尔在这里所引的是石里克的《普通认识论：自然科学的专论与教程》第一卷(柏林，1918年第一版)。石里克在其中所引的“专门的和艰苦的研究”一句则可以参阅胡塞尔：《纯粹现象学与现象学哲学的观念》第一卷(《胡塞尔全集》第三卷，第一册，海牙 1976年)，第5页。——中译注

眼便可以看出，我绝不可能说在上面这段加了重点号、由石里克强加于我的出色声言；同样可以看出，他对现象学意义所做的其他论述同样是不真实的。固然，我曾一再要求付出“艰苦的研究”。但这并不有别于例如数学家对任何一个想**参与**对数学事物的**谈论**，甚至敢于对数学科学的价值提出批评的人所提的要求。无论如何，对一门学说不付出为把握其意义所必需的研究，却已经对它进行批评，这就违背了文献著述之严肃性的永恒规律。要想深入到现象学之中，必须付出辛劳；凭借自然科学或心理学的学识以及任何历史哲学的学识是无法免除这种辛劳的，它们只能减轻这种辛劳。但是，每一个承受这种辛劳并且奋起而达到那种罕为人所施行的无成见性的人，都会获得对这个科学**基地**之存有的无疑确然 B2 VII
性，同样也获得为此基地所要求的**方法**之特权的无疑确然性，正是这种方法，在这里与在其他科学中一样，才使得概念上确定的工作问题有可能具有共性，才使得我们有可能对真与假做出确然的决断。我必须再次强调，M. 石里克的案例所涉及的并不仅仅是一些无关紧要的偏离，而是他的整个批评都建立在一些歪曲意义的偷梁换柱做法之基础上。

在说完这些抵御性的话语之后，我对第三篇“对引导性问题的澄清”还要做如下说明：在这部著作的第一版发表之后不久，我就已经改变了我对疑问句和愿望句之现象学阐述问题的态度，对此，仅靠目前唯一可能进行的小加工是不够的。因而这里的文字未受到改动。对于常常被引用的关于“外感知与内感知”之附录，我的做法则较少保守些。现在，在保留了基本文字内涵的情况下，它的结构得到了相当大的改善。

全书索引的缺少可惜无法得到弥补,因为承担这项工作的是我的极有前途的学生鲁道尔夫·克莱门斯(Rudolf Clemens),他已为祖国捐躯。

E.胡塞尔

弗莱堡(布莱斯高地区),1920年10月

第六研究

现象学的认识启蒙之要素 A 473 B$_2$ 1

引　　论

初看起来，前一项研究似乎已经迷失在描述心理学的冷僻问题之中，但它对我们澄清认识之兴趣却有相当大的促进。所有的思维，尤其是理论思维和认识都是在某些“行为”中进行的，这些行为出现在与表达的话语的联系之中。所有有效性统一的源泉就处在这些行为之中，这些有效性统一作为思维客体和认识客体，或者作为它们的解释性根据与规律、作为它们的理论与科学而与思维者相对立。因而在这些行为之中也包含着相属的普遍、纯粹之观念的源泉，这些观念之间的观念规律性联系就是纯粹逻辑学所要获取的东西，而对这些观念的澄清则是认识批判所要从事的工作。显然，通过对这些行为本身、这个受到诸多争议和诸多误解的体验种类的所具有的现象学特性的确定，在澄清认识的工作方面已经有了许多收益。将逻辑体验纳入到这个体验种类之中的做法是我们在对逻辑领域以及基本认识概念进行划界和分析说明[1]的工作中所迈出的第一个重要步骤。但我们的研究也会进一步导致对各
种不同的“**内容**”概念的划分，每当行为以及属于行为的观念统一 A 474
成为问题时，这些概念常常就会相互混杂地交织在一起。我们在 B2 2

[1] 在A版中为：的分析说明进行划界。

第一研究中已经注意到了在含义和赋予含义之行为的较小范围内的一些区别,在这里,这些区别又在一个较广的领域中并且以最一般的形式重新出现。即使是在前面第五研究中最新获得的、尤为值得注意的“内容”概念,亦即意向本质的“内容”概念,也不缺乏这种与逻辑领域的联系;因为,只要将在前面曾被我们用来说明含义统一的那个同一性系列加以适当的普及,这个同一性系列也就可以提供一种与任意行为有关的同一性,即作为“意向本质”的同一性。通过这种联结,或者说,由于我们将现象学的特征以及逻辑领域的观念统一归属于那些包含在行为领域一般之中的完全普遍的特征和统一,现象学的特征以及逻辑领域的观念统一便在很大程度上得到了现象学的和批判的理解。

在最后几章中所进行的研究与对在统一的意向本质内的行为质性和行为质料之区分相衔接,它们重又深深地进入到逻辑的兴趣领域之中。这里产生出一个急待解决的问题,即关于意向质料与对每个行为来说本质性的表象基础之间关系的问题,这个问题迫使我们对许多重要的,但始终被混淆的“表象”概念做出划分,在此同时我们还可以获取“判断理论”的一个基础部分。当然,表象所具有的各个特殊逻辑概念以及判断概念仍然没有得到最终的澄清。在这里与在其他地方一样,我们还有长长的一段路要走。我们始终还处在开端上。

我们甚至连较近的一个目标还没有能够达到,即阐明**含义**这个观念的起源。无可置疑的是,各个表达所具有的含义就包含在有关行为的意向本质之中,这是一个极有价值的明察;但是,哪一类的行为可以行使意指的作用,或者毋宁说,是否每一种行为在这

一点上都是平等的，这个问题还根本没有被考虑过。但只要我们
想研究这个问题，我们就会遇到（这一点在下面几个段落中将会得 A 475
到表明）**含义意向与含义充实之间的关系**问题，或者用传统的、但 B_2 3
显然带有歧义的说法来表达："**概念**"或"**思想**"（在这里恰恰被理解为在直观上未被充实的意指）与"**一致性直观**"之间的关系问题。

对这个在第一研究中已经得到展示的区别所进行的最仔细的探讨具有特别重要的意义。在进行相属的、首先是与最简单的称谓意向相联结的分析过程中，我们很快便会注意到，这整个考察要求对考察的范围做出**合乎本性的扩展与划界**。我们所发现的那些带有含义意向与意向充实或意向失实之区别的行为种类是最为广泛的行为种类，它已远远超出了逻辑领域。这个领域本身的范围是通过充实状况的特殊性而得到划定的。即是说，有一种行为——客体化行为——具有相对于所有其他行为而言的一个显著的特征，即：包含在客体化行为领域中的充实综合具有**认识**的特征，具有**认同**以及"相互一致之物"的"合一"的特征，而与此相符，失实综合则具有"矛盾之物"的"分离"的相关特征。在客体化行为的这个最广泛领域内，我们现在将要研究**所有那些与认识统一有关的关系**，而且这些研究不只是涉及那些依附于作为含义意向之表达的特殊意向的充实。类似的意向也可以在独立于语法联结的情况下出现。此外，直观也具有，甚至通常都会具有意向的特征，这些意向还会要求得到进一步的充实，而且常常也会经历这种充实。

我们将会对"**符号行为**"与"**直观行为**"这两个完全一般的概念进行现象学的描述，而且这种描述是在向充实现象的回溯中进行

的；我们将研究那些对**各种直观**、首先是感性直观的分析，这些分
A 476 析对于澄清认识来说具有基础性的意义。然后我们将进入到认识
B₂ 4 层次的现象学之中，并赋予一系列与这门现象学有关的基本认识
概念以清晰性和确定的规定性。在这里还会出现一些新的、在前面的分析中只是顺带涉及的“内容”概念：**直观性内容**的概念与**代现性（被立义）内容**的概念。与意向本质至此为止所具有的概念相连接的是认识本质，而在认识本质之中，我们区分意向质性、作为立义意义的意向质料、立义形式和被立义的（被统摄的，或者说，代现性的）内容。在这里，“**立义**”或“**代现**”的概念被定义为贯穿在立义形式中的质料与代现内容的统一。

在意向与充实的层次序列方面，我们将会认识在这样一种**意向本身之中**所含有的或大或小的**间接性**，这种意向不可能得到素朴的充实，毋宁说它要求有一系列分阶段的充实；随之我们也就会理解**间接表象**这个说法的最重要的、然而尚未得到澄清的意义。然后我们将关注意向与作为充实而在认识中与它逐渐相融会的直观体验的或大或小的相合性的区别，并且我们将确定，**客观完整的相即性**的情况是怎样的。与此相关，我们力求对**可能性**和**不可能**
A 477 **性**（一致、相容性－争执、不相容性）的概念以及对与此相关的观念
B₂ 5 公理做出最终的现象学澄清。然后，在对迄今为止始终未受到注意的行为质性一同进行考察的同时，我们将探讨与设定性行为有关的、**暂时的**和**最终的**充实区别。最终充实代表着一个完善性的理想。它永远处在一个相应的“感知”之中（当然，这里的前提在于，感知概念必须得到扩展，使它超出感性的限制）。这种情况的充实综合就是**在确切词义上的明见性**或**认识**。这就是在**真理意义**

上的存在，在正确地被理解的“一致性”意义上的存在，它所实现的就是“事物与智性的相即”（adaequatio rei ac intellectus），真理本身在这里被给予、被直接地把握到和直观到。在同一个现象学事态的基础上构建起来的各种不同的“真理”概念在这里得到了完整的澄清。与此相似的是不完善性的相关理想，即是说，背谬性的情况，而就“争执”方面、就在其中被体验到的虚无方面来看，这也就是指非真理的情况。

我们所做的这些研究起初只对含义意向感兴趣，这些研究循自然的进程进行：所有这些考察首先以最简单的含义为出发点，并且因此而从含义的形式区别中抽象出来。在第二篇中进行的补充研究将会考虑含义的形式区别，它将我们引向一个崭新的“质料”概念，即引向感性材料和范畴形式的基本对立，或者，如果我们将客观的态度与现象学的态度调换一下，那么我们也可以说，感性行为和范畴行为之间的对立。与此明确相关的是感性（实在）的对象、规定性、联结与范畴的对象、规定性、联结之间的重要区别；在这里，范畴的对象、规定性、联结的特征表现为：它们以“感知”的方式只能在这样一些行为中“被给予”，这些行为奠基于另一些行为之中，而且最终是奠基于感性行为之中的。所有范畴行为的直观性充实，因而也包括想象性的充实，都是奠基于感性行为之中的。然而单纯的感性永远无法为范畴意向提供充实，更确切地说，永远无法为含有范畴形式的意向提供充实；毋宁说，充实随时都包含在一个具有范畴行为形式的感性之中。与此相关的是对原初的感性概念，即对直观和感知这两个概念的不可或缺的扩展，这种扩展使 A 478
得我们有权探讨范畴直观，特别是有权谈论普遍直观。然后，对感 B2 6

性抽象和纯粹[2]范畴抽象所做的划分决定了对普遍概念的划分,即普遍概念被区分为感性概念和范畴。对素朴直观或感性直观与被奠基的直观或范畴直观的划分使感性与知性之间的古老认识论对立获得了我们所期待的最终澄清。同样得到澄清的是思维与直观之间的对立,这个对立在哲学用语中将符号行为与充实意向的关系混同于感性行为与范畴行为的关系。所有关于逻辑形式的说法都涉及有关的含义和含义充实的纯粹范畴。但由于各个范畴意向层层相叠,因而对逻辑"质料"本身,即"项"(Termini)的总和,也应做出材料和形式的区分,这样,材料和形式的逻辑对立便指明了一种确定的和易于理解的相对化,即对我们所提出的这些绝对区别的相对化。

在这项研究的主要部分结束时,我们还要考虑到这样一个限制,这个限制是指对一个材料进行现时的范畴构形之自由的限制。我们将会注意本真思维的分析规律,这些规律建立在纯粹范畴的基础上,它们独立于材料所具有的任何特性。非本真的思维,即符号行为,也会受到同样的限制,因为它应当有能力在本真的意义上以先天的、独立于被表达之材料的方式进行表达[3]。从这一要求中产生出作为单纯符号行为之规范[4]的本真思维规律的作用。

我们将意义给予的行为和意义充实的行为纳入到客体化的行

[2] 在A版中加有重点号。

[3] 根据"A本的附加与修改"还应补加:,就像各种范畴层次的混合性的、部分是直观性、部分是符号性的表象的相合性。(胡塞尔在他自己的《逻辑研究》第一版和第二版藏本中曾写有一些重要的"附加与修改"。《胡塞尔全集》第十九卷的编者将它们列入到版本注中。这里便是这样的一个例子。中译本以"A本的附加与修改"或"B本的附加与修改"为题将它们译出,也列在版本注中。以下均同。——中译注)

[4] 根据"A本的附加与修改"还应补加:或者说,符号含糊的表象一般的规范。

为之中，并且将客体化行为划分为符号性的行为和直观性的行为，于是在这项研究的开端上所提出的关于意义给予行为和意义充实行为的自然划界问题也就得到了解决。唯有在整个研究中进行的 A 479
对与充实有关的现象学关系的澄清才使我们有能力对那些赞成或 B_2 7
反对亚里士多德将愿望句、命令句等等理解为谓语陈述之做法的论据做出批评性的估价。这个有争议的问题在此项研究的最后一章中会得到完满的澄清。

在这里所描述的我们的努力目标并不是全部现象学认识启蒙的最终目标和最高目标。无论我们在这里的分析有多么全面，它仍然几乎还没有对**间接**思维与**间接**认识的广泛领域做出丝毫的探讨；间接明见性的本质以及它的观念相关项的本质还没有得到充分的澄清。但我们仍然相信，我们在这里所获取的东西已经不少。我们希望，我们已经揭示出认识批判的最底层的，而且从其本性来看也是第一性的基础。即使在认识批判中也要做到谦虚知足，这正是所有严格的科学研究的本质所在。如果认识批判的目的在于现实地和彻底地解决实事问题，如果它不会再佯装自己能够通过对传统哲学教义的单纯批判以及通过或然的理智思考来解决重大的认识问题；如果认识批判终于意识到了这一点，即：只有通过具体切实的工作，实事才能够得到推动并且得以展开，那么，认识批判便不会在一开始就去接触我们最感兴趣的认识问题之较高形态和最高形态，而是首先去把握它所能达及的认识问题的相对而言最简单的形式，把握它们的最低级的构造层次。下面进行的分析将会表明，即使是这样一项谦虚知足的认识论工作也还需要克服大量的困难，甚至需要付出所有可能的努力。

第一篇

客体化的意向与充实。认识作为充实的综合以及综合的各个阶段 A 480 B_2 8

第一章 含义意向与含义充实

第1节 究竟是所有行为种类都能够作为含义载者起作用，还是只有某些行为种类可以作为含义载者起作用

我们接着在引论中已引发的问题谈下去，这个问题就是：意指活动是否仅仅在某些有限的行为属中进行。初看起来似乎不言自明：这类限制是不存在的，任何行为都可以作为意义给予的行为起作用。我们确实可以将任何一种行为——表象、判断、猜测、提问、愿望等等——表达出来，在我们表达的同时，它们便为我们提供了有关的话语形式、名称、陈述、疑问句-愿望句等等的含义。

但是，人们也可以认为，相反的见解同样具有不言自明性，尤其是这样的见解，即所有含义都局限在一个极为有限的行为类别上。现在人们会说，每一个行为当然都可以被表达；但对它的任何表达都包含在一个（在一门已经充分发展了的语言中）与它特别相符合的话语形式中；例如我们在语句上具有陈述句、疑问句、命令句等等区别。在陈述句上又可以区分直言句、假言句、选言句等等。无论如何，只要一个行为在这个或那个话语形式中得到表达，

它就必然会在其种类规定性中被认识，疑问被认识为疑问，愿望被认识为愿望，判断被认识为判断，如此等等。这个情况一直延展到建构性的部分行为上，只要表达与这些部分行为相合。倘若行为没有在形式和内容上受到统摄，没有得到认识，那么它就无法找到
A 481 与它相合适的形式。话语中的表达因而并不在于单纯的语词，而
B_2 9 在于**表达性的行为**；这种行为在**新的材料**中将那些由它们所表达的相关行为表现出来，前者对后者做出**思想性的表达**，这种表达的最普遍本质便构成了有关话语的含义。

对此见解的切实印证似乎就在于，表达可能具有纯粹象征的作用。精神的表达，亦即须表达的行为的思想对应图像（Gegenbild），就附着在语言表达上，并且与它一同复活，即使那个行为本身并未由理解者进行。我们无须自己进行感知就可以理解一个对感知的表达，无须自己询问就可以理解一个对问题的表达，如此等等。我们不只是具有语词，而且也具有思想的形式或表达。在相反的情况下，也就是在那些被意指的行为确实是当下的情况下，表达便与须被表达的东西达到相合，附着在语词上的含义与它所意指的东西相符合，它的思想意向在其中得到了充实的直观。

显而易见，与这两个相互对立的见解密切相关的是一个古老的争论：疑问句、愿望句、命令句等等的特殊形式是否可以被看作是**陈述**，以及它们的含义因此是否可以被看作是**判断**。根据亚里士多德的学说，所有独立完整语句的含义都包含在各种不同的心理体验之中，包含在判断、愿望、命令等等行为的心理体验之中。而在另一种自近代以来日趋普及的学说来看，意指仅仅是在判断行为或其表象性变异中进行。在疑问句中虽然有一个问题在某种

意义上被表达出来，但只是通过这样一种方式，即：这个问题被理解为问题，它在这个思想理解中作为说者的体验被提出并因此被判断为他的体验。如此推而广之。根据这个学说，每一个含义要么是称谓性的（nominal），要么是论题性的（propositional），或者 A 482
我们毋宁说，每一个含义要么是一个完整的陈述句的含义，要么就 B_2 10
是一个这样的含义可能部分。陈述句在这里就是述谓句。因为在这方面一般是将判断理解为述谓的（prädizierend）行为，而如果判断被理解为设定性行为一般，就像我们还会听到的那样，那么这个争论当然就保留有它的意义。

为了找到对上述问题的正确态度，这里需要进行比上面初步进行的论证更为仔细的思考。这里将会表明，这一方和另一方所说的自明性在进一步的考察中被证明为是不清晰的，甚至是错误的。

第2节　所有行为的可被表达性并不是决定性的。关于一个行为的表达之说法的两种含义

前面曾提到一种说法，有人认为，所有行为都是可以被表达的。这当然是毫无疑义的，但这并不意味着所有行为因此也都起着含义载者的作用。如前所述[①]，关于表达的说法是多义的，而且即使我们将它与须表达的行为联系在一起，它也仍然是多义的。

① 参阅本书第一部分第一研究，第 46 页［即：A 46/B 46］。

我们可以将那些赋予含义的行为、那些在狭窄的意义上“被传诉的”的行为称作被表达的行为。但还有其他的行为也可以被称为被表达的行为,当然是在另一种意义上。我在这里指的是那些极为通常的情况,即我们**指称那些我们正在体验的行为**并借助于这种指称来**陈述**我们对这些行为的体验。在这个意义上,我以此方式表达一个愿望:“我期望……”,以此方式表达一个问题:“我提问
A 483 ……”,以此方式表达一个判断:“我判断……”,如此等等。显而易
B_2 11 见,我们既可以对外部的事物,也可以对内心的体验进行判断。倘若我们如此判断,那么有关语句的含义便包含在对这些体验的判断之中,而不是包含在这些体验本身之中,不是包含在愿望、问题等等之中。与此相同,关于外部事物之陈述的含义并不包含在这些事物(马、房屋等等)之中,而是包含在我们内心对它们所做的那些判断之中,或者说,包含在那些协助构成这些判断的表象之中。被判断的客体在一种情况下超越了意识(或者愿意被视作是超越了意识的),在另一种情况下则又内在于意识,这在此并不构成任何本质性的区别。诚然,充实着我的这个愿望一旦被陈说出来,它就与判断行为具体化而为一。但它并不实际地有助于判断。这个愿望在一个反思性感知的行为中被立义,被纳入到愿望的概念之下,并借助于这个概念以及对愿望内容的规定性**表象**而被指称;这样,对愿望的概念表象便直接有助于关于愿望的判断,而相应的愿望**名称**则从它这方面有助于愿望陈述,就像对人的表象也有助于关于人的判断一样(或者说,人的名称有助于关于人的陈述)。如果我们设想在“我期望……”这个语句中用一个专有名称来替代主语“我”,那么这个语句的意义就其未变化的部分来看肯定不会受

到影响。但确定无疑的是，这个愿望陈述现在能够为一个自己**根本未做出**此愿望的听者在同一个意义上所理解，并且能够以判断的方式被追复体验（nacherlebt）。由此可以看出，愿望的确不属于判断含义，即使在它有时与朝向它的判断行为相合为一的情况下，它也不属于判断含义。倘若像人们所说的那样，表达的生动意义是保持不变的，那么一个真实地给予意义的体验就永远不会消失。

据此也就很明显，对于所有行为是否能够以表达的方式而起到意义给予行为的作用这样一个问题来说，它们的可被表达性是无关紧要的，因为这种可被表达性无非只能被理解为对行为做出 A 484
某些陈述的可能性。而恰恰在这时，行为根本不作为含义载者起 B_2 12
作用。

第3节　关于对一个行为的表达之话语的第三种意义。对我们的课题的阐述

我们刚才区分了关于被表达行为之说法的双重概念。它要么是指那些在其中构造出有关的表达之意义、含义的行为，要么是指说者以述谓的方式作为刚刚体验过的行为而摆出来的那些行为。我们可以考虑对后面这个概念进行适当的扩展。根据这里所做的基本考察，如果被表达的行为并不述谓地涉及体验着的自我，而是涉及其他的客体，那么说者所理解的事态就不言而喻地是同一个；而且对于所有那些可假设的表达形式（这些表达形式将这个行为实项地指称为被体验的行为，但并非以一种将它明确标示为一个

谓语判断之主体项或客体项的方式来指称它）而言，它也始终是同一个。这里的主要问题在于，在行为被指称或以其他方式“被表达”的同时，它便会显现为现时的、当下的**话语对象**，或者说，显现为话语之基础的客体化设定之对象；而在意义给予的行为那里却不是这种情况。

这同一个话语的第**三**个意义与它的第二个意义一样，它关系到一个从属于相关行为的判断活动或客体化活动；但这并不关系到一个**关于**这些行为的判断活动——即并不关系到**与它们有关的**表象和指称——，而是关系到一个在这些行为**基础上**进行的判断活动，它并不需要将这些行为客体化。例如，我“表达我的感知”，这可以意味着：我对我的感知进行谓语判断，这个感知具有这些或那些内容。但它也可以意味着：我从这个感知中汲取我的判断，我不只是断言有关的事实，而是进行着感知，并且像我所感知的那样来断言这些事实。这里所做的判断不是针对感知，而是针对被感

A 485 知之物。当人们简略地谈及**感知判断**时，他们所指的通常就是刚

B2 13 才所描述的这一类判断。

我们也能够以类似的方式表达其他的直观行为：想像、回忆、期待。

诚然，在以想像为基础的陈述那里，我们可以怀疑，在此是否有现实的判断存在，或者毋宁说，我们可以肯定，在此不存在判断。我们在这里可以考虑这样一些状况：在沉浸于一组想象的同时，我们在正常的陈述中如此地指称那些显现给我们的东西，就好像它们是被感知的一样；我们也可以考虑这样一种报告叙述的形式，在此形式中，童话诗人、小说家等等不是对现实的事件，而是对他们

艺术想象的创造“进行陈述”。根据前一项研究的阐述[①]，这里所涉及的是共形（konform）变异的行为，这些行为与那些作为对应方在相同语词中被表达的现实判断相符合，这种方式的符合类似于直观想像与感知的符合，同样也可能类似于回忆与期待的符合。我们先不去顾及这样的区别。

在标示出以上这类情况以及通过它们所划定的关于被表达行为的说法之新意义后，我们想要澄清含义与被表达的直观之间的关系。我们想要思考，这种直观本身是否就是构造着含义的行为，而如果不是，那么这两者的关系又当如何理解并且在种属上如何归类。我们在这里尤其要朝向一个更为一般的问题：能够**进行**表 A 486
达的行为与能够**经历**表达的行为是否从属于一些本质不同的、同 B_2 14
时可以确切地规定的行为种类的领域，而且在所有这些行为那里是否有一个跨越性的属统一在起着决定的作用，这个属统一包含着并穷尽了那些**能够发挥广义上的意指作用**——无论是含义本身的作用，还是“含义充实”的作用——的行为总体，以至于所有其他属的行为都肯定地和有规律地不可能具有这种作用。这样，我们的下一个目标便得到了标示。在继续思索的过程中，我们将对考察范围做出自明的扩展，这种扩展将会使我们明察到这些被引发的问题对认识之理解所具有的意义。随后，新的、更高的目标便也会进入到我们的视野之中。

① 参阅本书第一部分，第五研究、第 5 章、第 40 节，第一版、第 454 页下部；第二版、第 491－492 页［边码 A 454/B_1 491－492］。

第4节 对一个感知的表达（“感知判断”）。它的含义不可能存在于这个感知之中，而必定存在于本己的表达性行为之中

我们来考察一个事例：我刚刚向花园看去，并且用以下的语词来表达我的感知：“一只乌鸫飞了起来。”哪一个行为在这里具有含义？根据在本书第一研究中的阐述，我们相信可以这样说，这个行为不是感知，[1]至少不仅仅是感知。我们觉得，不能对这里的事态做这样的描述，就好像除了语音之外，与语音相联结的感知就是唯一存在的东西，而且唯一地决定着表达的含义性。实际上，在这同一个感知的基础上，一个陈述听起来完全可以是不同的，并且与此同时展开一个完全不同的意义。例如我可以说：“这是黑的，是一只黑鸟；这个黑色动物飞了起来，跃了起来，以及如此等等。”反之亦然，一个语音及其意义可以始终是同一个，而与此同时感知却发

A 487 生了多重的变换。感知者相对位置的每一个偶然变化都会使感知

B₂ 15 本身发生变化，而不同的人在对同一事物进行同时感知时，他们永远不会有完全相同的感知。我所简短提及的这类区别对于感知陈述的含义来说是无关紧要的。当然，它们有时也会成为问题所在，但那时的陈述听起来也会完全不同。

当然人们现在可以说，这个指责仅仅证明，含义对个别感知的这种差异性是不敏感的；含义恰恰是处在一个共同之物中，这个共

[1] 在A版中还紧跟：而且。

同之物自身承载着所有那些同属于一个对象的杂多感知行为。

然而对于这个说法，我们需要说明：感知不仅可以变换，而且可以消失，而在此同时表达却不会停止它所始终具有的意指作用。听者不必向花园看便可以理解我的语词和整个语句；只要他信任我的真实性，他无须感知便可以得出同一个判断。也许他具有通过想象而完成的某种形象化，也许他不具有这种形象化；或者这种形象化是如此缺漏、如此不相即，以至于就那些在陈述中“被表达的”特征来看，它都不能被看作是感知现象的对应图像。

但如果在没有感知的情况下，陈述仍然还带有意义，甚至带有与先前相同的意义，那么我们[①]就不能认为，感知是那个在其中进行着感知陈述的意义、进行着对感知陈述的表达性意指的行为。语音要么带有纯粹象征性的含义，要么带有直观性的含义，或者依据于单纯的想象而带有含义，或者依据于实在化的感知而带有含义，随语音的不同，与语音相统一的那些行为从现象学上看极具差异性，以至于我们无法相信：意指时而在这些行为中发生，时而又在那些行为中发生；我们将不得不偏好一种观点，这种观点将意指的这种作用归诸于一个始终同类的行为，这个行为摆脱了常常无 A 488
能为力的感知的限制，甚至摆脱了想象的限制，它只是一个每当表 B2 16
达进行“表达”时便与被表达的行为相统一的行为。

可是尽管如此，有一点是无可争议的：在“感知判断”中，感知与陈述的意义有内部的联系。陈述“表达着感知”，或者说，陈述表达着“在感知中被给予的”东西，这句话不是没有道理的。同一个

① 也撇开我们在这一篇中有意识加以忽略的范畴形式不论。

感知可以是不同陈述的基础，但无论这些陈述的意义如何变化，它还会“指向”感知的显现内涵；时而是这些部分感知，时而又是那些部分感知（即使它们或许是统一完整感知的不独立部分）为判断提供了特殊的基底，但这些部分感知并不因此而就是本真的含义载者；所有感知都有可能消失，这个情况也就说明了这一点。

因此人们必须说，对感知的这种“陈述”（或者用客观的说法：对一个被感知之物本身的“陈述”）不是语音的事情，而是某些表达行为的事情；“表达”在这个关系中意味着那个为其所有意义所激活的表达，在这里，这个表达被置入到一个与感知的联系之中，而这个感知则恰恰是因为这个联系的缘故才叫做“被表达的”。而这同时又意味着，在感知和语音之间还被插入了一个行为[2]（或一个行为构成物）。我说一个行为；因为无论表达体验是否伴有感知，它都具有一个与对象之物的意向关系。这个中介性的行为必定就是那个实际上作为意义给予行为而起作用的行为，它作为本质的组成部分从属于那个行使着意义作用的表达，而且它决定着：意义始终是同一个，无论那个为它提供证明的感知是否能够与它相伴。

以下的研究将会不断地证实这个观点的可行性。

A 489 B2 17

第5节　续论：感知作为规定着含义，但不蕴涵含义的行为

在对一个迫近的怀疑做出考虑之前，我们不能继续前行。我

[2]　在A版中加有重点号。

们的阐述似乎需要受到一定的限制，在这些阐述中所包含的东西似乎要比我们所能完全证实的东西更多。即使感知永远不会创造出一个在感知基础上进行的陈述的完整含义，它也仍然会对含义做出一些贡献，而且恰恰就是在刚才所阐释的那一类情况中。倘若我们修改一下我们所举的例子，不说“**一只**乌鸫”，而说“**这只**乌鸫”，那么这一点就会更清楚表现出来。“这个”是一个本质上机遇性的表达，它只有通过对表达状况的观看，并且在这里是通过对已进行的感知的观看才能带有含义。“这个”所指的是被感知的客体，就像它在感知中被给予的那样。此外，在动词语法形式中的现在时态所表达的是一个与现时当下的联系，也就是与感知的联系。这个状况显然也对未修改的例子有效；因为，如果有人说“‘一只’乌鸫飞了起来”，那么他所指的并非是一只乌鸫一般地飞了起来，而是指此时此地的一只乌鸫飞了起来。

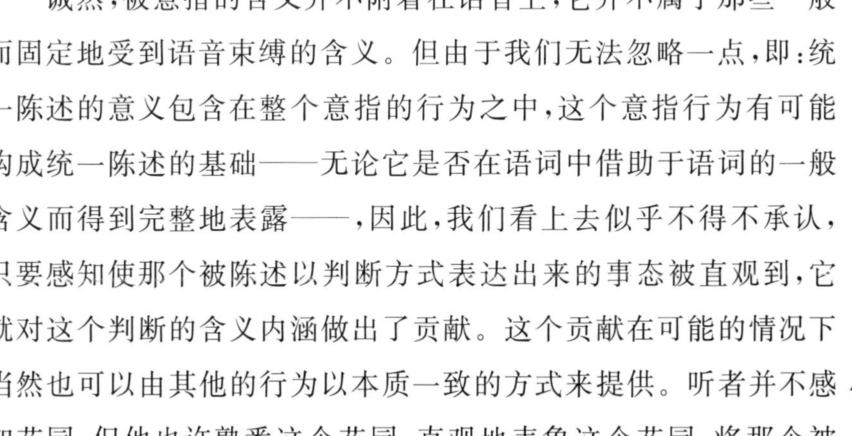

诚然，被意指的含义并不附着在语音上，它并不属于那些一般而固定地受到语音束缚的含义。但由于我们无法忽略一点，即：统一陈述的意义包含在整个意指的行为之中，这个意指行为有可能构成统一陈述的基础——无论它是否在语词中借助于语词的一般含义而得到完整地表露——，因此，我们看上去似乎不得不承认，只要感知使那个被陈述以判断方式表达出来的事态被直观到，它就对这个判断的含义内涵做出了贡献。这个贡献在可能的情况下
当然也可以由其他的行为以本质一致的方式来提供。听者并不感 A 490
知花园，但他也许熟悉这个花园，直观地表象这个花园，将那个被 B_2 18
表象的乌鸫以及被陈述的过程置入到花园之中，并由此根据说者的意向而借助于单纯的想象图像来完成一个相同意义的理解。

但对这里的事态还可以做第二种解释。在某种意义上可以说，直观对感知陈述的含义做出了贡献；这个意义是指：如果没有直观的支持，含义就无法在它与被意指的对象性的**特定**联系中展开自身。另一方面这并不是说：直观行为**本身**就是含义的载者，或者说，它在本真的意义上为含义提供了**贡献**，而这些贡献此后又可以在完成了的含义中作为其组成部分而**被发现**。尽管那些本质上机遇性的表达随情况的变化而具有不同的含义；但在这些变化之外还有一个共同之物保留下来，它才是区分这种多义性和那种偶然的歧义性的关键。① 直观的附加所具有的作用就在于：这个共同之物、但却又是在其抽象性中的含义不确定之物自身规定了自身。即是说，直观赋予它以对象方向的确定性，并随之而赋予它以最终的差异。这个成就并不要求含义的一部分必须包含在直观之中。

我说“这个”并且指的恰恰是在我面前放着的纸张。与**这个**对象的关系要归功于感知的语词。但含义并不包含在这个感知本身之中。如果我说“这个”，那么我不仅是在感知；而且**在感知的基础上还建构着一个新的、朝向感知的、在其差异中依赖于感知的行为，一个意指“这个”的行为**。含义便包含在并且仅仅包含在这指明性的意指中。没有这个感知——或者一个相应起作用的行
A 491 为——，指明就将是空乏的；没有一定的差异，指明实际上（in
B2 19 concreto）就根本不可能。因为，“说者指明着‘某物’”这个不确定的思想——也可能当这个思想出现在听者那里时，听者并没有认

① 参阅本书第一部分第一研究，第 26 节，第 80 页[边码 A 80/B_1 80]。

识到我们用“这个”所指出的是什么样的客体——当然不是我们自己在现时的指明中进行的思想：就好像在我们这里只有对被指出之物的确定表象才能加入进来一样。人们不应将现时指明本身的一般特征混同于对某个指明的不确定表象。

因此，感知**实现着**“这个”意指连同它与对象、例如与我面前这张纸的特定联系之展开的**可能性**；但我们觉得，感知本身并不构造含义，即便是就一个部分而言。

由于指明的行为特征朝向直观，所以这个行为特征接受了意向的一个规定性，这个意向就一个可以被刻画为意向本质的**一般**存有（Bestand）而言是在直观中充实自身的。因为，如果同一个对象、**可认识的**同一个对象显现在各种感知之中，那么无论在由这些感知所构成的杂多复合中究竟是哪一个感知构成基础，指明的意指都会是同一个。如果想像表象以可认识的同一方式在图像中表象出同一个对象，而且如果从这些想像表象的杂多复合中有一个行为来取代感知，那么“这个”的含义将仍然会是同一个。但如果直观是从其他感知圈或图像性表象圈中获取的，那么含义就会改变。我们还是意指“这个”，但这里起作用的意指、亦即对对象的直接的（就是说，不带任何定语中介的）瞄向所具有的共同特征是有所变异的，与这个意指特征相联系的现在是一个对另一个对象的意向，也就类似于物理指明随空间方向的变化而在空间上发生差异变化一样。

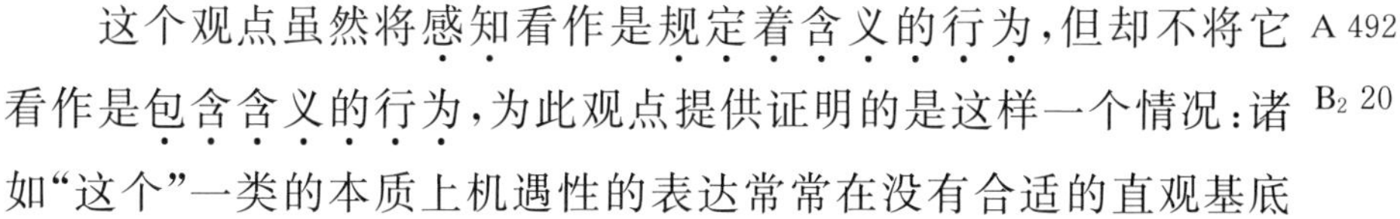

这个观点虽然将**感知**看作是**规定着含义的行为**，但却不将它 A 492
看作是**包含含义的行为**，为此观点提供证明的是这样一个情况：诸 B_2 20
如“这个”一类的本质上机遇性的表达常常在没有合适的直观基底

的情况下也被使用和理解。在恰当直观的基础上构成的对这个对象的意向可以在没有某个合适的感知或想像作中介的情况下被重复或被和谐一致地复制。

据此，那些本质上机遇性的表达与**专有名称**非常相似，只要专有名称是在其本真的含义中起作用。因为专有名称也“直接地”指称对象。它并不以定语的方式将对象意指为这个或那个属性的载者，而是排除这些“概念的”中介而将对象意指为这个对象“自身”，就如同感知将它置于眼前一样。专有名称的含义因而在于一种“直接意指这个对象”（Direkt-diesen-Gegenstand-Meinen），在于一种意指，这个意指只是通过感知并且以“暂时的”（图像化的）方式通过想像而**充实**自身，但它并不等同于这些直观行为。与此完全相同，感知赋予这个“这个”（只要它朝向可能感知的对象）以对象；对这个的意指（Dies-Meinen）在感知中充实自身，而且它不是感知本身。当然，从两方面看，这个直接指称的表达的含义原初都是产生于直观之中，正是根据这个直观，称谓的意向才原初地将其朝向定位在个体对象上。本质上机遇性的表达与专有名称在其他方面还存在着区别：在“这个”上附带有一个指明的思想，这个思想以一种在前面已阐述过的方式带入了某种间接性和复杂性，亦即带入了某种形式，而这种形式在专有名称那里却并不存在。另一方面，专有名称作为固定的命名从属于它的对象。这种稳定的从属性也以某种方式与对象关系相符合；对此的证明在于，人们可以
A 493 从名称上认识具有如此称呼的人或物：我将“汉斯”认识为“汉斯”，
B$_2$ 21 将“柏林”认识为“柏林”。——显然，这个阐释没有去顾及那些只具有派生的意指作用的专有名称。如果某个专有名称是在与被给

予的对象（即在给予的直观之基础上的对象）的直接联结中构成的，那么，那个在对专门指称的反思中构成的称呼概念的作用就在于，把专有名称配备给对象，或者说，从对象的专有名称中去认识这些对象，这里的对象是指那些从未被给予我们、从未被我们所了解、但却可以间接地被描述为某些属性之载者的对象。例如，“西班牙首都叫作（即它所具有的专有名称）马德里。”倘若有人不了解“马德里”“本身”，他可以从中获取它的名称的知识，并且获取合适地运用这个名称的可能性，但他此时所获取的并不是“马德里”一词的专门含义。他在这里所运用的并非是直接的意指，这种意指唯有对此城市的直观方能引发，而是对这种直接意指的间接指引（Anzeige），即通过特征方面的标志表象和如此称呼之概念的中介。

如果我们可以信任这些考察，那么我们就不仅需要在感知与感知陈述的含义之间做出区分，而且我们可以说，这个含义的任何一个部分都不包含在感知本身之中。必须完全区分给出了此对象的这个感知与借助于判断或借助于那些与判断统一交织在一起的“思维行为”来思考和表达此对象的这个陈述，即使它们在面前的这个感知判断情况中处在最为密切的相互关系之中，处在相合性的、充实统一的关系之中。

几乎无需再加以说明的是，这同一个结果也适用于所有其他的直观判断，即是说，适用于那些在与感知判断进行相似的意义上“表达着”一个想像、一个回忆、一个期待等等所具有的直观内涵的陈述。

A 494 **补充**:在本书第一研究第 26 节的阐述中[①],我们从对听者的
B₂ 22 理解出发,区分本质上机遇性表达所具有的,尤其是“这个”表达所具有的“指示性的”含义与“被指示的”含义。在听者那里——被指明的东西或许根本不处在他当时的视野之中——首先被唤起的只是不确定的一般思想,即:某物被指明;只是借助于补充的表象(一个直观的表象,如果这里所涉及的恰恰是一个直观的被指明之物),这个指明的规定性以及指示代词的完整的和本真的含义才为听者构造起自身。对于说者而言,这个先后顺序并不存在;他不需要那种在听者那里起着“指示”作用的不确定指示表象。在说者那里被给予的并不是指明的表象,而是指明本身,而这个指明正因此才是实际确定的指明;说者从一开始就具有“被指示的”含义,并且是在直接的、朝向直观的表象意向中具有这种含义。如果事情不是直观现存的,就像在对数学论证的命题进行回溯的情况那样,那么有关的概念思想便会出来替代直观的作用:指明的意向将会根据对那个已消逝的思想的现时再造而获得其充实。无论如何,我们在指明的意向中可以确定某种**双重性**:在第一种情况中,指明的特征与直接对象的意向相结合,并且是以这样一种方式结合,即通过这种结合而产生出对那个确定的、在此时此地被直观的对象的指明。这也适用于另一种情况。即便以前的概念思想恰好也不是现时进行的,在回忆中也仍然还会留存着一个与它相符的意向,而这个意向便与指明的行为特征相结合,赋予它以方向上的确定性。

A 495 如果在这里谈到了**指示的**与**被指示的含义**,那么它指的是**两**

① 参阅本书第一部分,第 83 页[边码 A 83/B₁83]。

种情况。(1)两个相互接替的思想描述了听者的逐渐理解的特征：B_2 23
首先是对某个由“这个”所意指的东西的不确定表象，**然后**是那个通过补充表象而形成的变异，那个具有确定朝向之指明的行为。在后一个行为中包含着被指示的含义，在前一个行为中包含着指示性的含义。(2)如果我们坚持那个从一开始便在说者那里被给予的、已完成的、具有确定朝向的指明，那么在这个指明中又可以区分出一个双重的东西：指明的一般特征，以及那个规定着指明的东西，亦即将此指明限制为对这个(Dieses)之指明的东西。前者重又可以被标示为指示性的含义，或者更好是被标示为在不可分的统一含义上的指示者，只要它就是听者借助于其可表达的一般性而直接把握到的并且为他指示着被意指之物的那个东西。如果我说“这个”，那么听者至少知道，某物被指明。(在其他的本质上机遇性的表达那里也是如此。如果我说“这里”，那么它所涉及的便是在我或近或远的周围环境中的“某物”；如此等等。)另一方面，这个话语的本真目的并不在于这个一般的东西，而是在于对有关对象的直接意向。这个对象和它的内容充盈才是目的，而那些空乏的一般性则根本不会或几乎不会有助于对它们的规定。在这个意义上，直接的意向就是第一性的和被指示的含义。

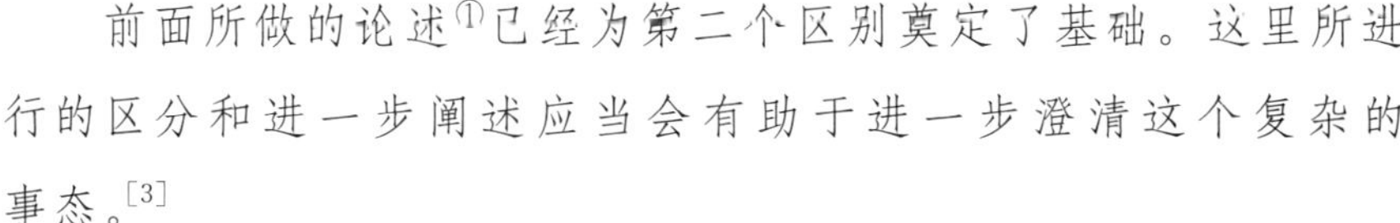

前面所做的论述①已经为第二个区别奠定了基础。这里所进行的区分和进一步阐述应当会有助于进一步澄清这个复杂的事态。[3]

① 参阅本书第一部分，第 83 页[边码 A 83/B_1 83]。

[3] 在 A 版中还紧跟一个脚注：参阅本卷结尾的诸项补充。

第6节　在表达着的思想[4]与被表达的直观之间的静态统一。认识

A 496 我们现在来进一步深入地研究在直观行为这一方面与表达行为那一方面之间存在着的关系。B_2 24 首先我们要做出限制，而且在整个这一篇中都要进行这样的限制，即限制在一些尽可能简单的情况上，这自然也就意味着，限制在那些产生于**称谓**领域的表达或含义意向上。此外，我们因此而不要求将这个整体的领域都包容下来。这里所涉及的是称谓表达，它们以尽可能透明的方式与“相关的”感知和其他直观发生联系。

我们在这些情况中首先可以看到这样一个**静止的统一关系**：**赋予含义的思想建基于直观的基础之上，并因此而与直观的对象**
1012 **发生联系**。例如我说“我的墨水瓶”，而这个墨水瓶本身同时就处在我的面前，我看到它。这个名称指称着感知的对象，并且是借助于意指性的、在其种类与形式上以名称的形式为特征的行为来进行指称。在名称与被指称之物之间的关系在此统一状态中表明了某种已经为我们所注意过的**描述性特征**：“我的墨水瓶”这个名称可以说是“**将自己安放到**”被感知的对象上去，它可以说是以**可感受**的方式从属于这个对象。但这种从属性十分特别。因为语词并不从属于客观联系，这在此处是指，它们并不属于它们所表达的物

[4]　在A版的目录中“表达着的思想”为复数（ausdrückenden Gedanken），在B版中改作单数（ausdrückendem Gedanken）。

理－事物联系，它们在这个联系中并不具有一个场所，它们并不被意指为它们所指称的那些事物中或那些事物上的某物。如果我们回溯到体验之上，那么，如前所述[①]，我们一方面会发现语词显现的行为，另一方面会发现类似的实事显现的行为。就后一方面而论，在感知中与我们相对的是墨水瓶。而根据我们所一再强调的感知之描述本质，上面这个情况在现象学上无非就意味着，我们在感觉(Empfindung)这个类型中可以获得某个系列的体验，它们以 A 497
这样或那样被规定的排列顺序而从感性上被统一化，而且在它们之中渗透了某个赋予它们以客观意义的“立义”(Auffassung)行为特征。正是这个行为特征才使一个**对象**，即这个墨水瓶，以感知的 B_2 25
方式显现给我们。而以类似的方式，显现的语词当然也在一个感知行为或想象表象行为中构造起自身。

因此，发生联系的不是语词和墨水瓶，而是被描述的行为体验，在这些体验中语词和墨水瓶显现出来，但它们在这些体验“中”又什么也不是。这究竟是怎么一回事呢？使行为得以统一的又是什么呢？答案似乎很清楚。这个联系作为指称联系是通过行为而得到中介的，这些行为不仅是意指的行为，而且也是**认识**的行为，这里是指**分类**的行为。这个被感知的对象被认作是墨水瓶，而且只要这个意指的表达以一种特别密切的方式与分类行为合为一体，并且这个分类行为重又作为对被感知对象的认识而与感知行为合为一体，那么这个表达看起来就会像是**安放**在事物上一样，就会像是事物的服装一样。

① 参阅本书第一部分，第一研究，第9节和第10节。

通常我们会谈及对感知**对象**的认识和分类,就好像行为自身**在对象上活动**。但我们说,在体验本身之中的不是对象,而是感知,是这样或那样的心绪(Zumutesein);因此,**体验中的认识行为建立在感知行为的基础上**。当然人们在这里不应提出这样一种误解性的指责:我们如此地行事,就好像被分类的是感知,而不是感知对象一样。这绝非是我们的做法。因为这种做法是以其他的和更复杂的构造行为为前提的,而这些行为会表露在对相关复合的表达中,例如"对墨水瓶的感知"。因此,这个体验构造着一个认识,这个认识以确定的、素朴的方式一方面与表达体验、另一方面与有关感知融合在一起,即:将这个事物认识为"我的墨水瓶"。

A 498 如果这里所涉及的不是感知,而是**图像表象**,那么情况也会完
B$_2$ 26 全相同。图像地显现出来的客体,例如在想象和回忆中的同一个墨水瓶,是称谓表达的可感受的载者。从现象学上说,这就意味着,一个与表达体验相结合的认识行为以这样一种方式与图像化行为相联系,我们将这种方式客观地称作对图像地被表象之物的认识,例如对我们的墨水瓶的认识。因为图像客体在这个表象中绝对什么都不是,这个体验毋宁说是某个由想象材料(想象-感觉)组成的结合体,它渗透了一定的立义行为特征。体验这个行为与有一个对对象的想象表象,这两者是一而二,二而一的。如果我们然后又明确地说:"我具有一个想象图像,并且具有对一个墨水瓶的想象图像",那么我们显然就在进行这个表达活动[5]的同时也进行了**新的**行为,尤其是进行了一个与图像化行为密切统一的**认**

[5] 在A版中为:这些表达。

识行为。

第7节　认识作为行为特征与“语词的普遍性”

下面进行的更为仔细的考虑似乎可以完全肯定一点：在所有那些对一个在语词（或整个激活意义的语词）显现与实事直观之间的直观被给予之物进行指称的情况中，我们确实有理由将认识看作是一个中介性的行为特征。我们常常听人谈及语词含义的普遍性，并且认为在这些定义的话语中所指的大都是这样一个事实，即：语词并不束缚在个别的直观上，而是从属于可能直观[6]的无穷杂多性。

那么在这种从属性中包含着什么呢？

让我们来考察一个尽可能简单的事例，例如“红”这个名称。当它将一个显现的客体命名为红时，它便借助于在此客体上显现出来的红之因素而从属于这个客体。而每一个自身带有同类因素的客体都有理由得到同一个指称，这同一个名称从属于每一个这样的客体，而这个名称是借助于同一个意义才从属于这个客体。A 499 B₂ 27

那么在这个借助于同一个意义而进行的指称中又包含着什么呢？

我们首先注意到：语词并非外在地、仅仅根据隐蔽的心理机械

[6]　在A版中“直观”为单数（Anschauung），在B版中改作复数（Anschauungen）。

论而附着在各个直观的同类个别特征上。主要是我们无法满足于这样一个事实，即：每当一个这样的个别特征（Einzelzug）出现在直观之中，语词作为单纯的语音构成也就会与它**结合起来**。这两种现象的单纯合并、它们的只是外在的并联和相接并不会在它们之间造成一种内部的联系，并且肯定不会造成意向的联系。这样一种联系显然只会作为一种**在现象学上极为特别的联系**出现。语词将**红的东西指称为红**。显现的红就是用红的名称所**指的东西**，而且是被指为**红**的东西。以这种指称意指的方式，名称显现为是从属于被指称之物的，并且是与它**合为一体**的。

另一方面，即使在与直观的联结以外，甚至在完全不具有“相应”直观的情况下，语词也具有它的意义。由于意义始终是同一个，故而很明显，我们用来为指称关系奠基的东西必定不是**单纯的语音**，而是本真的和**完整的**语词，即那个始终含有**意义**的同类特征的语词。但即使如此，我们也不能满足于仅仅将有意义的语词与相应直观的统一描述为一种合并。如果我们如此地想象**语词**，就像它在所有现时的指称之外**被理解为单纯象征性**的东西那样，只是现在又附加了**直观**，那么，即使这两个现象出于发生的理由而很快结合为现象学的指称统一；但这个合并本身仍然还不是这个统

A 500 一；统一显然是作为一个新的东西而**生成**的。这种统一不生成的

B₂ 28 先天可能性也是存在的；在这种情况下，这两个并存的现象在现象学上便是无联系的：显现之物并不是在**有**意义的语词中的被意指之物，亦即不是被指称之物，而语词则不是以名称方式从属于它的东西，不是指称它的东西。

由于我们以现象学的方式所发现的并非是一个最密切统一的

单纯结合体，而是一个意向的统一，因而我们有理由说：这两个行为一个为我们构造出完整的语词，另一个为我们构造出实事，它们意向地结合为行为统一。当然，我们既可以将这个过程描述为："红的名称将红的客体指称为红"，也可以将它描述为："红的客体被认识为红并借助于这个认识而被指称为红"。"指称为红"——在指称的现时意义上，这个意义预设了对被指称之物的基础直观——与"认识为红"基本上是含义－同一的表达；只是后一个表达更为清楚地表明，这里存在的并非是一个二，而是一个通过一个行为特征而建立起来的一。诚然，我们必须承认，由于这种融合极为密切，因而这个统一所具有的各个隐含因素——物理的语词显现与含义的激活因素、认识因素与对被指称之物的直观——并没有明确地相互区分开来；但我们根据以上所述不能不接受所有这些因素。此外我们还会对此进行一些补充性的考虑。①

显然，语词之所以与直观的对象之物发生意义联系，这要归功于认识，而认识的行为特征并不是某种本质上从属于语音的东西；毋宁说，认识在其有意义的（合乎含义的）本质方面是从属于语词的。在语音不同的情况下，例如不同语言中的"同一个"语词，认识 A 501
联系却可以是同一个；尽管借助于不同的语音，这个客体在本质上 B₂ 29
却被认识为同一个。当然，只要对红的完整认识与现时的名称相等值，它也就一同包含着语音。不同语言共同体的成员经历着不同语音的从属性，并且将这些不同语音一并纳入到认识的统一之

① 参阅本书第 37 页以后[7]。

[7] 在 A 版中为：第 509 页以后。

中。在此同时，从属于语音的含义，以及含义在其中与被意指之物现时相结合的认识行为，这两者始终没有发生变化，以至于这些差异必然会不言而喻地被看作是非本质的[8]。

据此，语词的普遍性也就意味着，同一个语词通过它所具有的统一意义而包括了（或者，如果这有所背谬的话，也可以说，“要求”包括）一个在观念上受到固定限制的可能直观的杂多性，以至于这些直观中的每一个都可以作为一个同等意义的称谓认识行为之基础来起作用。例如在“红”这个语词中包含着这样一种可能性：将所有在可能直观中被给予的红客体都认识为红并且指称为红。但与此相联结的又是一个先天得到保证的可能性：通过对这种认识的认同综合而意识到，此与彼在含义上是同一个，即是说，它们都是红的；这两个直观的个别性从属于同一个“概念”。

这里会产生出一个急迫的疑问。我们在前面说，语词可以在不对某物做现时指称的情况下被理解。但我们难道真的不需要承认，语词至少具有行使现时指称之作用的可能性，即是说，语词至少具有获取与相应直观之现时认识联系的可能性？难道我们不需要说，没有这种可能性也就根本没有语词存在？回答当然是：这种
A 502 可能性就附着在有关认识的可能性上。但并非所有被意指的认识
B_2 30 都是可能的，并非所有称谓含义都是可实现的。“想像的”名称也是名称，但它们不可能处在现时的指称中，实际上它们并不具有范围，并不具有在可能性和真理意义上的普遍性。它们的普遍性是空乏的要求。随着研究的进一步展开，我们会看到，这些话语应当

[8] 在A版中还紧跟：差异。

如何得到澄清；从现象学上看，在这些话语后面还隐藏着什么。

我们所做的阐述是始终有效的，而且不只是对那些例如以**普遍概念**的方式具有普遍含义的表达有效。这些阐述同样有效于诸如**专有名称**那样的**个体含义**表达。通常被人们称作“语词含义之普遍性”的那个事实所意指的决不是那种被人们附加给对立于个体概念的属概念的普遍性；它以同样的方式既包含个体概念，也包含属概念。因此，我们在一个有意义地起作用的表达与一致性直观的关系中所说的“**认识**”恰恰也不能被理解为一个现时的**分类**活动，即那种将一个直观地或思想地被表象的对象——即必然地根据普遍概念并且在语言上借助于普遍名称——排序到一个**种类**之中去的做法。专有名称也具有其“普遍性”，即使当它们在行使现时指称之作用时实际上并不进行分类活动。专有名称与所有其他名称一样，它们不进行指称着的认识就根本无法对任何东西进行指称。与我们前面所做考察完全相似的一个考察已经表明，与其他表达相同，专有名称与相应直观的联系仅只是一种间接的联系而已。各个名称显然既不属于一个特定的感知，也不属于一个特定的想像或其他的图像化。在无数可能直观中显现出现来的是同一个人，而所有这些显现并不仅仅具有直观的统一，而且也具有认 A 503
识的统一。每一个源于直观杂多性中的个别显现都可以通过专有 B_2 31
名称而同样合理地成为同等意义之指称的基础。无论被给予的是什么样的人或事，指称者所意指的总是同一个人或事。而他对此人或事的意指并不像在对一个对他而言个体陌生的客体的考察时那样，是以一种直观朝向的方式进行；而是他将此人或事认识为这个人或事；在指称中他将“汉斯”认识为“汉斯”，将“柏林”认识为

“柏林”。而这样一种对此人或此城市的认识则重又是一个行为，它并不束缚在各个语词显现的特定感性内涵上。语音不同（并且就可能性而言有无数多的语音），行为则是同一个；例如，当多个语音为同一个个体实事而采用不同的专有名称时便是如此。

当然，专有名称的这种普遍性以及与其相应的专有含义**在特征上完全有别于种类名称的普遍性**。

专有名称的普遍性在于，在**一个**个体的客体中包含着可能直观的一种综合，这些直观通过一种共同的意向**特征**[9]而达到一致，这种共同的特征并不受在个别直观之间的其他现象的区别之干扰，它为每一个直观提供与同一个对象的联系。而这个统一之物便是认识统一的基础，它从属于“语词含义的普遍性”，从属于语词含义的观念可能的现实化之范围。所以，指称的语词具有与一个无限的直观杂多性的联系，这个语词认识着并因此而指称着这些直观的**同一个对象**。

种类名称的情况则完全相反。它们的普遍性包容着一个**对象的范围，自在和自为地看**，这些对象中的每一个对象都具有一种可能的感知综合，都具有一个可能的专有含义。普遍名称是以一种
A 504 可能性的方式“包括了”这个范围，这种可能性是指：普遍名称可以
B_2 32 普遍地指称在这个范围中的每一个成员，即是说，它可以不以专有名称的方式通过专有认识来指称，而是以共有名称的方式通过分类来指称；现在，或者是那个直接被直观之物，或者是那个已经在其标记（Merkmal）中或已经通过各个特征而被认识之物便被认识

[9] 在A版中未加重点号。

为并且被指称为“一个 A”。

第8节 在表达和被表达的直观之间的动态统一。充实意识与认同意识

我们现在不去考虑在意指与直观之间的静止的、可以说是静态的相合，而是考虑它们之间的动态的相合；在起先只是象征地起作用的表达上又随后附加了(或多或少)相应的直观。一旦这种附加发生，我们便体验到一个在描述上极具特色的充实意识(Erfüllungsbewußtsein)[①]：纯粹意指的行为以一种瞄向(abzielend)意向的方式在直观化的行为中得到充实。在这个过渡体验中同时还根据其现象学的论证而清楚地表露出这两个行为的共属性(Zusammengehörigkeit)，即含义意向与或多或少完善地符合于它的直观。我们体验到，同一个对象起初在象征行为中“仅只是被想象”，而后在直观中则直观地被当下化，而且，这个起初只是被想象的(只是被意指的)对象恰恰是作为这样或那样被规定的东西而被直观到。如果我们说，直观行为的意向本质(或多或少完善地)适合于表达行为的含义本质，那么这只是对上述状况的另一种表达而已。

首先得到考察的是在意指行为与直观行为之间的静态关系，我们在这个关系中谈到认识。我们说，这个关系建立了名称与作

① 参阅我的“对基础逻辑学的心理学研究”，II，“论直观与代现”，载于：《哲学月刊》，1894 年，第 176 页。从本书中可以看出，我已经放弃了我在那里所偏好的直观概念。

A 505 为被指称之物的在直观中被给予之物的意义联系。但在这个关系
B2 33 中,意指本身并不是认识。在对单纯象征性语词的理解中,一个意指得到进行(这个语词意指某物),但这里并没有什么东西被认识。根据前几节的论述,这里的区别并不在于对被指称之物的直观的单纯地一同被给予,而在于那个在现象学上特殊的统一形式。这个认识统一的特征现在会使我们明白这个动态的关系。在这里首先是含义意向,而且它是自为地被给予的;而后才附加了相应的直观。同时,现象学的统一得以产生,它现在自身宣示为一种充实意识。对象的认识和含义意向的充实,这两种说法所表达的是同一个事态,区别仅仅在于立足点的不同而已。前者的立足点在于被意指的对象,而后者则只是要把握两方面行为的关系点。从现象学来看,行为在任何情况下都存在着,而对象则并不始终存在。因

1022 此,关于充实的说法更具特色地表达了认识联系的现象学本质。符号行为(Signifikation)[①]与直观行为可以发生这种特殊的关系,这是一个最原始的现象学事实。而只要它们发生这种关系,只要
A 506 一个含义意向的行为有可能在一个直观中得到充实,我们也就会
B2 34 说,"直观的对象通过它的概念而得到认识",或者,"有关的名称在

---

① 我对这个表达的使用并不带有特殊的术语指示,因为它只是对"含义"的翻译。我同样也会经常谈到符号性的(signifikativ),或者简称地谈到符号的(signitiv)行为,而不使用含义意向行为、意指行为等等。由于表达通常被称之为意指的主语,因此"意指行为"(bedeutende Akte)不是一个好的说法。"符号性"一词也在术语上提供了一个与"直观性"概念的合适对立。与"符号的"同义的是"象征的"(symbolisch),因为在近代曾受到康德抨击过的那种滥用已经蔓延开来,这种滥用在于:违背"象征"一词所具有的原初的,并且即使在今天也不可或缺的意义而将它作为"符号"的等值概念加以使用。

显现的对象上得到运用”。

我们可以轻而易举地证明在静态的和动态的充实或认识之间的无可置疑的现象学区别。在动态关系中，各个关系环节与那个将它们联系在一起的认识行为是在时间上相互分离的，它们在一个时间构形中展开自身。在作为这个时间过程之持恒结果的静态关系中，它们处在时间的和实事的相合性中。在动态关系中我们第一步所具有的是作为完全未得到满足之含义意向的“单纯思维”(=单纯“概念”=单纯符号行为)，这些含义意向在第二步中获得或多或少相应的充实；思想可以说是满足地静息在对被思之物的直观中，而被思之物恰恰是借助于这种统一意识才表明自己是这个思想的被思之物，是在其中被意指者，是或多或少完善地被达到的思维目的。另一方面，在静态关系中我们仅只具有这个统一意识，而在此之前很有可能并没有出现过一个界限分明的未充实意向之阶段。意向的充实在这里并不是一个充实的过程，而是一个静止的被充实状态，不是一个相合的活动，而是在相合中的存在。

在对象方面，我们在这里也谈及**同一统一**(Identitätseinheit)。倘若我们比较一下一个充实统一所具有的这两个成分(无论我们是在动态的过渡中考察它们，还是在对静态统一进行分析时先区分这两个成分，然后再看它们的相互交融)，那么我们就会确定**对象的同一性**。我们说，而且我们可以明见地说，直观对象与在其中得到充实的思想对象是**同一个**，而在完全相应的情况下甚至可以说，对象完全是作为同一个对象而被思考(或者同样可以说，被意 A 507
指)，并且被直观。显而易见，同一性并不是通过比较的和思想中 B_2 35
介的反思才被提取出来，相反，它从一开始便已在此，它是体验，是不明确的、未被理解的体验。换言之，在现象学上，从行为方面来看被描述为充实的东西，从两方面的客体，即被直观到的客体这一方面和被意指的客体那一方面来看则可以被表达为同一性体验、同一性意识、认同行为；或多或少完善的同一性是与充实行为相符合并在它之中“显现出来”的客体之物。我们之所以可以不仅将符号行为与直观行为，而且也可以将相即性，即充实统一标示为一个行为[10]，正是因为相即性具有一个它所特有的意向相关项，一个它所“指向”的对象之物。根据以上所说，这是在关于认识的说法中表达出来的对同一事态的又一不同措辞。含义意向以充实的方式与直观达成一致，正是因为这个状况，那个在直观中显现的、为我们原初朝向的客体才获得了被认识之物的特征。要想对此“作为何物”的被认识状态做更确切的标示，客观反思就不应朝向意指的行为，而应朝向含义本身（同一“概念”），而关于认识的说法所表达的是从直观客体（或充实行为的客体）的立场出发并且在与符号行为之含义内涵的相互关系中对同一个认识统一的理解。在相反的相互关系中人们或许也会说——尽管大都是在一个较为狭窄的区域内——：思想“领悟了”实事，它是实事的“概念”。不言而喻，人们根据这个论述也可以将认识像充实一样——只是另一个语词而已——标示为一个认同的行为。

补充：我现在也不能压制一个针对上述理解而发的疑虑[11]，这个理解一般说来还是十分清晰的，它将这里出现的同一统一或

[10] 在 A 版中加有重点号。
[11] 在 A 版中加有重点号。

认识统一理解为一个认同的或认识的**行为**；由于这个疑虑在后面的研究进程中以及在我们不断获得的启蒙之进步中会表明自身是
一个严肃的疑虑并且将引发出有益的思考，因而我在这里就更不 A 508
能压制它。这个疑虑在于，在更仔细的分析后我们会注意到，当一 B_2 36
个名称在现时的指称中与一个直观客体发生联系时，我们在这种情况中所意指的是那个被直观的以及与此一致地被指称的**对象**，但决不是这个对象的**同一性**。我们是否应当说，这里的关键在于注意力的偏好？或者我们是否更应当承认，认同的行为还没有完完全全地被构造出来：这个行为的主要部分、将含义意向与相应的直观联结统一在一起的因素虽然已经实项地存在，但这个统一因素并没有作为一个客体化"立义"的"被代现者"起作用；被体验到的相合统一并没有论证**联系认同**的行为，并没有论证关于同一性的意向意识，而只是在这种意识中，同一性才作为被意指的统一而成为我们的对象。在对充实统一的反思中，我们在对那些相互联结的行为做出分解和对置的同时当然也要，甚至必然也要进行联系的理解，即进行那种先天地准许了这些行为之统一形式的理解。——在本书的第二篇中，我们将在最普遍的、与范畴行为特征一般相联系的形态中思考这个问题。① 在这里我们则继续将这个所述的统一特征看作是一个完整的行为或不将它明确地分离于完整的行为。这不会影响到我们的考察之根本，只要从统一体验到联系认同的过渡**始终是开放**的便可，因为**整个过渡的先天可能性**

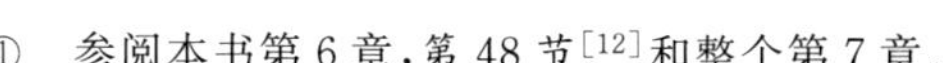

① 参阅本书第6章，第48节[12]和整个第7章。

[12] A本的补充与修改：第47节（第619页以后）。

得到了保证，以至于我们可以**合理地**说，认同的相合**被体验到**，即使那个**被意识到的**对同一性的**意向**、那个**联系的**认同并没有发生。

A 509 B_2 37

第9节　充实统一以内和以外的不同意向特征

为了达到解释静态认识行为这个目的，我们提到了动态的充实，即以分解了的过程的形式进行的充实，这个做法同时也排除了一个困难，这个困难有可能会困扰我们对含义意向与整个认识行为之间的关系做出明确的把握。我们真的可以说，在认识统一之中可以做出四重划分：动词的表达、意指的行为、直观的行为以及最终是包容性的认识统一或充实统一之特征？人们会提出指责说，实际上这个分析所发现的一方面是**语言表达**，这里特别是指名称，另一方面是直观，这两者通过认识指称的特征而结合为一。但是，据说与语言表达相联结的还有一个**意指行为**，据说它是一种不同于认识特征和充实直观的东西，而且是一种在同一个表达的认识作用之外仅用此表达的理解特征便可以被认同的东西；——这样一种说法必须被否认，至少它是一种多余的设定。

因此，这个怀疑是针对我们在第4节中，亦即还在对认识统一进行分析之前，作为最自明的东西而提出的那个主导观点所发。我们进行这个思考时需要做如下回忆：

首先，如果对处在认识作用之中的表达与处在这个作用之外的表达进行比较，那么就会表明，含义在两方面都是同一个。无论我是单纯象征性地理解“树”这个语词，还是根据对一棵树的直观来使用这个语词，我两次都明见地用这个语词来意指某物，并且两次都意指同一个东西。

其次，明白无疑的是，在充实过程中，自身得到“充实”的并同 A 510
时与直观达到“相合”的是这个表达的含义意向，因此，认识作为相 B2 38
合过程的结果就是这个相合统一本身。但在相合统一的概念中已经包含着一点，即：这里所涉及的不是一个相互分离的二，而是一个自身无别、只是通过时间的推延才自身分解的一。故而我们必须说：在复合的认识行为中也寓居着相同的含义意向行为，即构成空乏象征表象的那个含义意向行为；但以前曾是“自由的”含义意向在相合性阶段上“受到束缚”，变为“无异”。它如此特别地与这个复合体交织或交融在一起，以至于它的含义本质虽未受到妨碍，但它的特征却以一定的方式经历了变异。

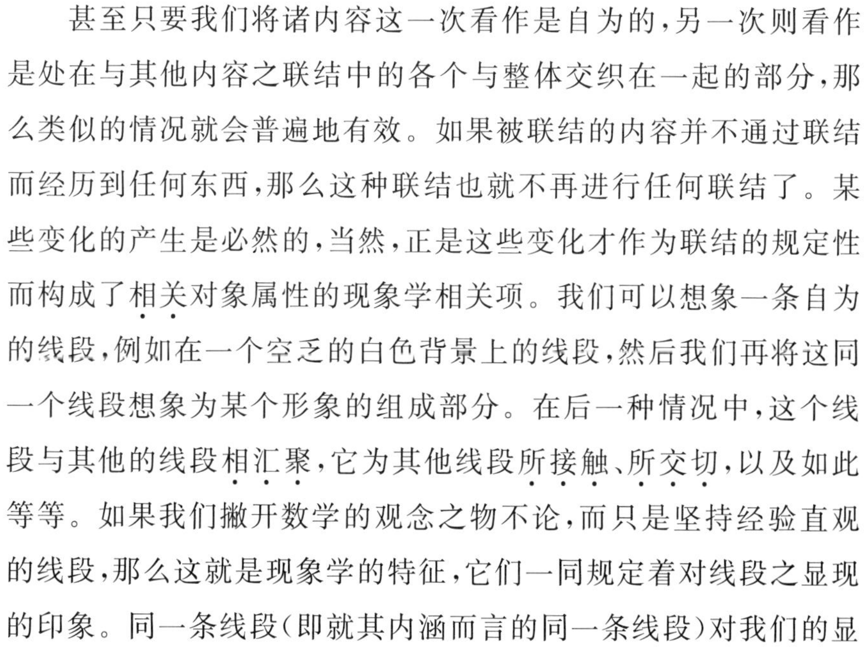

甚至只要我们将诸内容这一次看作是自为的，另一次则看作是处在与其他内容之联结中的各个与整体交织在一起的部分，那么类似的情况就会普遍地有效。如果被联结的内容并不通过联结而经历到任何东西，那么这种联结也就不再进行任何联结了。某些变化的产生是必然的，当然，正是这些变化才作为联结的规定性而构成了**相关**对象属性的现象学相关项。我们可以想象一条自为的线段，例如在一个空乏的白色背景上的线段，然后我们再将这同一个线段想象为某个形象的组成部分。在后一种情况中，这个线段与其他的线段相**汇聚**，它为其他线段所**接触**、所**交切**，以及如此等等。如果我们撇开数学的观念之物不论，而只是坚持经验直观的线段，那么这就是现象学的特征，它们一同规定着对线段之显现的印象。同一条线段（即就其内涵而言的同一条线段）对我们的显

现随着它所进入的现象学联系不同而各有不同；而如果我们将它附加到在质性方面与它同一的一条线段或一块面积中去的话，它甚至会“无别地”进入到这个背景之中，它会丧失现象学的特性和专门效用。

A 511 B_2 39

第 10 节[13] 充实体验的更全面种类。直观作为需要充实的意向

在对充实意识之特征的进一步描述方面需要指明，这里所涉及的是一个在我们心灵生活中也起着重要作用的体验特征。只需要回忆一下愿望意向和愿望充实、意愿意向和意愿充实，或者回忆一下希望和担忧的充实、怀疑的消散、猜测的证实，以及如此等等，

1028 我们马上就可以明白，在不同的意向体验种类之内本质地包含着与我们在这里所遇到的那个特殊的对立完全相同的对立，即含义意向与含义充实之间的对立。我们在前面已经①接触到这一点并且在较为确切的**意向**标题下划分出一个种类的意向体验，这些体验具有一种能够为充实关系奠基的特性。在这个种类中可以纳入所有那些从属于较宽或较窄的逻辑领域的行为，也包括那些在认识中注定为其他意向提供充实的行为，即：**直观**。

例如，当一段熟悉的曲调开始响起时，它会引发一定的意向，

① 参阅本书前面第五研究，第 13 节，第 379 页[14]。

[13] 在 A 版中为：第 11 节。

[14] 在 A 版中为：第 358 页。

这些意向会在这个曲调的逐步展开中得到充实。即使我们不熟悉这个曲调，类似的情况也会发生。在曲调中起作用的合规律性制约着意向，这些意向虽然缺乏完整的对象规定性，却仍然得到或者能够得到充实。当然，这些意向本身作为具体的体验是完全被规定了的；在它们所意指之物方面的“不确定性”显然是一种从属于意向特征的描述特殊性，以至于我们完全可以像以前在类似情况中所做的那样，背谬地，但却是正确地说：这种“不确定性”（也可以 A 512
说，这是一种特性，即：要求得到一种补充，这种补充不是完全被确 B_2 40
定的，而只是源自一个在规律被划定了的领域）就是这个意向的确定性。与这个意向相符合的不仅是可能充实的某个广度，而且还有对每个源于此广度之现时充实而言的一个在充实特征上的共同之物。行为究竟是带着确定的意向得到充实，还是带着不确定的意向而得到充实；而在第二种情况下，这些意向究竟是否得到充实（它们的不确定性指明了可能充实的这个或那个方向）；这在现象学上是有所不同的。

在这里所举的例子中我们同时还涉及**期待**与[15]**期待充实**之间的关系。但如果我们现在反过来将意向与其充实的关系解释为期待关系，那显然是不正确的。**意向**不是**期待**，意向的本质并不在于朝向一个未来的出现。如果我看见一个不完整的图样，例如这块被家具部分遮盖了的地毯的图样，那么被看见的部分就可以说是带有朝向补充的意向（可以说，我们**感受**到，线条和颜色形态在已见部分的“意义”上继续延伸）；但我们并不期待什么。如果[身

[15]　在A版中未加重点号。

体的]运动使我们能够看得更多,那么我们就能够进行期待。但可能的期待或对可能期待的引发,它们本身并不是期待。

外感知为我们提供了无限多的这类事例。各个包含在感知之中的规定性指明了补充的、在新的可能感知本身之中显现的规定性,而随我们对对象的"经验知识"的标准不同,这种指明或是以确定的方式,或是以程度上不确定的方式进行。更详细的分析表明,每一个感知和每一个感知联系都是由一些成分构成的,这些成分

A 513 可以被理解为意向与(现实的或可能的)充实这样两个视点;这种

B2 41 情况无疑也可以转用于相似的想象行为一般、图像性行为一般之上。在这里,意向通常并不始终具有期待的特征,它们在所有静止的感知或图像性[行为]的情况中都不具有这种特征,只有当感知流动起来,并且延展为一个由从属于同一对象的感知杂多性[16]所组成的连续系列,它们才会获得这种特征。客观地说,对象从各个

1030 方面展示着自身;从一方面看仅仅是图像暗示的东西,在另一个方面却得到了证实性的和完全充分的感知;或者,在那个方面只是由于相邻界而间接地一同被意指的东西,只是被在先地暗示了的东西,在这个方面则至少成为图像的暗示,它起先显现为在角度上缩短了的,映射了的,然后才从一个新的方面显现为"完全如其所是"。按照我们的观点,每一个感知和想像都是一个由局部意向组成的交织物,这些局部意向融合为一个总体意向的统一。这个总体意向的相关项就是事物,而那些局部意向的相关项则是事物的部分和因素。只有这样才能理解,意识如何能够超出真实被体验

[16] 在A版中为:感知-杂多性。

的东西之外。可以说，意识能够进行超出的意指(hinausmeinen)，而意指可以得到充实。

第11节[17]　失实与争执。区分的综合

在所有那些带有意向与充实之差异的行为的较为宽泛领域中，与充实相毗邻的是**失实**(Enttäuschung)，它构成一个排斥着充实的对立。这里大都还使用否定性的表达，例如不充实的表达，这些否定性的表达所指的并不是充实的缺失，而是一个新的描述性事实，一个像充实一样的特殊综合形式。这一点是始终有效的，也就是说，它也适用于那些处在与直观意向之关系中的较为狭窄的 A 514
含义意向领域。认识的综合是某个"一致"的意识。但与一致相符 B2 42
合的是作为相关可能性的"不一致"、"**争执**"。直观并不"附和"(stimmen)含义意向，它与含义意向"相争执"。争执在进行"分离"，但争执的体验却在联系与统一之中进行设定，这是一个**综合**的形式。如果以前的综合是一种认同，那么现在的综合便是一种**区分**(可惜我们不具备另一个积极的名称)。——**这种**"区分"不应被混同于那种与比较相对立的区分。"认同和区分"之间的对立与"比较和区分"之间的对立并不是一回事。此外，这里存在着切近的现象学亲缘关系，它可以解释使用这些相同表达的原因，这一点也是显而易见的。——在这里所讨论的"区分"中，失实行为的**对象**显现为与意向行为的**对象**"不是－同一个"，而是"另一个"。但

[17]　在A版中为：第12节。

这些表达指明了一些比我们迄今所偏好的事例更为普遍的领域。不仅符号意向，而且直观意向都是以认同的方式而得以充实，以争执的方式得以失实。在行为的总类之中包含着“同一个”和“另一个”（我们也可以说，这“是”和“不是”），我们很快就会对有关行为总类的自然划界问题进行更仔细的考虑。①

诚然，这两种综合并不完全属于同一个级别。每一个争执都
A 515 有所预设，即预设了由对争执行为之对象的指向所给予意向一般
B_2 43 的东西，而这个指向最终只能由充实综合来提供给意向。争执可以说是预设了某个一致的基地。如果我说“A是红的”，而它在“真理”中②却被确定为是“绿的”，因此在这个确定中，亦即在这个直观的衡量中，红的意向与绿的直观发生争执。但无可置疑的是，这种情况只有在符号行为与直观行为中进行的对A之认同的基础上才可能出现。只有这样，意向才有可能达到直观。总体意向朝向一个红的存在着的A，而直观却显示一个绿的存在的A。正是由于含义与直观在对同一个A的指向上相合，在两方面统一地一同被给予的意向因素才会发生争执，被意指的红（被意指的是A的红）并不附和（stimmt）被直观的绿。通过同一性联系，这些没有达到相合的因素才相互符合（entsprechen）；它们不是通过充实而“联结”，相反，它们毋宁说是通过争执而“分离”，意向被指派到归

① 参阅本书第14节，第49页以后[18]［边码 B_2 49］。

② 胡塞尔在这里所用的原文是“in Wahrheit'”，一般译作“实际上”或“事实上”；但此处胡塞尔在“真理”（Wahrheit）一词上加有引号，别有含义，故如实译出。——中译注

［18］ 在A版中为：第521页以后。

属于它的直观之物上，但却被这个直观之物所拒斥。

我们对含义意向以及与它们相背离的失实之特殊联系所做的阐述显然也对前面已暗示过的客体化意向之总类有效。据此我们可以一般地说，一个意向之所以会以争执的方式得以失实，只是因为它是一个更宽泛的意向的一个部分，而这个更宽泛意向的补充部分又得到了充实。因此，在简单的或个别化的行为那里不可能谈到争执。

第12节[19]　总体的和局部的认同与区分作为谓语的和限定的表达形式的共同现象学基础

1033

至此为止所考察的意向（尤其是含义意向）与充实之间的关系是一种总体的一致关系。在其中包含着一个限制，它自发地产生于这样一种状况，即：我们为了尽可能简单的缘故而从所有形式中抽象出来，尤其是从那个由“是”的语词所宣示的形式中抽象出来，A 516
而且我们在表达与外直观和内直观的联系中仅仅顾及那些与被直 B₂ 44
观之物像衣服一样相适合的表达部分。通过对那个与总体一致情况相对立的争执可能性的引入——我们据此也可以（尽管不会完全避免误解）将争执标示为总体的争执——，我们同时注意到了新的可能性，亦即注意到在意向与充实着或失实着意向的行为之间的局部一致和不一致的重要情况。

[19]　在A版中为：第13节。

我们从一开始便以一般的方式来对这种关系进行更为切近的考察，以至于所有本质确定的有效性不仅可以自明于含义意向，而且可以自明于上面所表明的更为宽泛的意向范围。

所有争执都可以被回溯到这一点上，即：现有的失实意向是一个[20]全面的意向的一部分，这个全面意向部分地，即在那些补充的部分方面得到充实，并且同时在那前一个部分方面得到疏离（entfremdet）。在每一个争执那里也都在某种程度上存在着局部的一致和局部的争执。除此之外，倘若我们看到了对象关系，那么我们也就必定会看到这种可能性；因为，凡在谈及相合的地方也就会自发地展示出排斥、包含和交错的相关可能性。

如果我们先停留在争执的情况中，那么它会促使我们做如下补充考虑：

如果一个ϑ在一个ϑ'中失实，因为ϑ与其他充实着的意向η、ι……交织在一起，那么这些意向η、ι……就无须与ϑ如此地相统一，以至于整体Θ（ϑ；η、ι……）可以具有一个自为确定的整体行为
A 517 的特点，即一个"我们生活于其中"、我们"关注"其统一对象的行为
B_2 45 之特点。在我们意识的意向体验之交织中有许多对行为和行为复合进行突出筛选的可能性，但它们一般都是未被现实化的。而当我们谈到个别行为及其综合时，我们所指的仅仅是这些被突出的统一性。只有当自为出现的仅仅是ϑ，而非Θ时，或者至少是当第一出现的是ϑ，而非Θ时，只有当一个被突出的争执意识唯独只在ϑ与ϑ'之间构成统一时，**总体的和纯粹的失实**的情况才会发生；换

[20] 在A版中还紧跟：更为。

言之，兴趣特别地指向与ϑ和ϑ'相符合的客体之联系。就像一个绿意向在一个被直观的红中得以失实，而在此同时被注意的仅仅是绿和红一样。如果对红的争执直观以某种方式得到表达，即通过一个在此直观中得到充实的语词意向，并且，如果失实本身同样也得到表达，那么我们大致就会这样说："这个[这个红]不是绿的"。[显而易见，这句话与原先我们所想的那句话是不一样的，即："绿的语词意向在对红的直观中失实。"因为新的表达使那个我们在这里所感兴趣的行为关系得以**对象化**，并且在总体的充实中用其新意向来顺从这个关系。]

但另一方面，一个Θ(ϑ；η、ι……)也有可能作为整体而进入综合，而且是如此地进入，以至于它在这里或者是与一个相关整体的Θ(ϑ'；η、ι……)发生特殊的联系，或者则仅仅是与这个整体的部分ϑ'发生特殊的联系。在前一种情况中，就交织的各个因素来看，一部分是相合(在η、ι……方面)，一部分则是总体的争执(ϑ－ϑ')。整个综合具有一个总体争执的特征，但它并非是纯粹的争执，而只是**混合**的争执。在另一种情况中，单纯的ϑ'作为相关行为而突出自身，有可能是通过这种方式，即：Θ(ϑ'；η、ι……)的统一溶解在混合的争执之中；特殊的争执综合联结着作为成分的Θ(ϑ；η、ι……)和ϑ'；用适当的表达来说就是："这个[这**整个**客体，这个红的瓦屋顶]不是绿的。"我们可以将这个重要的关系称之为 A 518
析出(Ausscheidung)。显然，如果ϑ和ϑ'本身[21]是复合的，那么这 B₂ 46
个关系的主要特征便会继续留存下来，以至于我们可以在**纯粹**的

[21]　在A版中还紧跟：已经。

和**混合的**析出之间继续区分。混合的析出可以通过"这个[这个红的瓦屋顶]不是绿的瓦屋顶"的例子而得到粗略的描绘。

现在我们再来考察**包容**(Inklusion)的情况。一个意向可以在这样一个行为中得到充实：这个行为所包含的东西要比这个意向之充实所需要的更多，只要这个行为所表象的是一个一同包含着这个意向之对象的对象，无论是在通常意义上作为部分来包含，还是作为从属于它的、明确地或隐含地一同被意指的因素来包含。不言而喻，我们还是要撇开这样一些行为不论，在这些行为中以对象背景的方式构造着一个更为宽泛的对象性，它们没有统一的划界，并且不会作为注意力的载者而受到偏好。无论如何，我们要再次回溯到总体相合的综合上去。即是说，例如对一个红的瓦屋顶的表象是被给予的，而在它之中，红这个语词的含义意向得到充实。红这个语词含义在这里以与被直观的红相合的方式得到充实；但因此而进入到一种特殊综合统一之中的则是对此红的瓦屋顶的**总体直观**，在其通过注意力的作用而突出于背景的统一中，带着**红的含义意向**："[这个]是红的。"我们在这里谈及"纳入"(Einordnung)关系，这种纳入与前面的析出相对立。纳入显然可以是一种纯粹的纳入。

纳入性综合的行为，而且是作为将意指行为和充实行为合而为一的总体行为，它所具有的对象相关项是在**相应对象的局部同一性**关系之中。关于纳入的说法便是对此的指明，纳入就是在活
A 519 动的形象中表达着对此关系的把握：部分被纳入到整体之中。显
B2 47 然，随理解立场的不同(这当然也就指明了未被顾及的并在这个表
达形式中一同被宣示出来的那些区别)，这同一个客观关系也可以

通过下列表达而得到标示："Θ_g具有ϑ_g"，或者说"ϑ_g附加给Θ_g"。"$_g$"这个标记在这里使人注意，出现在这个关系之中是被指示行为的意向对象；我们强调**意向**对象(intentionalen Gegenstände)，即那些如此地在这些行为中被意指的对象。

不言自明，这里所做的阐述可以转用到析出的情况上，转用到"不具有"、"不附加"的表达上。

在单纯的"是"中始终包含着客观同一性一般，在"不是"中则始终包含着不同一性(争执)。这里更特别地涉及在纳入与析出之间的一个关系，对此需要有其他的表达方式，例如**形容词**的形式，它标示着**被具有之物本身**、**附加之物本身**，正如**名词**的形式展示出**具有者本身一样**，即展示出这个具有者所行使的构造一个认同之"主体"的作用。在定语的，或者更一般地说，在确定的表达形式中(完整的同一性也可以进行确定)隐含着在形容词变化中的存在，只要它没有在关系句中明确地和分别地得到表达，或者在相反的情况下没有受到压制("这个哲学家苏格拉底")。那种对不－同一性的永远间接的表达是否既在谓语和定语中，也在名词的形式中(不-同一性、不-一致)表达着一个必然关系，即现时的"否定"与一个虽然不是现时的，但却是变异的肯定的关系；这个问题会导向一些讨论，我们在这里还不想进入这些讨论。

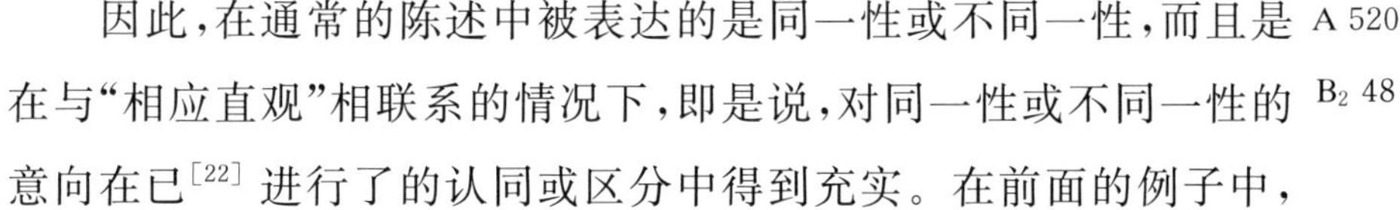

因此，在通常的陈述中被表达的是同一性或不同一性，而且是 A 520
在与"相应直观"相联系的情况下，即是说，对同一性或不同一性的 B_2 48
意向在已[22]进行了的认同或区分中得到充实。在前面的例子中，

[22] 在A版中还紧跟：现时。

如果先前已经发生了单纯的意向，那么就可以说，“瓦屋顶确实是红的”。谓语意向适合于（例如以“这个瓦屋顶”的方式而被表象和被直观的）主语。在相反的情况中则要说，“‘实际上’它不是红的”；谓语不附加给主语。

但如果这个“是”的含义现在是根据一个现时的认同（它自身常常带有充实的特征）而得到充实，那么同时也就很明显，我们被带出了我们至此为止一直关注着的，但并未明确意识到其界限的那个领域之外，即被带出了那些确实能够通过一致性直观而得到充实的表达的领域之外。或者毋宁说，我们注意到，在通常的、我们自明地视作基础的外“感性”或内“感性”意义上的直观并不单单是一种作用，即可以对直观的标题，对真正充实成就提出要求的作用。在第二篇中将会对在此出现的这个区别做出进一步的研究。

最后还要明确地说明一点：上面的阐述并不是一个完整的判断分析，而只是这种分析的一个断片。这里还根本没有顾及到综合行为的质性，没有顾及到在定语和谓语之间的区别等等。

第二章 对客体化意向以及它们通过充实综合的区别而形成的本质变种的间接特征描述 A 521 B_2 49

第 13 节[1] 认识的综合作为对客体化行为而言具有特征性的充实形式。将含义行为归入客体化行为的属

我们在前面①将含义意向归入到确切词义上的"意向"的更宽泛范围之中。从可能性上看，与所有意向相符合的是充实(或者是它们的否定性对立面:失实)，它们是一种特殊的过渡体验，这些体验本身也被描述为行为，而且可以说，它们使各个意指着的行为在一个相关的行为中达到其目的。只要后一种行为充实了意向，它就叫作充实行为，但只是借助于充实的综合行为，即在充实活动意

① 参阅本书第 10 节，第 39 页[2][边码 A 511/B_2 39]。[原文误作"第 11 节"，实为第一版(A 版)的排序。但在第二版(B 版)中则应改为"第 10 节"。胡塞尔在第二版中没有与页码变动相应地做修改。全集本的编者也未留意这个错误。——中译注]

[1] 在 A 版中为:第 14 节。

[2] 在 A 版中为:第 511 页。

义上的充实的综合行为,它才叫作充实行为。**这个过渡体验并不始终具有同一个特征**。在符号意向那里,而且显然也在直观意向那里,过渡体验具有认识统一的特征,就对象而言,这是一种认同的统一。但这并不适用于更为宽泛的意向一般之范围。尽管我们可以在任何地方谈及相合,而且甚至可以在任何地方发现认同,但这种认同常常只是借助于交织的行为而产生于这样一些群组之中,这些群组允许认同的统一并且在这些关系上也为这种统一奠定基础。

举一个例子便可以立即说明这里的事态。一个愿望在一个行为中得到充实,这个行为包含着一个认同,并且将它作为一个必然的组成部分来包含。因为存在着这样一个合规律性,即:愿望的质
A 522 性**奠基于**一个表象之中,亦即**奠基于**一个客体化行为之中,更进一
B2 50 步说,**奠基于**一个"单纯的"表象之中;并且对此还存在着一个补充
1040 的合规律性,即:这个愿望的充实也是被奠基的(fundiert),即奠基在一个行为之中,这个行为认同地包容着那个奠基性的(fundierend)表象:愿望意向只有通过以下方式才能得到充实满足,即:为它奠基的那个对被愿望之物的单纯表象转变为共形的(konform)认之为真(Fürwahrhalten)。但这里发生的并不仅仅是转变,即不仅仅是这样一个事实:想像被认之为真所取代;而是这两者在认同的相合之特征中合而为一。在这个综合特征中构造起那种"确确实实是如此"[即:就像我们先前所单纯想象和愿望的那样];当然,这并不排除这样一种可能性,即:这个确实状态只是一个被误认的表象之物,尤其在大多数情况下只是一个不相即的(inadäquat)表象之物。如果愿望奠基在一个纯粹符号性的表象

之中，那么认同当然也就会具有那种更为特别的、通过一个共形的直观行为来充实符号行为的相合特征；我们在前面曾描述过这种相合。——对任何一种奠基于(作为客体化行为的)表象之中的意向显然都可以作类似的阐述；同时，那些对充实而言有效的东西在经过必要的修正之后也可以适用于失实的情况。

在预先地说明这点之后，我们便可以明白：如果愿望充实——仍以此为例——也奠基于一个认同之中，并且有可能奠基于一个直观认识的行为之中，那么这个行为不会穷尽愿望充实，而恰恰只是为它奠基。特殊愿望质性的自身满足是一种特有的和异类的行为特征。这仅仅是一种比喻，即使我们在情感意向的领域之外也喜欢谈及满足，甚至也已经谈及充实。

因此，意向的特别特征与充实相合的特别特征相联系。不仅**意向的每一个映射**(Abschattung)**都有一个相关充实的映射与之**A 523
相符，并且同时有在映射综合行为之充实活动意义上的映射与之 B2 51
相符；而**本质不同的意向种类也有**在上述双重意义上的**充实的贯穿性种类区别与之相符**。显然，在这两个平行的行列中，**这些从属的成分始终**从属于**一个行为种类**。在愿望意向和意愿意向那里的充实综合肯定是相近的并且明确地有别于例如在含义意向中出现的充实综合。另一方面，含义意向的充实与直观行为的充实肯定具有同一个特征，并且对于所有那些被我们理解为**客体化**行为的充实来说都是如此。对这个我们在这里唯一感兴趣的行为种类，我们可以说，**它们的充实统一具有认同统一的特征**，并且有可能具有较为狭窄的**认识统一**的特征，因此也就具有这样一个行为的特征，与此行为相符的是作为意向相关项的对象同一性。

我们在此必须关注以下几点：前面已经证明，任何一个通过直观意向而完成的对一个符号意向的充实都具有认同综合的特征。但是反过来却并非在每一个认同综合中都进行着一个恰恰是对含义意向的充实，以及恰恰是通过一致直观的充实。还有，我们几乎不会有这种趋向，即：每遇到一个认同都立即将它称作一个意向的充实，并且据此而将它称作认识。当然，在最宽泛的意义上，通常所说的任何一个现时的认同都是一个认识。但我们明显地感觉到，在较为狭窄的意义上，这与对一个认识目的的逼近有关，而在最狭窄的认识批判的意义上，这还涉及对此认识目的的达及。将这种单纯的感觉转变为清楚的明察，并且准确地划定这种逼近和达及的意义范围，这便是我们将要承担的任务。眼下我们只坚持
A 524 一点：**认同统一的起源地**，因而同时也可以说，在较狭窄和最狭窄
B2 52 意义上的**所有认识统一的起源地**，**都是在客体化行为的领域之中**。

充实所具有的特殊性可以帮助我们对它所属的行为的统一种类进行特征描述。据此我们恰恰可以将客体化行为**定义为**这样一类行为：它们的充实综合具有认同的特征，而它们的失实综合因此也就具有区分的特征；或者也可以定义为这样一类行为：它们在现象学上可以作为一个可能的认同综合或区分的成分来起作用；或者，如果我们在这里预先提及一个还须得到阐述的合规律性，那么我们最后还可以将它们定义为这样一类行为：它们可以具有一个可能的认识作用，无论是作为意指的行为，还是作为充实的行为或失实的行为。**而后，认同和区分的综合行为本身便从属于这类行为**；它们本身或者只是**意指**地把握到了同一性或非同一性，或者**真的**是对此或对彼的相应把握。每一个意指都可以在一个（确切意

义上的）认识中得到"证实"或"反驳"；在前一种情况中同一性或不同一性被真实地把握到，也可以说，"被相即地感知到"。

刚才所做的分析只是大致，尚未完成，但它们已经导向一个结论：含义意向的行为与含义充实的行为一样，"思维"的行为与直观的行为一样，它们都属于一个单独的行为种类，即客体化的行为种类。由此便可以确定，其他种类的行为永远不可能以意义给予的方式起作用，而且它们只能通过以下方式"得到表达"，即：附着在语词上的符号意向借助于这样一些感知或想像而获得其充实，这些感知或想像朝向作为对象的有待表达的行为。即是说，在行为具有含义作用并在这个意义上得到表达的情况下，与某些对象的 A 525
符号联系或直观联系在这些行为中构造起自身，而在其他情况下， B_2 53
行为只是单纯的对象，这当然是就其他那些在这里作为本真含义的载者起作用的行为而言。

但在我们对此事态进行更准确的阐释之前，尤其在是对那些貌似合理的对立论据进行反驳之前[①]，我们必须进一步研究，并且是在客体化领域中更为仔细地研究充实的奇特事实。

① 参阅此项研究的结尾篇。

第14节[3] 通过充实的特性区分符号意向与直观意向;对这种区分的现象学的特征描述

a)符号、图像与自身展示

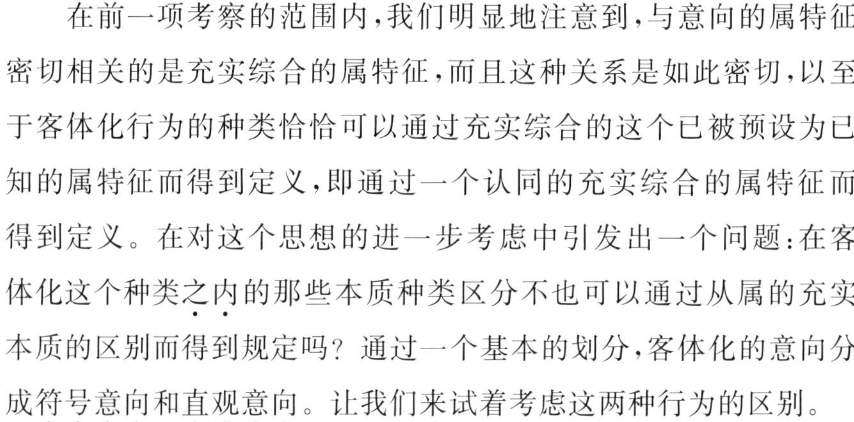

在前一项考察的范围内,我们明显地注意到,与意向的属特征
密切相关的是充实综合的属特征,而且这种关系是如此密切,以至
于客体化行为的种类恰恰可以通过充实综合的这个已被预设为已
知的属特征而得到定义,即通过一个认同的充实综合的属特征而
得到定义。在对这个思想的进一步考虑中引发出一个问题:在客
1044 体化这个种类之**内**的那些本质种类区分不也可以通过从属的充实
本质的区别而得到规定吗?通过一个基本的划分,客体化的意向分
成**符号意向**和**直观意向**。让我们来试着考虑这两种行为的区别。

由于我们的出发点是表达性的行为,所以我们曾将**符号意向**
理解为符号行为(Signifikation),理解为表达的含义。如果我们
暂且搁置这样一个问题:这些作为意义给予行为而起作用的行为
是否也可以在含义作用之外出现,那么,符号意向总是具有一个直
B_2 54 观的**支点**,即在表达的感性之物上的支点,但它们并不因此而具有
A 526 一个直观的**内容**;它们只是在某种方式上与直观行为合而为一,但

[3] 在A版中为:第15节。

从种类上却完全有别于直观行为。

如果我们将**符号**与**图像**相比较，那么表达意向相对于纯粹直观意向而具有的易于理解的区别便会表露出来。

符号在内容上大都与被标示之物无关，它既可以标示与它异类的东西，也可以标示与它同类的东西。相反，图像则通过**相似性**而与实事相联系，如果缺乏相似性，那么也就谈不上图像。符号作为客体是在显现的行为中对我们构造起来的。这个行为还不是标示性行为，根据我们前面所做的分析，这里还需要一个新的意向联结、一个新的立义方式，由此而被意指的不再是直观显现之物，而是一个新的东西，即被标示的客体。同样，图像，例如一个大理石的胸像，也是一个与任何其他东西一样的事物；只是新的立义方式才使它成为**图像**，现在显现的不再是一个大理石的事物，而是在这个显现的基础上同时有一个人物图像地被意指。

这两方面相互依附的意向并不是外部地附着在显现内涵上，而是如此本质地奠基于显现内涵之中，以至于意向的特征通过这个显现内涵而得到规定。如果人们以为，整个区别就在于，同一个意向这一次是联结在一个与被意指客体**相似的**客体之显现上，另一次则联结在一个与它**不相似的**客体之显现上，那么这将会是一个对事态的不正确的描述性理解。因为，符号也可以与被标示之物相似，甚至完全相似。但符号表象并不会因此而成为图像表象。我们会毫不犹豫地将符号 A 的摄影图片理解为这个符号的图像。但如果我们将这个符号 A 作为符号运用在符号 A 上，就像当我们写下“A 是一个罗马字符”时一样，那么即使存在着图像的相似 B_2 55
性，我们也不会将 A 理解为图像，而是将它理解为符号。

A 527 因此，显现之物与被意指之物之间的相似性之客观事实并不规定着任何区别。但它对图像表象并不是无关紧要的。这一点表现在可能的充实中；而在这里让“客观的”相似性来吸引我们的也只是对此可能性的回忆而已。图像表象显然具有一种特殊性，即：每当它的充实得以可能，它的显现为“图像”的对象便通过相似性而被认同为在充实行为中被给予的对象。我们将此称作图像表象的特殊性，这也就是说，在这里，相似之物通过相似之物而得到的充实，将充实综合的特征内在地规定为一个想像的充实综合的特征。如果从另一方面看，由于在符号和被标示之物之间存在的偶然相似性，一个对其双方面相似性的认识得以形成，那么这个认识便不属于符号意向的充实——姑且不论这一点，即：这个认识决不是那种特殊的认同意识，它以图像和实事的方式使相似之物与相似之物达到联系的相合。毋宁说，一个符号意向的特殊本质就在于，在它那里，意指行为的显现对象和充实行为的显现对象（例如在两者现实统一之中的名称与被指称之物）相互间“没有关系”。据此便很明显，正如在描述上不同的充实方式建基在意向的不同描述特征之中一样，事实上这些充实方式反过来也使人们注意到这个特征的不同并且能够对这个特征做出定义性的规定。

B_2 56 我们至此为止只是考虑了符号意向和想像意向的区别。如果
A 528 我们越过在更为宽泛的想像行为范围内较不重要的区别不论（我们在前面就没有去涉及想象表象，而是偏好通过物理图像产生的表象），那么存留下来的还有感知。

相对于想像，我们根据通常的表达来这样描述感知的特征，即：在感知中，对象是“自身”显现出来，而不只是“在图像中”显现

出来。在这个描述中我们立即可以认识到认识综合的特征上的差异性。想像是通过图像相似性的特有综合而得到充实，感知是通过实事的同一性[4]综合而得到充实，实事通过“自身”得到证实，因为它从各个方面展示自身，但在此同时却始终是同一个实事。

b）对象的感知性映射与想像性映射

但我们必须注意下列区别：由于感知宣称给予了我们对象“自身”，因此它实际上也就宣称自己不再是单纯的意向，而毋宁说是一个能够为其他行为提供充实，但自身不再需要充实的行为。这在大多数情况中，例如在所有“外”感知的情况中都是伪称。对象并没有真的被给予，即它没有完完整整地作为它本身所是而被给予。它只是“从正面”显现出来，只是“以透视地被缩减和被映射的方式”以及如此等等地显现出来。它的某些规定性至少是以一种为后一类表达提供例证的方式在感知的核心内涵中被图像化，而另一些规定性则根本都不具有这种在感知中的图像形式；看不见的背面、内部等组成部分虽然以或多或少确定的方式一同被意指，它们通过第一性的显现之物而象征地被暗示，但它们本身根本不属于感知的直观（感知或想像）内涵。与此相关的是对同一个对象 B2 57
之无限多的、内容上不同的感知的可能性。如果感知完全像它所 A 529
伪称的那样是对象的真实的和真正的自身展示，那么，由于对象的特殊本质在这个自身展示中得以穷尽，因而对每一个对象就只会有唯一的一个感知。

[4]　在A版中加有重点号。

但另一方面必须注意,在其自在状态中的对象——与这里唯一相关的和可理解的意义上的自在,即感知意向之充实将会实现的那个意义——并不完全不同于那个被感知现实化了的、尽管是以不完善的方式现实化了的对象。可以说,这就包含在对象的感知、包含在对象的自身显现的本己意义之中。现在我们回到现象学之物上去:尽管普通的感知是由多重的意向所构成,即一部分是由合乎感知的意向,一部分则仅仅是由想像的,甚至符号的意向所构成,它作为总体的行为所把握的仍然是对象本身,即使是以映射的方式。如果我们设想,一个感知被置入与这样一个相即的(adäquat)感知的充实联系之中,这个相即感知是在理想严格的和最本真的意义上给予我们对象本身,那么我们便可以说,这个感知如此地意指着对象,以至于这个理想的充实综合具有局部相合的特征,即意指行为的纯粹感知内涵与充实行为的纯粹感知内涵局部相合,同时这种充实综合还具有完全相合的特征,即两方面的完整感知意向的完全相合。在外[5]感知中的"纯粹感知性"内涵就是在将所有单纯想像性、象征性的组元抽象出去之后剩余给我们的东西;因而它是直接从属于它的纯粹感知立义中的"被感觉的"(empfundene)内容,这种立义将此内容的所有部分和因素都评价为与感知对象的与自身映射[6]相应的部分和因素,并且因此而赋予这整个内容以"感知图像"、对象的感知性映射的特征。在相即感知的理想极限情况中,被感觉的或自身展示的内容与被感知的

[5] 在A版中为:普通。
[6] 在A版中为:自身展示。

对象完全一致。——这种共同的并且从属于所有感知之意义的与 B₂ 58
自在对象本身的联系以及与相即性理想的联系，也在那些从属于 A 530
这个对象的杂多感知之现象学相属性中宣示出来。在一个感知中，对象在这个面显现，而在另一个感知中，它又从另一个面显现，它时而近、时而远地显现，如此等等。在每一个感知中虽然情况各异却始终是同一个对象“在此”，在每一个感知中根据我们所熟悉的并且在此感知中当下拥有的这个对象的总体历程而被意指的都是这个对象。在现象学上与它相应的是连续的充实流或认同流，这种流动以“从属于同一个对象的”各个感知不断相互衔接的方式进行。其中的每一个单个感知都是一个充实和不充实意向的混合体。在此对象上，与充实意向相一致的是在**这个**单个感知中作为关于此对象的或多或少完善的映射而被给予的东西，与不充实意向相一致的是关于这个对象的尚未被给予的东西，亦即在新的感知中将会成为现时的和充实的体现的东西。而所有这些充实综合都通过一个共同的特征而得到突出的标示，即：将一个对象的自身显现认同为同一个对象的自身显现。

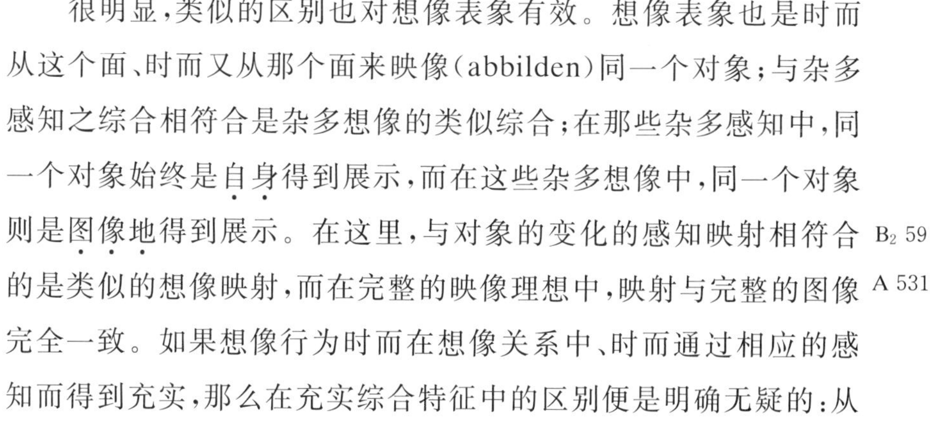

很明显，类似的区别也对想像表象有效。想像表象也是时而从这个面、时而又从那个面来映像(abbilden)同一个对象；与杂多感知之综合相符合是杂多想像的类似综合；在那些杂多感知中，同一个对象始终是**自身**得到展示，而在这些杂多想像中，同一个对象
则是**图像地**得到展示。在这里，与对象的变化的感知映射相符合 B₂ 59
的是类似的想像映射，而在完整的映像理想中，映射与完整的图像 A 531
完全一致。如果想像行为时而在想像关系中、时而通过相应的感知而得到充实，那么在充实综合特征中的区别便是明确无疑的：从

图像到图像的过渡之特征不同于从图像到实事本身的过渡之特征。

这些分析有益于我们的进一步研究，并且会在下一章中得到继续，从这些分析中我们可以得知感知与想像的相属性以及它们与符号意向的共同对立。我们始终将被意指的——被标示的、被映像的、被感知的——对象区别于一个在显现中现时地被给予的、但未被意指的内容：一方面是对象的符号内容，另一方面是对象的想像性和感知性映射。但是，符号与被标示之物“相互间没有关系”，而在那些无论是想像的还是感知的映射与实事本身之间则存在着内部的、包容在这些语词意义中的相属性。而这些关系以现象学的方式在构造性意向的区别中得到证明，并且同样也在充实综合的区别中得到证明。

不言而喻，这个展示并不会妨碍我们将**每一个**充实都解释为一种认同。意向处处都与为它提供**充盈**（Fülle）的行为达到相合，就是说，在意向中被意指的[7]对象与在充实行为中被意指的对象是同一个。但我们的比较并不关系到这些被意指的对象，而是关系到处在与这些被意指对象之关系中的符号和映射，或者说，关系到在现象学上与这些关系相符合的东西。

在这几节中，我们的兴趣首先在于充实综合的特殊性；通过这些特殊性，直观行为与符号行为获得了一个仅只是**间接的**特征描述。只是在此项研究的进一步进程中——在第16节中——，我们才能根据对那些自为的、在不顾及可能充实的情况下受到考察的

[7] 在A版中加有重点号。

意向的分析而提供一个**直接的**特征描述。

第 15 节[8] 含义作用之外的符号意向 A 532 B_2 60

在以上的考察中我们将某些直观行为的组元作为符号意向来使用。但在至此为止的整个研究系列中，我们始终将符号行为看作是**意指**的行为，看作是表达中的意义给予要素。符号行为与符号意向对于我们来说是同义的语词。因此，现在应当思考一个问题：一些行为通常只是在意指的作用之中为我们所发现，那么这些行为或本质同类的行为难道就不能在这种作用之外、在摆脱所有表达的情况下出现吗？

某些无语词认识的情况已经表明，对此问题的回答应当是肯定的。这些无语词认识的情况完全具有动词认识（verbalen Erkennens）的特征，而与此同时，语词在其意义－符号内容方面还根本未被现时化。例如，在语词还没有立即出现或根本不出现的情况下，我们将一个对象认识为古代罗马的路标，将它的沟纹认识为风蚀了的碑文；我们将一个工具认识为螺旋钻，但我们根本想不起这个语词，如此等等。从发生上说，通过当下的直观而在心境方面（dispositionell）引起一个朝向这个意指性表达的联想；但这个表达的单纯含义组元已经被现时化，它们如今在相反的方向上回射到引发性的直观之中，并且是带着已充实的意向特征流渡到直观之中。这些无语词认识的情况因而无非就是含义意向的充实，

[8] 在 A 版中为：第 15 节[a]。

只是这里的含义意向在现象学上已经摆脱了其他从属于它们的符号内容。对通常的科学思考之联系的反思也提供了这样一类例子。在这里可以注意到，向前涌进着的思想序列有相当大的一部分并不束缚在那些从属于它们的语词上，而是通过直观图像的流动或通过它们本己的联想交结而被引发。

A 533 与此相关的还有，**表达性**的言说(Sprechen)已经远远地超出
B_2 61 了那些为了认识性表达的真实合适性之目的而必须直观被给予的东西。任何人都不会怀疑，这一点也部分地导致了下列情况的产生，即：语词图像特别容易通过被给予的直观而被再造，然后它们所引来的是象征性的思想，但却不是与这些思想相符合的直观。

但反过来也需要注意：对语词图像的再造常常是相当落后地跟随在那些被各直观引发的思想序列后面。无数不相即的表达以这种
1052 或那种方式得以成立，它们并不以素朴的方式符合于现时存在的第一性直观以及真实地建立在这些直观上的综合构形，而是远远地超越出如此被给予的东西。有许多奇特的行为混合产生出来。真正被认识的对象仅仅是那些在现时的直观基础上被给予的对象；但由于意向的统一伸展得很远，因此对象似乎也被认作是在总体意向中被意指的对象。**认识特征在某种程度上伸展开来**。所以我们例如将一个人认作是皇帝的副官，将一个手迹认作是歌德的手迹，将一个数学表达认作是卡尔达诺①公式，如此等等。认识活动在这里当然可以不用在感知中的被给予之物来测量自己，而是

① 卡尔达诺(Geronimo Cardano，1501－1576)，意大利自然哲学家和数学家，主要影响在代数研究和医学研究领域中。——中译注

至多存在着与直观过程相匹配的可能性，但这些直观过程本身却根本不需要被现时化。以此方式，那些在完整的现时直观基础上完全不可能，而且由于自身设定了不相容之物而先天不可能的认识和认识序列，在局部直观的基础上却是可能的。虚假的，甚至背谬的认识存在着，而且还大量地存在着。但“实际上”它们并不是认识——即不是有逻辑价值的、完善的认识，不是确切意义上的认识。A 534 B₂ 62 但这样我们便预先接触到了以后要做的一些考虑。因为这里所涉及的认识阶段序列以及那些为它们划界的理想还没有得到澄清。

我们至此为止所涉及的是那些时而在含义作用内、时而在含义作用外出现的符号意向。但是，无数的符号意向与表达没有任何联系，无论是固定的联系，还是临时的联系，而它们根据其本质特征却与含义意向同属于一个种类。我在这里提醒大家注意一个曲调或一个为我们所熟悉的其他事件的感知过程或想像过程，并且注意在这里出现的（确定的或不确定的）意向或充实。同样也要提醒大家注意那些处在其现象共存之中的各个事物的经验秩序与联结，而且同时指明为这些在此秩序中显现的事物，首先是为在每一个个别的事物性统一中的各个部分提供了恰恰在这个秩序和形式中的共属统一特征的东西。通过相似性而进行的代现与认识只能使图像与实事得以统一并因此而使这两者显现为共属的，但它们却不能使那些不仅在相邻性中一同被给予，而且也显现为共属的东西做到这一点。即使在相邻性代现的实现过程中首先出现的是图像，它们事先想像出符号性的被代现者，并且在充实时在实事之中证实自身，但相邻性的被代现者与由此而被代现之物之间的

统一并不能通过图像关系而被给予（因为这个关系在这两者之间不起作用），而只能通过符号代现的绝对特别关系而被给予，符号代现在这里是作为通过相邻性而进行的代现。

A 535 据此，我们在不相即的感知和想像中将会完全正确地看到由
B_2 63 原始意向构成的复合，在这些意向中除了感知因素和想像因素之外还可以发现符号意向的因素。我们完全可以做出以下判断：客体化行为的所有现象学区别都可以被回归到建构着它们的基本意向和充实之上，这些意向和充实是通过充实综合而得以统一的。而在意向方面的唯一最终区别便是在符号意向和想像意向之间的区别，前者是通过相邻性而形成的意向，后者是由相似性而引发的意向。在充实方面作为组元起作用的一部分重又是这种或那种意向；但在一定情况下（如在感知的情况中）也可以是那些不再被说成是意向的意向，即那些只是充实着，但却不再要求充实的组元，那些在最严格词义上为它们所意指的客体的**自身**展示。而后，通过基本行为的特征，规定着复合行为之同类统一的充实综合的特征也就得到规定，与此同时，借助于注意力的偏好力量，这个或那个基本行为的特征又转移到总体行为的统一之上：整个行为或是想像行为，或是符号行为，或是感知行为（绝然感知）；而只要两个这样的统一行为发生联系，一致和争执的关系便会产生，它们的特征是通过奠基性的总体行为，但最终是通过它们的基本因素而得到规定的。

这些关系在下一章中应当受到进一步的探讨，这种探讨仅限于：在现象学上确定这些关系，并因此而在认识批判上评价这些关系。我们在那里将纯粹地坚持那些在现象学上被给予的统一，坚

持它们自身所承载的并在充实中所宣示的意义。这样我们便可以避免诱惑，不会踏上假设性构想的歧途，认识澄清根本无须承载对这类构想之怀疑的重负。

A 536
B$_2$ 64

第三章　认识阶段的现象学

第 16 节　单纯的认同与充实

1056

当我们从一个感知的语言表达出发来描述含义意向与充实直观的关系时，我们说，直观行为的意向本质**符合于**或**从属于**符号行为的含义本质。这一点显然也适用于任何一个总体认同的情况，它将质性上相同的行为综合在一起，即：将设定行为与设定行为综合在一起，或将不设定行为与不设定行为综合在一起；而在质性(Qualität)不同的情况下，认同便仅仅建立在两方面行为的质料(Materien)之基础上。在经过适当修改后，这一点也对局部认同的情况有效，以至于我们可以说，质料是一个在各个被综合行为的行为特征中对于认同来说(当然而后也是对于区分来说)**本质上**需要受到考察的因素。

就认同情况而言，质料是综合的特殊载者，但它自身并不被认同。因为关于认同的说法就其意义而言是与那些通过质料而被表象的客体相关的。另一方面，质料本身在认同行为中达到相合。每一个例子都表明，尽管预设了质性的相同性，但这两方面行为的完整相同性却并没有被达及；这乃是因为：意向本质并没有穷尽整个行为。在除去意向本质之后剩余下来的东西将会在对认识阶段现象学的仔细透彻研究中——这就是我们的下一步任务——表明自身是极为重要的。在这里，下面这点从一开始便很明显：如果认 A 537
识可以在质料相同的情况下划分出不同的完善性阶段，那么完善 B2 65
性的区别便与质料无关，即是说，质料并不规定认识相对于任何一个随意的认同而所具有的特殊本质。我们在前面已经注意到这个在单纯认同与充实之间的区别，进一步的研究将与我们对此区别的考虑相联接。

我们曾经①将充实等同于（狭义上的）认识，并且暗示：这只是对某些认同形式的标示，即对那些可以使我们更接近认识目标的认同形式的标示。我们可以尝试对上面这句话的含义做如下的澄清：在每一个充实中都进行着一个或多或少完善的直观化（Veranschaulichung）。充实，也就是说，那个在充实综合中顺应性的、为意向提供其“充盈”的行为，将那些虽然为意向所意指，但却以或多或少非本真的或不合适的方式而表象出来的东西直接地，或者至少是比意向更直接地放置在我们面前。在充实中我们可以说是经历到一个“这就是它自身”。我们当然不能在严格的意义上理解这个“自身”：就好像必定有一个感知使这个客体本身成为对我们而言的现时现象当下一样。在认识的进步中、在阶段性的上升过程中，我们可能不得不从具有较少认识充盈的行为向具有较多认识充盈的行为迈进，而且最终要向不断需要充实的各个感知迈进；

① 本书前面第 14 节，第 49 页[1]。

[1] 在 A 版中为：第 523 页。

但每一个阶段，亦即每一个个别的、已经自为地被描述为充实的认同，并不会因此而必定包含着一个作为充实行为的感知。无论如何，关于“或多或少直接地”和“自身”的相对说法已经在一定程度上暗示了主要问题：充实综合表明了被联结的成分的**不等值性**[2]，
B_2 66 即：充实行为具有单纯意向所缺乏的**优先**，这个优先在于，充实行
A 538 为**赋予**单纯意向**以“自身”的充盈**，它将后者**至少是“更直接地”带到实事本身那里**。而这个“直接”和“自身”的相对性重又指明，充实关系自身具有一种上升关系的特征。据此，这个优先有可能在一连串的这种相关关系中逐步上升；但每一个这样的上升序列都指明了一个**理想的界限**，或者已经在它的终极成员那里实现了这个**理想界限**，它为所有上升设定了一个不可逾越的目标：**绝对认识的目标、认识客体的相即自身展示的目标**。

这样，在较为宽泛的认同类型以内的**充实之突出特征**便得到了阐述，至少是以暂时的暗示方式①进行的阐述。因为并不是在每一个认同中都发生着这样一种向认识目标的逼近，因此很有可能存在着无目标地向着无限迈进的认同。例如，有无数多的算术表达具有同一个数值 2，所以我们在这里可以将一个认同与另一个认同相接直至无限。与此相同，同一个实事可以有无限多的图像，这样，重又有无限多的、不追求任何认识目标的认同链得以可能。与此相同，对同一个实事可以有无限杂多的可能感知。

① 参阅本书第 24 节，第 84 页以后[3]的更深入分析。

[2] 在 A 版中未加重点号。

[3] 在 A 版中为：第 556 页以后。

如果我们在这些直观事例上关注构造性的基本意向，那么我们当然可以发现，在认同之整体中大都被织入了真正充实的因素。例如，我们可以将一些并不具有完全相同的直观内涵的图像表象融为一体，由此而形成的新图像会使某些以往只是映射给我们，甚至只是象征地暗示给我们的东西更清楚地表象给我们，而且有可能会以“完全如其所是”的方式将它们置于我们眼前。倘若我们在想象中设想一个在做全面旋转和翻转的对象，那么这个图像序列 A 539
会始终通过在局部意向方面的充实综合而得到联结；但各个新的 B₂ 67
图像表象作为整体并不是对前面一个图像表象的充实，而总体的表象序列并不带有向一个目标的持续逼近。同样的情况也表现在从属于同一个外部事物的感知之杂多性上。得与失恰恰在每一步上都保持着平衡，新的行为在某些规定性方面获得更加丰富的充盈，但它却必须为此而在其他规定性方面损失充盈。对此我们可以说，想像或感知序列的**总体综合**[4]与这样一个序列中的单个行为相比展现了在认识充盈上的一种增长，单面展示的不完善性在全面的展示中得到相对的克服。我们只是说“**相对的**克服”：因为在这样一个综合的杂多性中，全面展示并不是如相即性理想所要求的那样进行的，即作为纯粹的自身展示，并且不附带相似化和象征化地一举(in einem Schlage)进行的，而是分片地进行的，并且始终带有这种附加的阴影。直观充实序列的另一个例子表现在这样一个过渡中，即从一个粗糙的轮廓勾画过渡到一个较为细致的铅笔素描，再由这个素描过渡到一个完成的图像，最后从这个图像

[4] 在A版中未加重点号。

过渡到一张生动的绘画,而对象在这里始终是并且显然是同一个。

产生于单纯想像领域之中的同类例子同时向我们表明,充实的特征并不预设那个被看作是同属于逻辑认识概念的东西,即那个既为意指行为所具有,也为充实行为所具有的设定质性。我们所说的认识主要是指:一个在通常的**信仰**意义上的意指得到加强或得到证实。

第17节 关于充实与直观化的关系问题

现在将要探问:各个不同属的客体化行为——符号行为与直
A 540 观行为以及在后一个标题下所包含的感知行为与想像行为——在
B2 68 认识中起着什么样的作用。直观行为在这里显得受到偏好,而且是如此地受到偏好,以至于人们首先会趋向于将所有充实(就像刚
1060 才已经顺带发生过的一样)都标示为直观化,或者将它们的效用描述为在直观充盈中的单纯上升,只要这里从一开始所涉及的就是直观的意向。意向与充实的关系无疑为**思想**(较为狭窄的理解:**概念**)与**一致性直观**这对概念的构成奠定了基础。但我们不应忽略,一个仅仅根据此关系而确定的直观概念绝不与**直观行为**的概念相一致,尽管后者借助于那种所谓包含在所有充实的意义之中的对直观的趋向而与前者紧密相关,甚至预设了前者。人们在这里也可以说,"弄清楚"一个思想,这首先意味着:为这个思想的内容提供合乎认识的充盈。但一个符号表象也可以在**某种**程度上做到这一点。当然,倘若我们所要求的是那种可以达到明见的明晰性,即由"实事本身"显示给我们并因此而使其可能性和真理性得以认识

的那种明晰性，那么我们便要依据在我们的直观行为意义上的那种直观。正因为如此，在认识批判联系中关于明晰性的说法必定具有这个较为狭窄的意义，它指的是向充实直观的回溯，从对其实事本身的直观向概念与命题之“起源”的回溯。

现在需要用仔细的案例分析来验证和继续刚才所做的暗示。这些案例分析将会帮助我们揭示充实与直观化之间的关系，以及精确地表达直观在**每一个**充实中所起的作用。本真的与非本真的直观化（或充实）的区别将会得到清楚的划分，与此同时，单纯认同
与充实的区别也会获得最终的澄清。由于直观的效用可以规定 A 541
为：在本真的充实中，在“充盈”的标题下，它确实为意指行为带来 B_2 69
了某些新的东西，因此我们注意到在行为的现象学内容中的一个迄今为止尚未被强调的、对认识来说基本性的方面：“充盈”表明自己是一个直观行为所具有的相对于质性和质料而言新的、以补充的方式特别从属于质料的因素。

第 18 节　间接充实的阶段序列。间接表象

任何一个在一个定义链中自身展开的数学概念的构成都向我们表明**充实链**的可能性，**这些充实链乃是由诸多符号意向一个环节接着一个环节地构造而成**。我们通过向定义表象的回溯来澄清 $(5^3)^4$ 这个概念：“一个当 $5^3 \cdot 5^3 \cdot 5^3 \cdot 5^3$ 的积被得出时便会形成的数”。如果我们再想澄清后一个表象，那么我们就必须回溯到 5^3 的意义上去，亦即回溯到 $5 \cdot 5 \cdot 5$ 上。要想再进一步回溯，我们便必须通过定义链 $5 = 4 + 1, 4 = 3 + 1, 3 = 2 + 1, 2 = 1 + 1$ 来澄清

5。但是,在迈出每一步之后,我们都必须对那个最后构成的复合表达或思想进行替代,而如果这个思想是可以一再被制作的(就其**自在**状态而言它肯定是这样的,尽管如此,就其**为我**状态而言它又肯定不是这样的),那么我们最终就会达到一个充分阐明的个位数的和,这个和便叫作:$(5^3)^4$的数“本身”。显然,充实的行为不只是与最终结果相符合,而且也已经与每一个单独的步骤相符合,这个步骤是指从对这个数的一个表达向另一个表达的过渡,后面的表达是对前面表达的澄清,并且在内容上丰实着(bereichern)前一个表达。此外,每一个简单的十位数也以此方式是对一个可能的充实链的指明,而这个充实链的环节数也就是它的单位数减一,这样,由无限多环节所组成的这一类链便是先天可能的。

A 542 人们常常有这样的说法,即:在数学领域中,素朴的语词含义
B2 70 与复合的定义表达之内容是同一的。若果如此,那么在这里实际
1062 上就谈不上充实链了;我们就只是徘徊于那种同语反复式的纯同一性中了。然而,只要看到那些通过替代而产生的思想构成的复杂性,只要在那些它们得以实施的最简单的情况中将它们与原初被体验的含义意向相比较,人们便不会认真地以为,在这些含义中从一开始便已经包含着所有那些复杂性。明晰无疑的是,这里的确存在着意向的区别,无论人们怎样进一步描述这些区别,它们都通过总体的认同的充实关系而相互联结在一起。

上面讨论的那些例子,或者说,那一类符号表象具有一个值得注意的特殊性:在它们之中,表象的**内容**——更清楚地说:质料——**先天地描画出一个确定的充实阶段行程**。这里所间接进行的充实永远不可能同时直接地进行。在每一类符号意向中都**续接**

地包含着一个确定的充实(或者说,一个确定的充实组),而在这个充实中重又续接地包含着一个确定的充实,如此等等。这种特殊性也可以在某些直观意向那里找到。当我们通过一个图像的图像来表象一个实事时便是如此。表象的质料也在这里规定着第一个充实,它会将第一性的图像“本身”置于我们眼前。但在这个图像中包含着一个新的意向,它的充实会将我们引向实事本身。显然,我们可以这样来描述所有这些间接的,或符号或直观的表象所具 B_2 71
有的共同特征,即:它们不是以素朴的方式来表象对象,而是通过 A 543
那些相互叠加的较低和较高阶段的表象来表象对象;或者我们可以更确切地说,它们将它们的对象“作为”其他表象的对象来表象,或者作为与其他被表象的对象相联系的来表象。就像它们可以在与其他任意对象之相互关系中被表象一样,它们同样也可以在与其他表象的关系中得到表象;而后,这些表象便是在关系表象中被表象的表象;它们从属于它们的意向客体,不从属于它们的组成部分。

在一同顾及到刚才所描述的那一类情况时,我们谈及间接的(或相互叠加的)意向或充实,亦即谈及间接表象。这里有效的是这样一个定理:每一个间接的意向都要求有一个间接的充实,不言而喻,这个充实会在完成了一组有限数量的步骤之后结束于一个直接的直观之中。

第19节　对间接表象与表象的表象之区分

这种间接的表象必须区别于表象的表象,也就是那些单以其他表象作为其对象的表象。尽管被表象的表象一般说来本身又是意向,即是说,它们本身可以得到充实,但被给予的、表象着的表象之本性在这里绝不会要求一种通过被表象之表象的充实而完成的间接充实。表象之表象[5]的意向 $V_1(V_2)$朝向 V_2。因此,这个意向在 V_2“本身”出现时便被充实并且是全然地被充实;它并不会由于例如 V_2意向的充实而自身丰实起来,不会因为它的对象在图像中或在相对较丰富的图像中甚至在感知中显现而自身丰实起来。因为 V_1所意指的并不是这个对象,而全然是它的表象 V_2。不言自明,在更为复杂的交织意向那里,例如以 $V_1[V_2(V_3)]$这个符号以及其他等等标准,情况也不会有任何变化。

A 544 例如,“符号表象”这个思想在对一个符号表象的直观中得到

B2 72 充实,例如在对“整体”的符号表象中(倘若我们愿意,也可以是在对“符号表象”本身的表象中)。这些情况不应被误解,就好像符号表象“整体”本身在这里要求具有直观的特征一样,就好像直观与

符号行为(含义意向)的概念在这里相互渗透一样。并非“整体”这个符号表象,而是对这个表象的内感知才是对“符号表象”这个思想的充实直观;这个表象并不作为充实直观,而是作为充实直观的对象在起作用。就像对一个颜色的思维在对这个颜色的直观行为中得到充实一样,对一个思维的思维也是在一个对此思维的直观行为中得到充实,亦即在一个对思维的相即感知中得到最终充实的直观①。当然,在这里与在其他地方一样,单单一个体验的存在

① 在《胡塞尔全集》第十九卷,第二部分中,此段文字中间漏一逗号。这里根据《逻辑研究》1922 年第三版改正之。——中译注

[5] 在 A 版中“表象之表象”为复数(Vorstellungsvorstellungen),在 B 版中改作单数(Vorstellungsvorstellung)。

还不是直观，尤其还不是对此体验的感知。需要注意，在我们所说的思想或意向与充实的直观对立中的直观绝不能被理解成单纯的外直观、对外部的、物理的对象性的感知或想像。“内”感知或图像性也可以作为充实直观起作用，从上面所讨论的例子上便可以看出这一点，而且就表象的本质而言这一点也是不言而喻的。

第20节　**每一个**充实**之中**[6]的真正直观化。本真的与非本真的直观化

在我们充分地强调和澄清了间接表象与表象之表象的区别之后，现在也可以来看一看另一方面它们所具有的共同之处。根据 A 545
上面的分析，每一个间接的表象都包含着表象之表象，因为间接表 B2 73
象将它的对象意指为某些在它之中被表象的表象之对象。例如，

如果我们将1000表象为10^3，也就是表象为一个数，这个数被描述为**表象**的**对象**，即在对这个被指示的乘方的实施中将会产生的那个表象之对象。由此而可以得出，**真正的直观化在间接意向的每一个充实那里、在这个充实的每一步上都起着本质性的作用**。将一个对象描述为一个被表象的表象（或一个与如此定义的对象具有一定联系的对象）之对象，这种描述在充实中预设了表象之表象的充实，而这些被织入的**直观**充实首先赋予整个认同以一种充实的特征。“充盈”的逐步增长无非就在于：所有表象之表象，无论是从一开始便被织入的、还是新进入到充实之中的表象之表象，它

[6]　在A版中以及在B版的目录中未加重点号。

们都通过对各个被表象的表象之现实化“构造”以及对这些现实化了的表象的直观而得到逐渐的充实，以至于这个主宰的总体意向连同其各个意向的相叠和相容、连同一个直接的意向，最后显现为是得到认同的。而且这个认同在这里作为整体也具有充实的特征。但我们必须将这种充实看作是非本真的直观化；因为我们有理由将本真的直观化理解为这样一种充实：它并不是以随意的方式弄来充盈（Fülle），而是仅仅以这样一种方式，即：它为那个被总体表象所表象的对象提供充盈的增长，即是说，将这一对象以更多的充盈表象出来。但这从根本上就意味着：一个单纯的符号意向根本不具有充盈，毋宁说，所有的充盈都在于对那些对象本身所具有的规定性的现时当下化（Vergegenwärtigung）。

A 546 我们很快就会对这后一个特征做出进一步的探究。在这里我
B2 74 们仍然继续我们的阐述：刚才所说的在本真的和非本真的直观化
1066 之间的区别也可以被标示为在本真的和非本真的充实之间的区别，只要这个意向在朝向它的对象，只要它可以说是在欲求地趋向这个对象，而确切意义上的充实现在可以被看作是对此的表达，即：至少在对象的充盈方面有某些东西被带到意向这里。在这里我们必须坚持这一点：在认同综合范围内的非本真的充实与本真充实是通过一个共同的现象学特征（更宽泛意义上的充实）而得到突出标示的，并且这里可以得出一个特有的定理：所有非本真的充实都蕴含着本真的充实，因而非本真充实所具有的充实特征要“归功于”本真的充实。

为了更仔细地描述在本真与非本真直观化之间的区别，同时也为了解决这样一类例子，即非本真直观化从外表上看是以一种

更为真实的方式出现这样一类例子，我们还要进行如下的阐述。

当一个符号意向的充实在直观基础上进行时，这两方面行为的质料并不像前面所预设的那样始终处在相合关系中，以至于这个直观显现的对象本身是作为在含义中被意指的对象而处于此。但只有当这种情况出现时，我们才能在真实的意义上谈论直观化，只有这时，思想才以感知的方式被实现，以想像的方式被阐释。另一种情况则在于，充实的直观使一个具有间接被代现者特征的对象得以显现；例如在指称一个地理名称时出现对一张地图的想象表象，并且这个想象与此名称的含义意向融为一体；或者一个关于街道、河床、山脉的主张通过一张摆在面前的地图的那些载录而得到证实。在这里，直观根本不能在真实的意义上被标示为充实的直观，它的本己质料根本没有活动起来；现实的充实基础并不处在直观之中，而是处在一个与它相交织的而且显然是符号性的意向之中。显现的对象在这里是作为被意指和被指称的对象的间接被代现者起作用，这在现象学上也就意味着，这个构造着对象的直观是一个新的意向的载者，它做出超越这个显现的对象之外的指明，并且恰恰因此而将这个对象描述为一个符号。在显现者与被意指者之间有可能存在着相似性，这种相似性在这里并不能被规定为是一种素朴的图像表象，而是一种建立在图像表象之上的符号表象。地图上所描画的英国的轮廓可以反映这个国家本身的形式；但在谈及英国时出现的那个对地图的想象表象并不以图像的方式意指英国本身，也不是间接地、以通过此地图而被反映之物的方式意指英国本身；相反，这个想象表象对英国的意指是以单纯符号的方式进行，借助于联想的外部联系，这种联想将我们所具有的对此 A 547 B2 75

国家与人的所有知识都与此地图的图像联结在一起。因此，由于称谓的意向是在这个想象表象的基础上得到充实，所以不是后一个被想像的客体（地图），而是通过此客体才被代现的那个客体才应当被看作是与那个用名称所指之物**相同一的东西**。

第 21 节 表象的“充盈”

但现在有必要更切近地观看直观意向的成效。我们已经将间接意向的充实回溯到直接意向的充实上，并且我们也已经得出，整
A 548 个间接过程的最终结果是一个直接的意向，在此之后，我们现在所
B_2 76 感兴趣的是关于直接意向的直观充实的问题以及关于在这里起作用的充实关系和充实规律。即是说，我们要讨论这些问题。我们需要注意，在下面的研究中，在意向本质方面唯有质料对于需被确定的关系来说是决定性的。质性（设定和“单纯”表象）可以被随意假设。

我们以这样一个命题为始：

在每一个直观意向中——在观念可能性的意义上说——都包含着一个在质料方面完全适合于直观意向的符号意向。这个认同的统一必然具有充实统一的特征，在这个充实统一中，具有充实成分之特征并且而后也具有最本真意义上的**给予**充盈的成分之特征的是直观的成分，而不是符号的成分。

后面这句话的意义可以换一种方式来表达，我们可以说，符号意向自身是“空乏的”，并且是“**需要**充盈的”。在从一个符号意向到相应直观的过渡中，我们不仅仅体验到一种单纯的上升，就像在

从一个苍白的图像或一个单纯的草图向一个完全活生生的绘画的过渡中所体验到的那样。毋宁说，符号意向自为地缺乏任何充盈，只是直观表象才将符号意向带向充盈并且通过认同而带入充盈。符号意向只是指向对象，直观意向则将对象在确切的意义上表象出来，它带来对象本身之充盈方面的东西。尽管图像在想像情况中落后于对象，它在某些规定性上却与对象相一致；而且还不止于此，它与对象“相似”，映像着(abbilden)对象，因此，对象“确实是表象性的”。但符号意向并不通过相似性来表象，它“实际上”根本不是“表象”，对象没有任何东西在它之中得以活跃起来。因此，作为理想的完备充盈是对象本身的充盈，它是构造它的那些规定性之总和。但**表象的充盈**则是从属于它本身的那些规定性之总和，借助于这些规定性，它将它的对象以类比的方式当下化，或者将它 A 549
作为自身被给予的来把握。因而这种充盈是**各个表象所具有的与** B_2 77
质性和质料相并列的一个特征因素；当然，它在直观表象那里是一个实证的组成部分，而在符号表象那里则是一个缺失。表象越是“清楚”，它的“**活力**”越强，它所达到的**图像性阶段**越高；这个表象的充盈也就越丰富。据此，充盈的理想可以在一个完整无缺地包含着对象及其现象学内容的表象中达到。如果我们将那些个体化的规定性也算作对象的充盈，那么能够达到充盈之理想的肯定不会是想像，而毋宁说只有感知。但如果我们撇开这些个体化的规定性不论，那么这个充盈之理想也一定可以被看作是对想像而言的理想。

因此，我们应当回溯到被表象对象的各个标记上去：这些标记越是**参与类比的代现**——而对于每一个个别标记来说：表象在代现这个标记连同其特有内容时所带有的相似性越是上升——，表象的充盈也就越大。诚然，就像在任何表象中一样，在图像表象中，它的对象的每一个标记也以某种方式一同被意指；但并非每一个标记都相似地被代现，并非在每一个标记中都包含着在表象的现象学内容中的一个特有的、一个可以说是与它进行类比的（将它图像化的）因素。这些相互密切融合的因素被看作是纯粹直观的（这里是纯粹想像的）立义基础，正是这些基础才赋予这些立义以相应对象因素的被代现者的特征，而这些相互密切交融的因素之总和便构成了想像表象的充盈。在感知表象那里，情况也与此相同。在这里，除了想像代现之外，感知体现、自身把握、对象因素的自身展示也受到考察。我们可以用感知表象的各个因素（无论是以感知方式，还是以想像方式起作用的因素）之总和来界定感知表象的充盈。

A 550
B2 78

第22节　充盈与“直观内涵”

更确切地看，充盈概念还带有一个双重的含义。对上面所标示的那些因素，我们可以根据其特有的内容组成来观看它们，即抽象于纯粹想像和感知的作用，正是这些作用才赋予想像和感知以图像性或自身映射的价值以及它们对充实作用而言的价值。另一方面，人们可以在其立义“之中[7]”来考察这些因素，即是说，不是仅仅考察这些因素，而是考察完整的图像或自身映射；也就是说，

[7] 在A版中加有重点号。

在排除意向质性的情况下考察完整的直观行为，这些行为由于对象地阐释着这些因素，因而同时也就将这些因素包含在自身之中。我们将这些"直观的"行为仅仅理解为已有直观的组成部分，即理解为在直观中的这样一些东西，它们使那些先前已得到进一步标示的因素获得了与那些与它们相符合的并且通过它们而被展示的对象规定性的联系；这样，（撇开质性不论）我们便将一些此外还纠缠进来的符号联系排除在外，这些联系是指例如与此对象所具有的进一步的、不会得到本真展示的各个部分或方面的联系。

显然，正是这些纯粹[8]直观的组成部分才赋予行为整体以感知和图像表象的特征，并且它们在充实序列的联系中是作为给予着充盈和提升着或丰实着已有充盈的组成部分起作用。为了不再遭遇关于充盈之说法的双重含义，我们将引入区分性的术语：

我们所理解的"展示性的内容"或"直观代现的内容"是指直观 A 551
行为所具有的这样一些内容，它们借助于纯粹想像的或感知的立 B_2 79
义（它们就是这些立义的载者）而清楚地指明与它们特定相应的对象内容，并以想像映射或感知映射的方式展示这些内容。但我们排除那些以此方式描述着这些内容的行为因素[9]。由于想像的特征就在于类比的映像，在于一种较为狭窄意义上的"再现"（Repräsentation），而感知的特征却也可以被标示为体现（Präsentation），因此，对于在不同情况中的展示内容，我们也就有不同的名称："类比的"或"映像的"和"体现的"或"自身展示的"。

[8] 在 A 版中加有重点号。

[9] 在 A 版中加有重点号。

“想像映射的”内容和“感知映射的”内容这两个表达也相当具有标示性。外感知的展示性内容定义了通常的、狭窄的意义上的“感觉”概念。外想象的展示性内容则是“感性的想象材料”(Phantasma)。

我们将那些处在从属于它们的立义之中并带有这些立义的展示内容或直观代现内容称作“行为的直观内涵”，并且仍然将行为的质性(无论是设定的还是不设定的)当作对所有在此关涉到的区分来说无关紧要的东西而忽略不计。此外，根据以上所述，在直观内涵中不包括行为的所有符号组元。

第23节 在同一个行为的直观内涵与符号内涵之间的比重关系。纯粹直观行为与纯粹符号行为。感知内容与图像内容，纯粹感知与纯粹想像。充盈的程度划分

为了完全澄清刚才所界定的那些概念，并且为了更容易界定一系列新的、植根于同一基地上的概念，我们进行以下的考虑：

在一个直观的表象中，一个对象以想像或感知的方式被意指；它在其中或多或少完善地“显现出来”。对象，亦即作为在此地此
A 552 时(hic et nunc)被意指的对象，它的每一个部分，甚至每一个规定
B_2 80 性都必然有行为的某些因素或块片(Stücke)与之相符合。意指未涉及的东西对于表象来说也就不存在。一般来说，我们可以发现有下列现象学区分的可能性被给予：

1. 行为的“纯粹直观内涵”，它在行为中与客体的“显现着的”规定性之总和相符合；
2. 行为的“符号内涵”，它与其他的、虽然一同被意指，但本身未被显现的规定性相符合。

故而我们所有人都在进行着区分，而且是以纯粹现象学的方式进行着区分，即在对一个事物感知的直观或对一个图像的直观中进行区分：那些在其中从客体那里真实显现出来的东西，客体对我们所展现的那个单纯的“面”，以及那些缺乏展示的、被其他现象客体所遮掩的东西，如此等等。显然，在这些话语的意义中就包含着那些可以为现象学分析在一定范围内更可靠地加以证实的东西，即：未-被展示之物也在直观表象中被意指，因而必定有某个符号组元的方面的内涵被归诸于直观表象。如果我们想要纯粹地[10]获得直观内容，我们就必须从这个未-被展示之物那里抽象出来。直观内容为展示性内容提供了与相应对象因素的联系，只是通过相邻性才会有新的、据此也是间接的符号类意向与直观内容相联结。

如果我们现在用直观的或符号的内容的“分量”来定义直观地或符号地被表象的对象因素之总和，那么在每一个表象中这两种分量就相互补充为一个总体分量的统一，亦即相互补充为对象规定性的总体总和。因此，在任何时候都有效的是这样一个等式

$$i + s = 1。$$

[10] 在 A 版中加有重点号。

i和s的分量显然可以发生多重变更:同一个对象,在意向上的同一个对象可以带有不同的、时少时多的规定性而成为直观性的;符号内容也与此相应地发生变化,它增长着或减少着。

A 553 现在便在观念上产生出两个极限情况的可能性:

B2 81

$$i = 0 \qquad s = 1,$$

$$i = 1 \qquad s = 0。$$

在第一种情况中,表象只[11]有一个符号内容;从它的意向对象那里没有留存任何使它在其内容上得以展示的规定性。因此,那些尤其被我们看作是纯粹含义意向的纯粹符号表象在这里显现为是直观表象的极限情况。

在第二种情况中,表象根本不含有符号内容。它的一切都是充盈;它的对象的每一个部分、每一个面、每一个规定性都直观地被展示,都不仅仅是间接地一同被意指。不仅所有被展示的东西都已被意指(这是一个分析命题),而且所有被意指的东西都得到了展示。我们将这个对我们来说还是新的表象定义为"纯粹直观表象"。此外,我们也在一种无害的双重意义上使用这个概念:时而用它来指整个行为,时而则抽象于质性。我们可以有所区别地谈论"质性化了的"和"未-质性化了的"纯粹直观;在所有相近的行为那里都是如此。

但现在我们可以在每一个表象中从符号组元中抽象出来,只要我们局限在那些在其代现性内容中确实得到代现的东西之上。因此我们可以构建这样一个带有被还原对象的"被还原"表象,以

[11] 在A版中加有重点号。

至于这个表象在与这个对象的联系中就是纯粹直观。据此我们也可以说，一个表象的直观内涵就包含着那些在此表象上是纯粹直观的东西，正如我们在对象方面也可以谈及它的纯粹直观的内容，即在这个表象中被纯粹直观到的内容。这一点也可以转用于表象的符号内涵，我们可以将它标示为这样一种东西，即在此表象上是纯粹符号的东西。

现在，各个整体的直观行为或是拥有感知的特征，或是拥有图
像表象的特征。直观内涵于是便特别叫作“知觉(perzeptiv)内 A 554
涵”或“感知内涵[12]”，或者说，“想像(imaginativ)内容”或“图像内 B2 82
容”。它们不应被混同于在已定义的意义上①的感知展示着和想
像展示着的内容[13]。

感知内容所包含的是体现内容，尽管它通常并不仅仅包含这种内容；图像内容则只是包含类比化的内容。对后一种内容有时也可以进行另一种立义，它们在这种立义中可以作为体现性内容起作用，例如在物理图像的情况中；但这并不会改变上面的事实。

借助于感知的直观内容所包容并且通常所表明的感知组元与想像组元之混合，我们重又可以考虑进行一个划分，亦即将感知内容划分为“纯粹的感知内容”和补充的图像内容。

在任何一个纯粹直观中情况也一样。[14] 如果 w_r 和 b_r 是纯粹

① 参阅本书第 79 页[边码 A 551/B2 79]。

[12] 在 A 版中为：内容。

[13] 在 A 版中为：在前面已定义的意义上的想像展示着的、映像着的内容。

[14] 在 A 版中缺句号。

直观的纯粹感知的或想像的组元,那么我们便可以列出这样一个符号等式:

$$w_r + b_r = 1$$

在这里,1 象征着纯粹直观的直观总体内容之分量,亦即它的对象的总体内容。如果 $b_r = 0$,即纯粹直观摆脱了所有图像内涵,那么它便叫作“纯粹感知”,或者毋宁说,“纯粹知觉”[①];因为我们这里始终不会去顾及在感知这个术语的意义中通常一并含有的作为设定性的质性特征。如果反过来 $w_r = 0$,那么直观便是纯粹的图像表象(“纯粹想像”)。纯粹感知的“纯粹性”因而不仅关系到符号性的,而且也关系到想像的附元。通过排除象征性组元来限制一个非纯粹的感知,这种限制提供了寓居于这个感知之中的纯粹直观,而更进一步的还原,即对所有图像之物的排除,才提供了在纯粹感知上的内涵。

难道在纯粹感知中的展示内容与对象并不是同一的吗?纯粹体现的本质不正是在于:它是对象的纯粹自身展示,也就是说,它
A 555 将展示的内容直接(以“自身”的方式)意指为它的对象。但这是一
B_2 83 个错误的结论。感知作为体现是这样来把握展示的内容,以至于对象带着这些内容并且在这些内容中作为自身被给予的显现出

① “知觉”是对“Perzeption”的特别中译。它在胡塞尔那里是“感知”(Wahrnehmung)的同义语,因而在本书的其他各处并不做区分。从这里的文字可以看出,胡塞尔在理论上偏向于使用“知觉”概念,这是因为,源于德文本身的“感知”一词中习惯性地带有“真-”(wahr)的词根,“Wahrnehmung”在德文中的基本含义因而是“认之为真”,也就是说,它带有质性特征或存在设定的特征,而“知觉”这个源于拉丁文的术语则摆脱了这个习惯。但胡塞尔在现象学研究的实践中仍然以“感知”概念的使用为主,只是在使用形容词时才采用“perzeptiv”的概念。——中译注

来。只有当对象的每一个部分都在内容中得到确实的体现，没有一个部分是被想像的或被象征的时，体现才是纯粹的。就像在对象中没有什么东西不是被体现的一样，在内容中也没有什么不是体现着的。尽管有这种严谨的一致性，自身展示仍然可能具有一种单纯的，甚至是全面的映射（一个完整的“感知图像”）之特征：自身展示并不必定会切近相即性的理想，在这种理想那里，展示的内容同时也就是被展示的内容。纯粹的图像表象借助于它纯粹于所有符号附元的纯粹性而将其对象完全地图像化，这种图像表象在其展示性内容中具有一个与对象完全相似的东西。这个相似物可以或远或近地接近对象，直至与对象完全相同。区别仅仅在于，想像将内容立义为[15]相似物、立义为[16]图像，而感知则将内容立义为对象的自身显现。据此，不仅纯粹想像，而且纯粹感知都在坚持其意向对象的同时而带有充盈方面的区别。

在直观内容的充盈程度方面（代现内容的充盈程度实际上是与之相平行的）我们可以做如下区分：

1. 充盈的范围或财富，它随对象内容之展示的或大或小的完善性而有所变换，
2. 充盈的生动性，它是指接近的程度，即展示与对象的相应内容因素的原始相似性接近程度，
3. 充盈的实在内涵，即充盈在体现性内容上的或多或少。

在所有这些关系中的理想是相即感知，它具有最大限度的范 A 556

[15] 在A版中加有重点号。
[16] 在A版中加有重点号。

B_2 84 围、生动性和实在性，并且恰恰是作为完整无缺之客体的自身把握。

第 24 节　充实的上升序列

我们将“**充盈**”的说法与“充实”状况相联系，即与认同综合这种特殊形式的状况相联系。但在后面的这一确定中，我们不仅解释了充盈的概念，而且也解释了充盈的或多或少的完整性、生动性、实在性的区别，并且因此也解释了对图像性和映射的各个阶段划分，这种解释是通过表象之内部因素的相互关系以及它们与被意指的对象因素的关系而进行的。但有一点是明见无疑的，**由充实综合所构成的可能上升序列**与这些关系相符合。

根据一个充盈一般的第一朝向(Zuwendung)，充实在“一致性”直观对一个符号意向的认同适合中调整自己。直观行为“给予”那个在相合关系中的符号行为以其充盈。在这里，上升意识建立在充盈与符号意向之相关部分的局部相合之中，而上升意识的任何一部分都不可能被归属于这两方面意向所具有的彼此符合的空乏部分之认同的相合[17]。

而后，**充实的连续上升**继续在直观行为或充实序列的连续性中进行，这些直观行为以越来越扩展和上升的图像性来表象着对象。如果说，B_2是一个比 B_1“更完善的”图像，那么这就意味着，在

A 557 从属的图像表象之**综合**联系中进行着充实，并且在 B_2的各个方面

[17]　B 版的附加。

进行着上升。与在其他地方一样，在上升中也包含着间距，并且包含着在关系链中的“穿越性”。因此，如果 $B_2 > B_1$ 并且 $B_3 > B_2$，那么 $B_3 > B_1$，而这后一个间距要比那些为它提供中介的间距更大。至少是当我们分别考虑充盈的三个不同因素，即范围、生动性和实在时，情况是如此。 B2 85

分析表明，与这些上升和上升序列相符合的是充盈的展示性内容方面的相似性和相似性序列。诚然，各个被代现者的相似性并不能简单地被看作是上升，相似性的链也不能简单地被看作是上升序列；只要我们是根据它们的本己内容组成并且在抽象于它们在所属行为中之代现作用的情况下来考察这些“充盈”。只是因为这种作用，即由于这样一个事实：在充实序列的顺序中以及在行为之间完成的上升顺序中，每一个后面的充盈行为会显得更为丰富，只是因此，行为的代现性内容才获得一个上升的顺序；行为本身并不只是显现为给予着充盈，而是有步骤地显现为给予着越来越丰富的充盈。如果将这些组成部分标示为充盈，那么这种标示恰恰是一种相对的、作用性的标示，它表达着一种特征，这种特征是通过行为以及通过这个行为在可能的充实综合中所具有的作用而逐渐为内容所获得的。这里的情况与“对象”之标示的情况相似。是对象（Gegenstand zu sein），这并不是一个实证的标记，不是一个内容的实证种类，它仅仅标示着一个作为表象的意向相关项的内容。除此之外，充实关系和上升关系显然建立在行为纯粹按其种类组成[18]而具有的现象学内涵之中。这里所涉及的完全

[18]　在 A 版中加有重点号。

是观念的、为有关种类所[19]规定了的关系。

A 558 但在直观行为的综合中,充盈的上升并不会始终发生;因为我
B2 86 们在前面已经谈到过,有可能是局部的充实的和局部的脱实(Entfüllung)并肩进行。我们可以说,对单纯认同和充实的区分最终将回溯到这一点上,即:在单纯的认同那里,或是根本没有发生真实意义上的充实,因为这里所涉及的是一些完全不带有充盈的行为之同一性综合[20];或是虽然有充实或充盈的丰实(Bereicherung)发生,但同时也发生着脱空(Entleerung),发生着已有充盈的弃置,以至于没有突出的和纯粹的上升意识得以形成。无论如何,原始的、与要素意向有关的状况是:一个空乏的,即纯粹符号性的想像意向的充实,以及一个已经在某种程度上充实了的想像意向的可以说是增实(Zufüllung),也就是说,一个想像意向的上升和实现。

第 25 节 充盈与意向质料

我们现在要来思考在充盈标题下所包含的表象内容的新概念与质料意义上的内容之关系,后者在至此为止的研究中起着极为重要的作用。我们在前面将质料看作是客体化行为中的一个因素,是它在决定着行为所表象的就恰恰是这个对象,并且恰恰是以这种方式表象,即在这种分类和形式中,带着特殊的、恰恰与这些

[19] 在A版中还紧跟:明确。

[20] 在A版中为:同一性命题。

规定性或状况的联系来表象对象。具有一致质料的各个表象不仅表象着同一个对象，而且它们**也完全就将它意指“为”同一个对象，即意指为完全相同地被规定的对象**。另一个表象没有在其意向中赋予此对象的东西，这个表象也不会赋予给它。每一个客体化的分类和形式的一方面都有一个分类和形式的另一方面与之相应，以至于相互一致的各个表象因素都客观地意指着同一个东西。在 A 559
这个意义上，我们曾在本书第五研究①中对质料与含义本质的概 B₂ 87
念解释说：“如果关于一个被判断的实事状态的一切在这一个判断看来都是有效的，并且这一切对另一个判断来说也必然有效，那么这两个判断在本质上便是同一个判断［即同一质料的判断］。它们的真理值是同一的。”②它们恰恰在对象方面**意指**着同一个东西，即便它们**在其他方面**可能有相当大的差异；例如，这个判断可以仅仅符号性地被进行，而另一个判断则为或多或少的直观所示明。

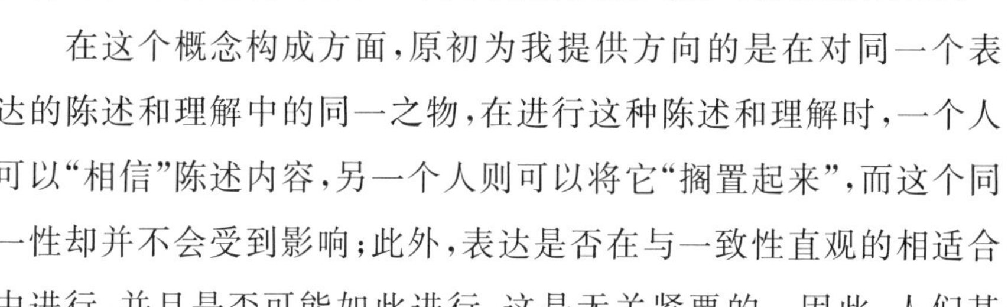

在这个概念构成方面，原初为我提供方向的是在对同一个表达的陈述和理解中的同一之物，在进行这种陈述和理解时，一个人可以“相信”陈述内容，另一个人则可以将它“搁置起来”，而这个同一性却并不会受到影响；此外，表达是否在与一致性直观的相适合中进行，并且是否可能如此进行，这是无关紧要的。因此，人们甚至趋向于(而我自己在这一点上也动摇了许久)，将含义就直截了

① 参阅本书第二卷，第一部分，第 419 页。[21]

② 胡塞尔在这里的自引文与本书第二卷，第一部分，A 393/B₁ 419 上的原文略有出入。——中译注

［21］ 在 A 版中为：第 393 页。

当地定义为这个“质料”;但这种做法的不妥之处在于,例如在谓语陈述中排除了对含义的现时**主张**因素。[无论如何,人们必须首先进行这种对含义概念的限制,然后才能区分**质性化**的和**非质性化的含义**。]我们通过对在静态和动态相合统一中的含义意向及其相关直观的比较而得出了一个结论,这个被限定为含义质料的同一物重又可以在一致性直观中出现并且提供认同,这样,在仅只涉及各个表达的同一含义性时,究竟是获取还是放弃直观的因素乃至整个一致性直观,对此的选择自由之基础就在于:附加在语音上的总体行为在直观方面所具有的质料与在含义方面所具有的质料是同一个;即按照所有那些能够得到直观化的含义部分。

A 560 据此便很明显,**质料**概念是通过总体认同的统一而得到定义
B_2 88 的,而且是被定义为**在行为中的那些作为认同基础而起作用的东西**,因此,在此概念构成中的那些超越出单纯认同之外、规定着充

实和充实上升之特性的杂多**充盈**之区别便不会被顾及到。无论一个表象的充盈在它的可能充实序列中如何变更,它的意向对象,即那个被意指的并且如此被意指的对象却始终是同一个;换言之,它的质料始终是同一个。但另一方面,质料与充盈并非没有联系;每当我们将一个纯粹符号的行为与一个给它带来充盈的直观行为相并列时,直观行为与符号行为的区别例如并不在于,在共同的质性和质料旁又排列了作为一个有别于前两者的第三因素的充盈。如果我们将充盈理解为直观的直观内容,那么情况至少是如此。因为直观内容本身已经包容着一个完整的质料,这是就那个被**还原到**纯粹直观上的行为而言。如果这个在先被给予的直观行为从一开始就是纯粹直观的行为,那么它的质料同时就是它的直观内容

的一个组成部分。

我们可以通过对符号行为与直观行为的对照来以下列方式最恰当地把握这里存在的关系：

如果**纯粹符号的行为**[22]真的能够**自为**存在，即能够自为地构成一个具体的体验统一，那么它将是作为质性与质料的单纯复合体而存在。但它不能自为存在；我们始终发现它是一个奠基性直观的附加。诚然，这种对符号的直观与符号行为的对象“无关”，也就是说，它并不与这个行为发生充实联系；但它具体地实现了这个行为的可能性，即一个完全未充实行为的可能性。因此，下面的命题似乎是有效的：一个符号行为之所以可能，乃是因为一个直观带有一个新的意向本质，直观对象因此而以一个符号的方式（无论是 A 561
以一个固定的符号，还是以一个暂时自身展显的符号的方式）而进 B₂ 89
行着超越自身的指明。更仔细地看，这个命题似乎[23]并没有以必要的分析清晰性来表达这里存在的必然性联系，并且它所声言的[24]要比它所能论证的更多。我们似乎可以说，为符号行为提供根本依据的并不是**作为整体的奠基性直观**，而只是它的**代现性内容**。因为，超越出这个内容并且将符号规定为自然客体[25]的东西可以**随意变更**，而它的符号作用却不会因此而受影响。例如，一个语词符号的字母是否由木、铁、印刷油墨等等所组成，或者说，它是否客观地显现为相同的东西，这是无关紧要的。重要的只是那些

[22] 在A版中未加重点号。

[23] B版的附加。

[24] 在A版中还紧跟：甚至。

[25] 在A版中为：对象。

能被一再认出的构型,但也不是作为木质事物的客观构型以及其他等等,而是作为那个确实存在于直观的展示性感性内容之中的构型。即使只是在符号行为与直观的展示内容之间存在着联系,即是说,即使这个直观的质性和质料对于符号作用来说毫无意义,我们仍然不能说,每一个符号行为都需要有一个奠基性的直观,而是只能说,它需要一个奠基性的内容。看起来,任何一个随意的内容[26]都可以作为这样一种奠基性内容起作用,就像任何一个内容[27]都可以作为一个直观的展示性内容而起作用一样。

如果我们现在考虑相似的情况,即考虑纯粹直观行为的情况,那么它的质性与质料(它的意向本质)也是自为不可分的;在这里也需要一个必然的补充。此补充是由代现性内容提供的,在这里所面临的与一个意向本质的联系中,这个内容(在感性直观的情况下是感性的内容)接受了一个直观被代现者的特征。如果我们注意到,同一个(例如感性的)内容这一次可以作为一个符号行为的载者,另一次可以作为一个直观行为的载者起作用(指向着的-映

A 562 像着的),那么我们就很容易对代现性内容的概念进行扩展并且对

B_2 90 “符号代现性的内容”与“直观代现性的内容”(或简称为:符号被代现者与直观被代现者)做出区分。

但这个划分是不完整的。我们至此为止仅仅顾及了纯粹直观的行为和纯粹符号的行为。如果我们现在也引入通常被一同包含在直观标题下的混合行为,那么这种行为的特性就可以被标示为:

[26] 在A版中为:任何一个随意的体验。

[27] 在A版中为:体验。

它具有这样一个代现性的内容，就被表象的对象性的一个部分而言，这个内容是作为映像的或自身展示的被代现者起作用，而就那个补充部分而言，它是作为单纯的指向（Hindeutung）在起作用。因此，除了纯粹符号的被代现者与纯粹直观的被代现者以外，我们还要算上混合的被代现者，它们同时进行符号的和直观的代现，并且是在与同一个意向本质的联系中进行代现。我们现在可以说：

每一个具体完整的客体化行为都具有三个组元：质性、质料和代现性内容。这个内容或是纯粹作为符号性的被代现者起作用，或是纯粹作为直观性的被代现者起作用，或是同时作为这两者起作用，随这个内容所起的作用不同，行为或是一个纯粹符号性的行为，或是一个纯粹直观性的行为，或是一个混合性的行为。

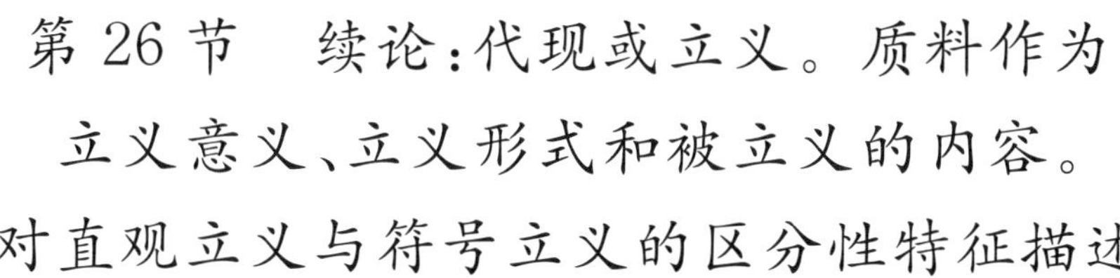

第26节　续论：代现或立义。质料作为立义意义、立义形式和被立义的内容。对直观立义与符号立义的区分性特征描述

现在我们要问，应当如何理解这种“起作用”，因为先天就存在着这样的可能性：同一个内容与同一个质性和质料以三重的方式 A 563
起作用。很明显，唯有现象学的统一形式特性才为这个在现象学 B_2 91
上可发现的区别提供了内容。但这个形式所联结的仅仅是质料与被代现者。代现性的作用并不会因质性的变换而受影响。例如，无论我们将一个想象显现看作是对一个现实客体的当下化，还是看作单纯的想像，这都不会改变这样一个事实，即：它是图像表象，因而它的内容带有图像内容的作用。所以，我们将质料与被代现

者的现象学统一称作“代现的形式”，只要这个形式赋予被代现者以[28]被代现者的特征，并且，我们将通过这个形式而形成的这两个因素的整体称作“绝然代现”(Repräsentation schlechthin)。这个称呼突出了在代现性的内容与被代现的内容(被代现的对象或对象的部分)之间、在其现象学根据方面的联系。如果我们将那个在现象学上未被给予的对象视为无效，并且只是[29]表达这样一点，即：只要内容作为被代现者起作用，进一步说，只要内容作为这种或那种被代现者并且是作为对此或对彼对象之物的被代现者起作用，只要带着这个内容会一再地产生不同的“心绪”(zumute)，那么我们所说的便是“立义”的变换。因此，我们也可以将代现标示为立义形式。由于质料可以说是给明了意义，代现性的内容便根据此意义而被立义，这样我们也就谈到了“立义意义”；如果我们想坚持对旧术语的回忆，并且同时暗示那个与形式的对立，那么我们也可以说“立义质料”。据此，我们在每一个立义上都可以现象学地区分：立义质料或立义意义，立义形式与被立义的内容，被立义的内容还应当区别于立义的对象。——统觉(Apperzeption)这个表达尽管历史地存在着，但由于它在术语上错误地与知觉(Perzeption)相对应，因而是不合适的；相反，统握(Apprehension)则是一个可以使用的表达。

A 564 下一个问题将涉及不同代现方式或立义方式的区分性特征，
B2 92 如前所述，在立义质料[即立义“为何物”(als was)]同一的情况下，

[28] 在A版中加有重点号。

[29] 在A版中未加重点号。

代现或立义的方式可以是不同的。在前一章中，我们通过充实形式的区别来描述代现的区别；而在这里的联系中，我们所要探讨的是一个内部的特征，这个特征局限在意向的本己描述内涵之上。如果我们利用那些在以前的研究中已展示给我们的分析说明之基点，并且同时利用我们在此期间在对代现的一般理解中已经获得的进展，那么就会形成以下的一系列观念：

我们以这样一个说明为出发点，即：在质料和被代现者之间的符号代现所建立的是一个偶然的、外部的联系，而直观代现所建立的则是一个本质的、内部的联系。在前一种情况中，偶然性在于，可以想象在同一个符号行为上附加任何随意的内容。符号行为的质料只是需要一个支撑的内容而已，但我们并不能发现在它的种类特殊性和它的本己种类组成之间有必然性的纽带。可以说，含义不可能悬在空中，但就它所意指的东西而言，指称这个含义的符号是什么，这是完全无关紧要的。

纯粹直观代现的情况则完全不同。在这里，在质料和被代现者之间存在着一种内部的、必然的联系，它受这两者的种类内涵的规定。能够作为一个对象的直观被代现者而起作用的只会是一个与此对象相似或相同的内容。以现象学的方式加以表达就是：我们无法自由决定，我们将一个内容立义为何物（在何种立义意义中立义）；这不单纯是因为经验的缘故——因为每一个立义都是经验必然的，符号立义也是如此——，而是因为，须被立义的内容通过某个相似性或相同性的领域，即通过它的种类内涵，为我们设定了界限。这种联系的内部性不仅将立义质料作为整体与整个内容相互联结起来，而且也将它们两方面的各个部分逐个地联结在一起。 A 565 B2 93

这便是被预设的**纯粹**直观的情况。在**非纯粹的直观**情况中，种类的统一是一个局部的统一：质料的一个部分——那个被还原的、因而当然也是纯粹的直观的质料——给明了直观的意义，内容便在这个意义中被立义；质料的其他部分并未经历任何通过相同性和相似性而完成的代现，而是经历着通过相邻性而完成的代现，即是说，在混合的直观中，代现性内容根据质料的一个部分而作为直观的被代现者起作用，而根据质料的补充部分则作为符号的被代现者起作用。

如果人们最后要问，是什么使得在同一个质料的意义上的同一个内容能够一次以直观被代现者的方式，另一次则以符号被代现者的方式被立义，或者，**立义形式**的不同特性究竟何在，那么我就无法给出进一步的回答。这里所涉及的可能是一个在现象学上并不重要的区别。

1088 我们在这些思考中将代现自为地看作是质料与代现性内容的统一。如果我们回溯到完整的行为之上，那么这些行为就会表明自身是在行为质性与被代现者（无论是直观的、还是符号的被代现者）之间的联结。人们将整个行为称作直观的行为或符号的行为，因而这是一个通过被织入的代现而得到规定的区别。对充实状况的研究在前面已经将我们引导到一个行为的直观内涵或充盈的概念上。如果我们将这个概念构成与现在的这个概念构成相比较，那么前一个概念构成划定了那个从属于非纯粹直观行为的纯粹直观代现（＝纯粹直观）之范围。“充盈”是一个特别为了对行为及其
A 566 充实作用进行比较性考察而制作的概念。——纯粹直观行为的对
B_2 94 立极限，即纯粹符号行为，当然也就是纯粹符号代现。

第27节 代现作为在所有行为中的必然表象基础。对有关意识与一个对象的不同联系方式之说法的最终澄清

每一个客体化行为自身都包含一个代现。根据本书的第五研究的阐述①,每一个行为或者本身是一个客体化行为,或者以这样一个行为为基础。也就是说,所有行为的最终基础是在代现意义上的“表象”。

根据至此为止所做的思考,“一个行为与它的对象具有各种各样的联系方式”这个说法具有以下一些本质的多义性。这个说法涉及:

1. 行为的质性,信仰的各种方式,单纯的搁置、愿望、怀疑等等。

2. 作为基础的代现,它包括:

   a) 立义形式:对象究竟是单纯符号性地、还是直观性地、还是以混合的方式被表象。这里还包含着在感知表象与想象表象之间的区别等等;

   b) 立义质料:对象究竟是在这个还是在那个“意义”中被表

① 参阅此项研究的倒数第二章,尤其是第41节、第二卷(第二版),第一部分,第493-494页[30]。

[30] 在A版中为:第458-459页。

象，例如在符号上通过不同的、表象着同一个对象的，但不同地规定着这个对象的各个含义而被表象；

c）被立义的内容：对象究竟是借助于这个、还是借助于那个符号被表象，或者它究竟是借助于这些、还是借助于那些展示性内容而被表象。确切地看，根据在直观被代现者、质料与形式之间的规律联系，在第二个情况中同时还涉及一个在质料相同的情况下与形式有关的区别。

A 567

B2 95

第28节 意向本质与充实的意义。认识本质。种类直观

1090 我们在第一研究中将充实的意义与含义相对置（或者也将充实的含义与意指的含义相对置），这是因为我们曾指明，在充实中，对象以何种方式被单纯的含义所意指，它也就以同一个方式直观地“被给予”。① 我们在对那些与含义相合的东西加以观念的整理之后而将它当作充实的[32]意义，并且我们说，通过这个相合，单纯的含义意向或表达获得了与直观对象的联系（表达表达着这个对象并且恰恰表达这个对象）。

如果我们使用后面引入的概念构成，那么在这里就包含着这样的意思：充实的意义被理解为完全合适的充实行为之意向本质。

① 本书第二卷（第二版），第一部分，第一研究，第14节，第51-52页。[31]

[31] 在A版中为：第一研究，第14节，第51页。

[32] 在A版中未加重点号。

这个概念构成是完全准确而充分的，它可以被用来标示这个事态的完全一般状况，这个事态是指：一个符号意向获得与其直观地被表象对象的联系，即是说，这个概念构成可以使我们获得对表达的重要明察：符号（表达）行为的含义本质在相应的直观行为中重新发现**同一的**自身，尽管这两方面的行为具有现象学上的差异性，而且生动的认同统一实现着相合本身，并因此而同时实现着表达与被表达之物的联系。另一方面则很明显，正是由于这种同一性，充实的意义才不包含任何充盈方面的东西，因而充实的意义不总括**直观行为的总体内容**，只要我们是**从认识批判的角度来考察直观行为**。人们可以由此而获得一个启发：我们对意向本质的理解是如此狭窄，以至于行为的一个重要的，甚至对于认识而言关键 A 568
性的组成部分始终被排斥在外。曾经引导我们的是这样一个思 B_2 96
想：一个客体化意向的本质必须被看作是这类意向所完全不能缺少的东西，或者是在这类意向中——根据观念的必然性——一旦发生自由变更便会使意向与对象之物的联系受到触及（berührt）[33]的东西。但纯粹符号的行为是“空乏的”意向，它们缺少充盈因素，因此对于客体化行为来说有效的只能是质性与质料的统一。现在人们可能会指责说，符号意向缺少感性支撑点就是不可能的，因此它们**也**以它们的方式具有直观充盈。然而，这实际上并不是充盈，不仅我们对符号代现所做的阐述，而且我们前面对本真的和非本真的直观化所做的阐述都说明了这一点。或者毋宁说，这虽然是充盈，但不是符号行为的充盈，而是那个为它奠基的、在其中符号作

[33]　在 A 版中为：涉及（tangiert）。

为直观客体符号而得以构造的行为的充盈。我们看到，这个充盈可以无限制地变更，却不会触及符号意向以及所有那些与**其**对象相关的东西。如果我们顾及到这个事态并且同时关注到这样一个状况：在直观行为那里，充盈也可以变更，尽管是有限的变更，而与此同时，这些行为则始终继续意指带着同一些规定性的同一个对象，并且在质性上是以同一种方式进行意指，那么就很清楚，无论如何需要有一个术语来标示质性和质料的单纯统一。

另一方面，构建一个具有更全面内容的概念现在也是有利的。我们据此而将**一个客体化行为的认识本质**（相对于这个行为的单纯含义本质）标示为**与认识作用有关的全部内容**。这样，它便包含着质性、质料和充盈或直观内容这三个组元；或者，如果想避免后两个概念的相互覆盖，我们也可以说，质性、质料和**直观代现性内**
A 569 **容**，而在空乏意向那里，这三者中的最后一个组元便被取消，“充
1092 B$_2$ 97 **盈**”也随之被取消。

所有具有同一个认识本质的客体化行为对于认识批判的观念兴趣来说都是“同一个”行为。如果我们谈论客体化行为的种类，那么我们所看到的是相应的观念。同样，在对**直观**种类的限制性说法上，情况也是如此。

第29节　完整的直观与疏漏的直观。合适的和客观完整的直观化。实质

在一个直观表象中，**直观充盈的一个不同尺度**是可能的。如我们已经阐述过的那样，关于一个不同尺度的说法指明了可能的

充实序列；我们在这些序列中不断前行，越来越好地认识对象，这种认识是借助于一个展示性的内容而进行的，这个内容越来越与对象相似，并且越来越生动地和完整地把握对象。但我们也知道，即使被意指客体的整个面和部分根本没有显现出来，直观也可以发生，这就是说，表象配备了一个直观的内容，这个内容并不含有在这些面和部分方面的展示性被代现者，以至于它们只能借助于织入的符号意向而“非本真地”被表象出来。这里的区别规定着对同一个被意指的，而且是按同一个质料而被意指的对象而言极为不同的表象方式，在涉及这些区别时，我们在前面谈及充盈的**范围**区别。现在可以在这里区分两个重要的可能性：

1）直观表象“**合适地**”**表象着它的对象**，即，用这样一个直观的充盈内涵来表象，以至于在此表象中如此被意指的那个对象的每一个组成部分都有一个代现性的直观内容之组成部分与之相符。

2）或者情况不是如此；表象只是含有对象的一个不完整的映 1093
射，**它**“**不合适地**”**表象这个对象**。

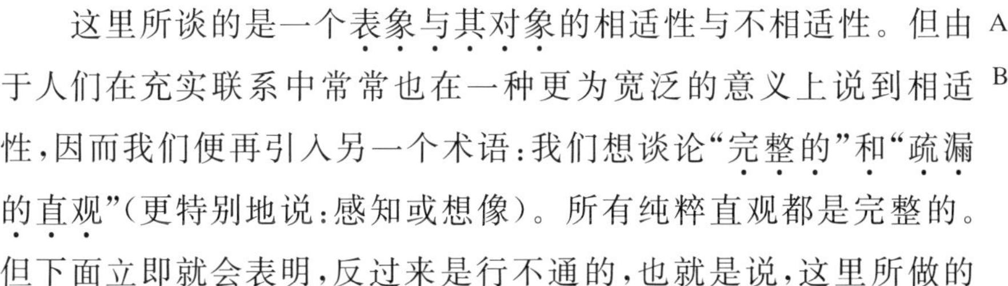

这里所谈的是一个**表象与其对象**的相适性与不相适性。但由 A 570
于人们在充实联系中常常也在一种更为宽泛的意义上说到相适 B_2 98
性，因而我们便再引入另一个术语：我们想谈论“**完整的**”和“**疏漏的直观**”（更特别地说：感知或想像）。所有纯粹直观都是完整的。但下面立即就会表明，反过来是行不通的，也就是说，这里所做的划分并不简单地与**纯粹的**和**不纯粹的**直观之划分相叠合：

这些表象是简单的还是复合的，在已进行的区分中没有对此做任何预先设定。但**直观表象**能够**以双重的方式是**[34] **组合性的**：

［34］　在A版中未加重点号。

A)一种组合方式在于:与对象的联系是简单的,只要行为(更特别地说,质料)所表明的不是那种自为地表象同一个对象的部分-行为(或分离的质料)。这并不排除这样一种可能,即:这个行为是由一些与对象的个别部分或面相联系的局部意向所构成的,尽管它们是一些同类融合的局部意向。人们在“外”感知和想像那里几乎无法避免接受这样一种组合,据此我们便误入歧途。另一方面还存在着一种组合的方式:

B)这种组合在于,用一些部分行为来构建整体行为,这些部分行为中的每一个都已经自为地是对这同一个对象的完整直观表象。这种情况关系到那些极为奇特的连续综合,这些综合是指:将
B_2 99 从属于同一个对象的杂多感知聚合为一个“多面的”或“全面的”、
A 571 在“变换的境况”中[35]连续观察着的唯一感知;相应的想像综合也是这种情况。同一性融合不断持续着,但并未分解在各个分离行
1094 为之中;在这种同一性融合的连续性中,同一个对象在这里只显现唯一的一次,而且它的显现并不会如此多,以至于可以区分出个别行为。但它是在持续变化的内容充盈中显现;同时,质料,同样还有质性,都始终处在持续的同一性中;至少,当对象全面地被熟知并且作为这样一种被熟知的对象在不丰实自身的情况下一再出场时,情况便是如此。

与这种连续综合一并相关的是对相适性与不相适性的区分。例如,对一个外部事物在全面的表层构型方面的合适表象,以综合的形式是可能的,以客观-简单的表象形式则是不可能的。

[35] 在A版中为:“在变换的境况中”。

显然，在完整的直观中包含着客观简单的纯粹直观，但并不始终包含客观组合的纯粹直观。那种与一个经验事物相应并且无法为我们所获得的纯粹直观虽然以某种方式隐藏在对此事物的完整综合直观之中，但它可以说是以分散的方式隐藏着并且一再地与符号性的被代现者相混合。然而如果我们将这个综合直观还原到它的纯粹的直观上，那么由此而产生的将不会是对客观简单表象的纯粹直观，而是一个直观内容的连续性，在这个连续性中每一个对象性因素不是一次，而是多次得到展示性的代现，得到不断变换的映射，而且，只有同一性融合的连续性才构成对象的唯一性这个现象。

如果一个直观行为作为给予着充盈的行为，并且这种给予是对一个符号行为而言，例如是对一个表达性的含义意向而言，那么就会产生出类似的可能性。如此被意指的对象可以是[36]合适地或不合适地被直观化。倘若对象是合适地被直观化，那么在复合含义的情况中便有两种可分离的完善性，即：

其一，对于含义的所有那些本身具有含义特征的部分（成分、因素、形式）而言，充实都会通过充实直观的相应部分而得以增长。A 572 B2 100

其二，在充实直观方面，一旦对象在为充实作用而引入的对此含义之分类和形式中被意指，那么就此对象而言的相适性便自为地形成。

因此，第一点规定了符号行为与一致性直观的相适完善性；第二点则规定了符号行为——借助于完整的直观——与对象本身的

[36] 在A版中未加重点号。

相适完善性。

所以，“一座绿房子”这个表达可以被直观化，只要一座房子现实地作为一座绿房子直观地被表象出来。这就是第一种完善性。第二种完善性需要有对一座绿房子的相即表象。每当谈及对表达的合适直观化时，人们通常所看到的仅仅是第一种完善性。但是，为了在术语上标明这种双重的完善性，我们想谈论对符号表象的“客观完善的”直观化，将它对立于对此符号表象的虽然合适，但却客观疏漏的直观化。

在不是充实，而是争执的直观化之情况中也有类似的状况存在。如果一个符号意向在直观基础上失实，例如它意指的是一个“绿的A”，而同一个A（甚至有可能是A之一般）却是“红的”，并且刚刚作为红的而被直观：那么对争执的直观实现之客观完善性便要求，含义意向的所有组成部分[37]都要获得其客观完善的直观化。因此，不仅只是A-意向有必要在被给予的对A的直观中客观完善地得到充实，而且“绿”-意向也有必要在直观中——尽管自然是在另一个与对“红A”之直观恰恰“不一致的”直观中——得到

A 573 充实。而后，单纯符号的、更多是客观完善充实了的“绿”-意向与

B_2 101 红-直观发生争执，与此同时，这两个直观因素本身在总体的和从属的直观整体中发生局部的争执[38]。人们可以说，这种争执主要是与这些充实行为的直观内容或展示内容有关。

如果没有特别标明，那么下面在直观化标题下所指的便是这样一类充实。

[37] 在A版中加有重点号。

[38] 在A版中未加重点号。

在质性和质料相同的情况下，充盈所具有的各个区别还会促使我们进行一个重要的概念构成：

我们说，两个直观行为具有同一个实质(Essenz)，如果它们的纯粹直观具有同一个质料。所以，一个感知以及从可能性上看是无限的整个想象表象之序列，只要它们中的每一个都带着同一个充盈范围而表象着同一个对象，它们便都具有同一个实质。所有对同一个质料的客观完善的直观都具有同一个实质。

一个符号表象自身不具有实质。然而人们会在非本真的意义上将某个实质归诸于它，如果它通过一个直观而从对此实质的可能杂多直观中获取完善的充实；或者换言之，如果它具有一个“充实的意义”。

这样，实质这个经院哲学术语的真正所指便得到了澄清，它想要涉及的实际上是一个“概念”的可能性[39]。

[39] 在A版中为：一个概念的“可能性”。

A 574

B2 102

第四章　相容性与不相容性

第30节　从观念上将含义区分为可能(实在)含义与不可能(想像)含义

1098

并非每一个符号意向都能够有直观行为以“客观完整直观化”①的方式与之相适合。含义意向[1]据此而分解为可能的(自身相容的)和不可能的(自身不相容的、想像的)。这种划分,或者说,它的基本规律并不涉及——这也对所有在这里被提出的其他命题有效——诸单个行为,而是总体地涉及它们的认识本质以及它们的被一般理解的质料。因为例如不可能出现这种情况,即:一个对质料M的符号意向会在某一个直观中找到充实的可能性,而另一个对同一质料M的意向则缺乏这种可能性。可能性与不可能性所指的并不是那些在某些经验的意识复合中可以事实性地找到的

① 对在这一章和下面几章中所尝试的分析澄清的理解以及对其成效的衡量完全取决于这样一点,即:坚定地保持对至此为止所确定的严格概念的关注并且不把通俗说法的含糊观念混杂到这些概念中去。

[1] 在A版中为:符号意向。

直观；这不是实在的可能性，而是观念的可能性，它们纯粹地建立在种类的特征之中。因此，在表达性的领域中——人们可以限制在这个领域之中，同时却不会有根本性的损失——，公理便在于："含义"（在种类上是指概念和命题）分解为可能的和不可能的（实在的和想像的）。

如果我们使用前面所完成的概念构成，那么一个含义的可能 A 575
性（实在性）可以由此而得到定义：在客体化行为种类的领域中有 B_2 103
一个合适的实质与这个可能性相符合，这个实质的质料与此可能性的质料相同一；或者换言之，这个可能性具有一个充实的意义，或者也可以说，有一个完整直观的种类，它的质料与此可能性的质料是同一的。这个"有"（es gibt）在这里具有与在数学中同一的观念意义；将它回溯到相应个别性的可能性上，这就是指，不是回溯到其他的东西之上，而是通过一个单纯等值的措辞来表达。（至少是当此可能性被理解为纯粹的，因而不是经验的，并且在此意义上"实在的"[2]可能性。）

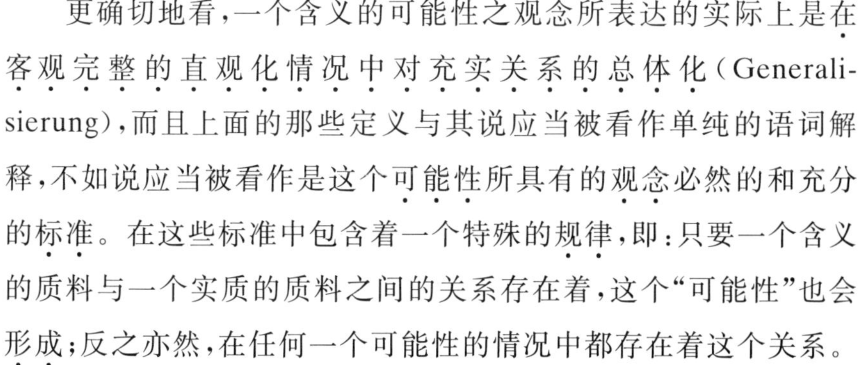

更确切地看，一个含义的可能性之观念所表达的实际上是在客观完整的直观化情况中对充实关系的总体化（Generalisierung），而且上面的那些定义与其说应当被看作单纯的语词解释，不如说应当被看作是这个可能性所具有的观念必然的和充分的标准。在这些标准中包含着一个特殊的规律，即：只要一个含义的质料与一个实质的质料之间的关系存在着，这个"可能性"也会形成；反之亦然，在任何一个可能性的情况中都存在着这个关系。

[2]　在 A 版中为：完全正确的、因而不是"实在的可能性"。

此外，这样一种观念关系的出现，也就是说，这种总体化客观地形成，即成为“可能的”，在这里面也包含着一个规律性，这个规律性可以通过以下的话语来表达：有“可能的”含义（在这里需要注意，“含义”不是指“意指的行为”）。并非每一个经验关系都可以被如此总体化。如果我们认为这张被直观到的纸是粗糙的，那么我们并不能够如此总体化地说，“纸是粗糙的”，就像我们可以根据某个现时的意指而总体化地陈述说，“这个含义是可能的（实在的）”。
A 576 正因为如此，在“每一个含义或是可能的或不可能的”这个命题中
B2 104 也不含有一个排中律的具体情况，即不是在已知意义上的排中律，这个意义所陈述的是对个体主语的对立谓语的排除，并且它所能陈述的也只是对这种主语而言的排除。对在一个观念领域（例如算术领域、含义领域）中的对立谓语的排除根本不会是自明的，而是它必须在每一个这样的领域中一再重新得到证明或得到公理性的提出。我们提醒注意这一点，即：我们例如不能说，每一种纸或是粗糙的或是不粗糙的；因为在这里包含着，任意一种纸中的每一张个别的纸或者是粗糙的，或者每一张个别的纸不是粗糙的，而这类声言当然不会对任意的种类构成而言都是正确的。据此，在将含义划分为可能含义与不可能含义的做法的后面确实隐藏着一个特有的、内容丰富的总体规律，这个规律以观念的方式统治着各个现象学因素，这种统治在于，它以总体命题的方式将这些因素的各个种类联结在一起。

为了能够陈述一个这样的公理，人们必须明察到这个公理；而可以肯定的是，我们在这里的情况中就具有这种明见性（Evidenz）。只要我们例如在直观的基础上实现“白的平面”这个表达

的含义，我们便体验到这个概念的实在性，直观的显现便确实表象出某个白的东西和一个平面，而且恰恰是作为白的平面；而在这里便包含着，充实的直观不仅表象着一个白的平面，而且是通过其内容像含义意向所要求的那样完整地使它成为直观的被给予性[3]。

与可能性相连接的是**不可能性**，作为一个具有同等权利的观念，它不能仅仅被定义为对可能性的否定，而是必须通过一个特有的现象学事实来加以实现。无论如何，这是不可能性概念能够得到使用的前提，尤其是它在一个公理中——也包括在这个公理中：**有不可能的含义**——能够出现的前提。关于不可能性与**不相容性**之说法的等值性向我们指明，这个现象学事实可以到争执的区域中去寻找。

第31节　协调性或相容性作为一个在内容一般之最宽泛领域中的观念状况。作为含义的“概念”的协调性 A 577 B2 105 1101

我们以相容性（Verträglichkeit）或协调性（Vereinbarkeit）的概念为出发点，这个概念在**内容一般**的（在最宽泛意义上的对象的）最宽泛领域中具有有效性[4]。

两个**内容**作为某个整体的部分而在此整体中相结合，因此它们也是**协调的**，在一个整体的统一中是**相容的**。这看上去是一个

[3]　在A版中为：直观地显现出来。
[4]　在A版中为：最宽泛领域中具有意义。

空乏的自明性。但即使这些内容恰巧不相结合，它们也会是协调
的。谈论那些自始至终被排除在实际结合之外内容的协调性肯定
具有好的意义。但如果两个内容相结合，那么它们的统一不仅证
明它们所特有的协调性，而且也证明着观念上一大批其他内容的
协调性，亦即所有与它们相同的和类别相似的内容对的协调性。
这里所得出的结论是很明显的，而且作为**公理**而得到陈述的东西
也绝不是一个空乏的声言：**协调性不属于分散的个别性，而属于内
容的种类**；例如，如果“红”与“圆”这两个因素有一次被发现是协调
的，现在**通过观念化**的抽象而能够**获得一个复合的种类**，并且这个
种类因此而能够**被给予**，它在其同样被理解为种类的联结形式中
便包含着“红”与“圆”这两个种类。这个复合种类的观念“实存”
（Existenz）便在每一个可以想象的个别情况中先天地论证着红与
圆的协调性，这个协调性因此是一个观念有效的关系，无论它是否
1102 在任何经验结合的世界中出现。如果关于协调性之说法的宝贵意
义据此而始终被规定为从属的复合种类的观念存在，那么还需注
意一个重要之点：**关于协调性的说法在任何时候都与某个**（对于逻
A 578 辑兴趣来说恰恰是关键性的）**整体种类有关**。我们总是在考虑这
B2 106 样一个问题时才使用关于协调性的说法，即：已有的内容是否根据
某些形式而彼此相配，在对有关类型的整体做出直观的指明之后，
这个问题才会得到肯定的回答。

这种内容协调性的相关项就是复合**含义**的“**可能性**”。这是从前面的可能性标准所得出的。合适的实质，或对相应内容的完整直观化，就论证着这个内容的各个部分的协调性，反之亦然，对这个协调性来说，也有一个实质和一个相应的含义。因此，一个含义

的实在性无非就意味着:这个含义是对一个直观内容之协调性的客观完整"表达"[5]。在一个简单[6]内容的临界情况[7]中,人们可以将简单种类的有效性定义为"与其自身"的协调性。不言自明,在表达和被表达之物(含义与一致性的直观,即"客观完整合适的"直观)之间的联结本身又是协调性的联结,我们在前面曾规定过它的种类内涵。另一方面,关于含义方面的协调性之说法("概念")所涉及的不仅仅是与一个整体的协调性,即使是与一个含义整体的协调性——这毋宁说是在本书第四研究意义上的纯粹逻辑语法[8]协调性——,而且根据上面所述还涉及一个含义[9]与一个"可能的"含义的协调性。也就是说,与这样一个含义的协调性,这个含义与一致性直观可以结合为客观合适的认识统一。据此,这里所涉及的是一个转义的说法[10]。人们也必须对"可能性"说同样的话。本原的(originär)可能性(或实在性)是有效性,是一个种类的观念实存;至少,它通过这个种类而得到了完全的保证。而后,一个与此可能性相应的个别性的直观以及须被直观的个别之物便叫作可能的。最后,在这样一个直观中带着客观完整性而得到充 A 579
实的含义也叫作可能的。协调性与可能性这两种说法的区别仅仅 B2 107
在于,可能性所标示的是一个种类的素朴有效性,而协调性(在此概念扩展到极限之前)则标示着一个统一有效的种类所具有的部

[5] 在A版中未加重点号。

[6] 在A版中加有重点号。

[7] 在A版中加有重点号。

[8] 在A版中为:纯粹-语法的。

[9] 在A版中为:诸含义。

[10] 在A版中加有重点号。

分种类的关系——并且与此相关地标示着这样一个关系：对一个统一直观的部分直观；在一个须被直观为统一的总体内容之内的须被直观的部分内容；在一个须被统一充实的总体含义之内的须被充实的部分含义。

最后我们还要说明，与可能性和协调性概念一样，**实质**的概念也是通过转义才赋予含义领域以其本原的意义。这个**本原的实质概念**是通过这样一个定理而得到表达的：**每一个有效的种类都是一个实质**。

第 32 节　内容的不协调性（争执）一般

1104 现在我们来探讨与此相反的情况的一般原因：如果各个内容在一个整体的统一性中不相容，那么它们就是**不协调的**。从现象学上说，不可能有一个在完整的相适性中给出这样一个整体的统一直观。但我们是如何知道这一点的呢？在经验的个别情况中，我们试图使内容得以统一，这种企图时而成功，时而不成功——我们经历到一个*无可抵御的*[11]抵抗。但**事实的不成功**[12]并不证明**必然的**不成功。更大的力量是否就可以最终克服这个抵抗呢？然而，在对有关内容所做的经验努力以及在为排除它们的“抗争”而做的经验努力中，我们经历到一个特别的内容关系，这个关系重又建立在这些内容的种类组成之基础上，并且在其观念性中独立于

[11] 在 A 版中为：不可克服的。

[12] 在 A 版中未加重点号。

所有经验的努力以及独立于个别情况的所有其他内涵。这就是[13]争执的关系。

因此，这个关系将完全确定的内容种类，而且是在完全确定的内容联合体之内的内容种类联系在一起。颜色并不完全相互争执，而只是在一定的联系中相争：属于不同种差的多个颜色因素同时对同一个躯体广延完整覆盖是不相容的，而它们在一个统一的广延内以相邻的方式存在则是完全相容的。而这一点是普遍有效的。一个 q 类的内容永远不会与一个 p 类的内容绝然不相容，相反，关于它们的不相容性之说法仅只涉及一定种类 G(α、β……；p)的内容联结，这个种类包含着 p，现在又应当与 q 相连接。诚然，在这个"应当"中带有对一个意向的指明，即一个表象意向并且也大都是一个意愿意向，这个意向想象将一个在任意的直观 A(q)中被给予的 q 置入到现前对 G 的直观之中，亦即在直观之中符号地表象它。但我们现在撇开这个直观不论，就像我们在协调性那里对联合的意向以及类似的对置入和联合的过程置而不论一样。我们仅仅坚持一点：在这里出现一个在描述上十分特别的关系，即在内容整体 G 的 q——A 的剩余是可以随意变更的并且仍然无关紧要——与 p 之间的关系，而且这个关系是独立于情况个体的；换言之，它仅仅建立在 G、p、q 的种类之中。争执意识的特别之处便从属于这些种类，即是说，对此事态的总体化是现实的，是可以在一个直观-统一的普遍性意识中实现的；它提供了一个统一的、有效的("可能的")种类，这个种类在 G 的基础上通过[14]争执而将

A 580

B₂ 108

[13] 在 A 版中未加重点号。

[14] 在 A 版中加有重点号。

p 和 q **联合在一起**。

第 33 节　争执如何也能为合一性奠基。协调性与争执之说法的相对性

A 581 对最后一句表达会立即产生一系列不安的疑问。一个争执在
B_2 109 进行联合？争执的统一联合着可能性的统一？当然，统一一般论证着可能性，但统一难道不会将争执、不相容性绝然地排除出去吗？

如果我们考虑到，不仅那些关于不协调性的说法，而且那些关于协调性的说法都与某个整体 G 有关，主观地说：与某个为意向所统治的整体 G 有关，那么上面的困难就会解决。在观看它的种类内涵时，我们将各个部分称作相容的。如果我们在对一个与此
1106 相同的整体之内的统一的象征意向中没有体验到直观的统一，而是体验到直观的争执，那么就会将这些作为部分而起作用的内容 p、q……称作不相容的。这两种可能情况的相互关系在与各种确定的整体的联系中或在与相容的与不相容的内容之联结的联系中是清楚的。这种联系也**一并**规定着这些术语的意义。我们并不绝然地将 p、q……称作**相容的**，并不只是考虑，它是否被联合，无论以何种方式；而是要考虑，它是以 G 的方式被联合，并且这个 p、q……的联合**在与同一个** G **联系上**排除了**同一些** p、q……的争执。接下来，p、q……内容也并非绝然地被称作**不相容的**，而是要顾及到，它们是在某个统一的框架内由于我们恰恰感兴趣的 G 这个统一种类而相互“不相容”；就是说，因为对这样一种统一的意向所带

来的**不是**这种统一，而是一个争执；在这里，通过相关的争执而造成的对相关统一的排除也在起着作用。

争执意识论证着“不合一性”（Uneinigkeit），因为它将那个**在这里**受到怀疑的 p、q……的统一 G 排除出去。在这个兴趣方向上，争执**本身**不应被看作是一个统一，而应被看作是差异，不应被看作“联结”，而应被看作“分离”。但如果我们变换一下这些联系，那么不相容性也可以作为统一起作用，例如作为争执特征与通过 A 582
它而“被分离的”内容之间的统一。这个特征与这些内容是相容 B_2 110
的，而与其他内容则或许不相容。如果主导的意向在于作为刚被分离的各部分之整体的争执整体，那么，一旦我们发现争执，也就是说，一旦争执产生，这些部分 p、q……的相容性便在于它们的联系，**并且**在于将它们分离开来的那个**争执**的联系。每当这个争执缺失，而且这个缺失成为直观性的，一个新的争执意识便会与那些分散在不同直观中的元素相联结。**这个**争执并不是在被意指的争执的各个成分之间的争执（它恰恰指示着后一种争执的缺失）；而是这样一个争执，它与在**一个**直观中无争执地被联合的内容 p、q……相联结，并且与在**另一个**直观中直观化了的“争执”因素相联结。

因此，关于一种通过**争执**而**联合**的说法之背理性可以得到澄清，只要我们注意到这些概念的相对性。现在人们不能再指责说：争执**绝然地**排除统一；任何东西最终都可以在这种争执的形式中“得以统一”；凡缺少统一的地方，便会有争执存在，而将争执再看作统一，这就意味着想要液化在统一与争执之间的绝对固化对立，并且想销毁这个对立的真正意义。——现在我们可以说，不。争

执与统一并不**绝然地**相互排斥，而只是在某个特定的、随情况不同而变换的相互关系中才相互排斥。它们在**这个**相互关系中作为固化的对立而相互排斥；只有将“绝然的”限制在这样一个始终默默预设了的相互关系上，我们才能同意对方的主张。此外，**并非所有的东西都可以在争执的形式中**[15]得以统一，而只有那些为一个争执奠基的东西才能做到这一点，那些被联合、被协调的东西则做不
A 583 到。因为，在这种有关以争执形式进行的联合之说法的意义中包
B2 111 含着，这种**争执形式**，即一些在某个结合 G_0 中**被想象的** p、q……的争执形式应当被看作是**统一**，它作为统一确实创造着合一性（Einigkeit）、相容性，并且因此而与我们前面所说的 G 相符合。但如果在 p、q……之间就 G_0 结合而言存在着统一，那么这些 p、q……在**这个**结合上便**不**能说是有争执关系，因为结合就完全是合一性。

所以，在争执的形式中实际上并不能联合一切东西，这尤其是因为（还可以继续这样说），凡缺少统一的地方，这一点便会通过一个争执而宣示出来，也就是说，这个争执会通过争执而创造统一。我们要理解这里所发生的对奠基性的相互关系的混淆或混合。与 p、q……——在受 G_0 的观念所规定的联系中——相联结的争执表示着统一的缺失。但这个争执并不创造 G_0 统一，而是**其他的**一个统一。就前一个统一而言，这个争执具有“分离”的特征，就新的统一而言，它具有“联合”的特征。在这里一切都井然有序。举一例来说明：就一个已知的现象联系来看，“红”和“绿”是不相容的，“红”

[15] 在 A 版中为：**在争执的形式中**。

和“圆”是相容的。争执的特征在第一种情况中规定着不相容性，它在“红”和“绿”之间造成“分离”。撇开这点不论，它就另一种联系来看则创造着一个统一，这种联系是指：“在一个现象客体的感性标记之间的争执”。也就是说，在“红”和“绿”之间的争执现在是统一，当然是在“争执”、“红”、“绿”这些元素方面的统一。相反，“‘红’和‘**圆**’的争执”现在则是不合一性了（Uneinigkeit），也就是在“争执”、“红”、“圆[16]”这些元素方面的不合一性。

第34节　若干公理

对相容性相互关系之意义所做的这些揭示对于我们的基础分析来说是极为重要的，在完成这些揭示之后，我们便可以来确定最 A 584
原始的公理并且对它们进行现象学的澄清。首先要考虑的是**相容** B2 112
性相互关系（相容性或不相容性）**的可逆转性公理**，根据我们对基础性的现象学关系的分析，这个公理已经完全清楚了。

对下一个有待揭示的公理需要做进一步的考虑，这个公理是指：**统一与争执**，或者说，**协调性与不协调性**——这两对概念涉及同一个相互关系之基础——**彼此相互排斥**（这又意味着：它们彼此是**不协调的**）。现在不需要再次强调：不协调性不是指单纯的协调性之缺失，亦即不是指这样一个单纯的事实：客观上没有出现某个联合。联合与争执在现象学上是具有不同基础的观念，因此下面这句话的确内容丰富：如果一个p与一个q根据统一形式

[16]　在A版中加有重点号。

G（p、q……）而**发生争执**（争执是一个在现象学上褒义的特征），那么 p 与 q 在同一个 G 的意义上的联合便不会是同时“可能的”。反之亦然，如果发生这种联合，那么相应的争执便是“不可能的”。这个公理的现象学基础就在于那些在前面讨论中已展示出来的东西，即：如果我们试图将这个在 p、q……之间的现时**争执**与那个 p、q……的**相应统一**联合在一起——即试图用那些借助于某些 m、n……而现实地被直观到的统一种类 G 在相关的争执情况中为 p、q……奠基——，那么就会有一个**新的争执**产生出来，这个争执的基础就在第一个争执以及在那个在别处被直观到的统一特征之中。类似的东西也表现在相反的情况中；此外，这种相反的情况也可以被看作是对第一条公理的一个运用。

在相同的，但却又是随意的 p、q……之间存在一个**争执**，以及在这些 p、q……之间**不**存在一个统一，这个命题所表达的是同一个东西。**每一个“不”都表达着一个争执**。

A 585 如果争执与此相联结，即 p 与 q 相互争执，即是说，p、q……

B₂ 113 以争执的形式得以合一，那么 p、q……是统一的。易言之：

如果 p、q 不相互争执，“不”不统一，那么它们便是统一的（双重否定的公理）；

由此而得出：

两者之中只有一者发生，或是联合或是争执——没有“第三者”。

这里可以区分出四种可能性，它们可以被表达为：发生了联合/争执，**不**发生联合/争执。但是，不-联合是争执的同义词，而不-争执则根据前面的公理而与联合相等值。

对这些公理的最终澄清以及它们与纯粹逻辑公理的关系已经超出了这里的研究的范围。我们所做的陈述只应当指明一些内部联系，这些联系以后将会为我们所探讨，它们将会为我们提供一个对此的生动意识，即：我们在这里所做的工作已经是在对纯粹逻辑学进行现象学的奠基。

第35节　作为含义的概念的不协调性

在思维中，协调性与不协调性一样，是[17]在**与符号的**、指向某些联结的意向的**联系**中出现，因此也是在与符号的和直观的认同之联系中出现。但在最后几节中所划定的不协调性概念却与意向无关，毋宁说，这个与意向有关并且同名的不协调性概念是一个**转义的**概念，它是那个原初概念的一个特殊情况，但它带有完全 A 586
确定的、局限在失实关系上的内涵。我们在前面①就协调性或相 B2 114
容性所做的阐述在这里也起着类似的作用。关于不协调性之说法在运用于含义（“概念”）时并不意味着含义所具有的任何一个随意的观念的不协调性，例如并不意味着它的纯粹语法的[18]不协调性；它仅仅涉及一个复合含义的各个部分含义的关系，这个复合含义没有在客观完整的直观化中得到充实，而是得到失实，或者说，**能够**得到失实。显然，被直观化的内容的争执是这个失实的基础，

① 参阅本书第31节，第106页。

[17] 在A版中为：与协调性一样，不协调性对我们来说也**只**是。

[18] 在A版中为：纯粹－语法的。

在这里需要注意，争执本身并没有被意指和被表达：否则争执便属于充实的“直观”了，而表达作为一个完全可能的表达则合适地表达了这个客观的不可能性。

在含义与那些在直观争执过程中相互取代的各个直观中的任何一个统一直观之间的联系同样是争执的联系（即在局部相合的情况下）。

这些须对含义提出的观念的可能性规律便建立在这些本原的和更为普遍的概念之上，或者说，建立在上面所提出的（并且还将进一步完善的）那些公理之上。在这里包含着这样的命题：

同一些含义的不协调性和协调性以及在涉及同一些联系时的不协调性和协调性相互排斥；

在相互对立的一对含义（即这样的一对含义：它们之中的一个意指为不协调的东西却被另一个意指为自身统一的）中，一个含义是可能的，而另一个则不可能；

否定之否定——就是说，一个含义，它将某个实事 M 本身的不协调性重又表象为一个不协调性——与相应的肯定是等值的。这个肯定在这里被定义为含义，它借助于同一个（在取消否定之后仍然留存的）表象质料来表象同一个 M 的内部一致性。

A 587 不言而喻，这里需要有一门真正的含义理论，一门关于含义及
B_2 115 其逻辑关系的理论，这样才能在系统的序列中提出并证明所有这类命题。

我们中止这些残缺不全的思考，但不排除在以后的研究中对它们进行补充的可能。尤其是在逻辑的兴趣中，我们将会需要一门更为宽泛地和完整地得到实施的现象学、一门认同与区分（尤其

是局部区分)的理论,以及它们与一门关于统一和争执的学说之明显切近联系的理论。

第五章 相即性的理想。明见与真理

第36节 引论

在至此为止的思考中，我们尚未谈及行为的**质性**(Qualität)，它没有被设定为任何前提。无论是可能性还是不可能性都与质性没有特殊的联系。例如，无论我们将命题质料(Satzmaterie)作为一个**设定性**行为(不是作为一个赞同的、以同意的方式承认
1114 或采纳的设定性行为，而是作为一种素朴接受的信仰行为)的质料来加以实现，还是以质性变化的方式将它作为一个单纯表象的质料来给予，这对这个命题的可能与否都不发生影响；始终有效的是：如果这个表达性意指的具体行为可以用对同样质料的客观完整的直观来进行充实的认同(Identifikation)，那么这个命题就是“可能的”。与此相同，这个充实的直观是一个感知，还是一个单纯想象等等，这也是无关紧要的。由于制造想象图像较之于制造感知和设定要随意得多，因而我们通常宁可利用在想象图像方面的
A 588 可能性。然后，那些以适当的想象图像的方式——客观地说——
B_2 116 可以实现的东西对我们来说便成为可能，无论我们自己作为经验的个别个体是否曾经将这些图像加以实现。但是，由于感知和想

像[1]之间的观念联系在于，每一个感知都先天地与一个可能的想像[2]相符合，因此，这个依据想像而获得的命题与我们依据感知而获得的命题便是等值的，而将这个充实直观的概念限制在想象上的做法则是非本质的。

现在我们需要简要地考虑一下，刚才提到的那些区别对充实关系会有什么样的影响，这样我们就至少可以对我们的考察做一个暂时的总结，并对进一步的研究做出展望。

第37节　感知的充实作用。最终充实的理想

就对象之物在表象中的被表象方式而言，充盈的完整程度是极为重要的。符号行为处于最底层；它们根本不具有充盈。直观行为具有充盈，但带有充盈程度大小的区别，并且在想象领域之内便带有这种区别。但无论一个想象有多么完整，它与感知相比还是有差异的：它所给予的不是对象本身，也不是对象的部分，它只给予对象的图像，而只要这图像还是图像，就永远不会是事物本身。给予事物本身的是感知。它所“给予”的对象也具有不同的完整层次，也具有不同的“映射”(Abschattung)程度。想象所具有的意向性特征在于：它只是一种当下化(Vergegenwärtigung)，与此相反，感知的意向性特征则在于：它是一种当下拥有(Gegenwärtigung)(一种体现)。如我们所知，这些是行为的内部

[1]　在A版中为：图像表象。

[2]　在A版中为：图像表象。

A 589 区别，更进一步说，是行为的代现形式（立义形式）的区别。但一般
B2 117 说来，这种体现并不构成一个真实的当下存在，而只构成当下的显现（Erscheinen），在这个显现中，对象的当下以及随它一同还有感-知[①]的完整性表现出各个层次。我们只要看一下相应的充实层次便可以了解这一点，在这里和在任何地方一样，对这个对象的表象的完整与否完全取决于这些充实的层次。这里很明显，感知的充盈是有区别的，我们试图用感知性映射这个说法来公正地表达它，但这个区别并不是在其感觉内涵的充盈方面的区别，不是在其内部特征方面的区别，而是意味着在其作为“充盈”的特征，即立义的行为特征的有层次扩展方面的区别。据此，我们必须将某些充盈的因素视作是相即的对象因素的终极体现[始终可以不去考虑所有发生的问题，因为我们完全知道，这些区别和其他相似的区别一样，是以联想的方式而产生出来的]：某些充盈的因素是与对象因素相同一的，它不仅是对象因素的被代现者，而且就是在绝对意义上的对象因素本身。另一些东西则被视为单纯的“颜色映射”、“透视性的缩短”等等，而在这里很明显的是，在现象学的行为内容中，并且先于所有的反思，存在着某些与这种说法相符合的东西。我们在这里已经涉及了这种映射的区别，并且发现它在想象中只能转用于图像之物。所有映射都具有代现性特征，并且它们是通过相似性来进行代现，但是，这种代现可以将映射的内容立义为客体的图像，也可以将它立义为客体的自身表露（自身映射），因

1116

① 胡塞尔在这里将感知（Wahrnehmen）一词分开：作“Wahr-nehmen”，用意在于强调德文中感知一词的原意：认之为真。——中译注

而通过相似性来进行代现的方式是有区别的。① 就感知而言，映射充盈的发展所能够达到的理想极限是绝对自身（正如在想象中所能达到的理想极限是绝对相同的图像一样），即是说，在每一个面、在对象的每一个被体现的因素上都达到绝对自身。

所以，对可能的充实关系的考虑表明，充实发展的终极目标在 A 590
于：完整的和全部的意向都达到了充实，也就是说，不是得到了中 B2 118
间的和局部的充实，而是得到了永久的和最终的充实。这个终极的表象的直观内涵就是可能充盈的绝对总和；直观的被代现者就是对象本身，就是它自身所是。体现性内容与被体现的内容在这里是同一个东西。只要一个表象意向通过这种理想完整的感知而达到了最终的充实，那么“事物与智性的相即”（adaequatio rei et intellectus）也就得以产生：对象之物完全就是那个被意指的东西，它是现实“当下的”或“被给予的”；它不再包含任何一个缺乏充实的局部意向。

这样，任何一个充实的理想，包括符号性充实的理想当然也就得以表明；智性（intellectus）在这里是指思想的意向，是指意指的意向。而只要被意指的对象性在严格意义上的直观中被给予，并且完全是作为它被思考和被指称的那样被给予，那么相即（adaequatio）也就实现了。没有一个思想的意向是没有得到最终充实的，因为直观的充实者本身不再包含任何未得到满足的意向。

① 参阅本书第二卷，第二部分，第 83 页[3]。

[3] 在 A 版中为：第 555 页。

我们注意到，“思想”与“事物”之相即性的完善是一个**双重**意
义上的完善：一方面，与直观的相应合（Anpassung）是完善的，因
为思想所意指的东西都是充实的直观完整地作为隶属于思想之物
而表象出来的东西。这里显然包容了前面所区分的两种完善
性①：它们构成了我们称之为充实的“客观完整性”的东西。另一
方面，在完整的直观本身之中还包含着一种完善。直观对在它之
中的确定意向进行充实，但这种充实本身并不是再次以一个需要
充实的意向的方式来进行，而是相反，直观对在它之中的确定意向
A 591 的充实是**最终的**充实。因此我们必须区分与直观的**相应合**（在自
B₂ 119 然的和**广泛的**意义上的相即性）的完善和它以之为前提的**最终充
实**（与“事物本身”的相即性）的完善。每一个对直观对象和过程的
忠实的、纯粹的描述都提供了第一种完善的范例。如果这个对象
之物是一个内部地被体验之物，并且是在反思性感知中如它自身
所是地被把握之物，那么**第二种**完善也就形成了；这种情况表现
在：例如，当我们就一个我们正在做出的范畴判断而谈论这个判断
的主体表象时。与此相反，如果我们将矗立在我们面前的一棵树
称之为一棵“改良过的”苹果树，或者，如果我们谈论刚才发出的一
个响声的“频率”，甚至谈论一个感知客体的规定性，而这些规定性
即使在感知意向中一同被意指，它们也不会以哪怕或多或少映射
的[5]方式显现出来，那么，第一种完善就**不存在了**。

① 参阅本书第二卷，第二部分，第 99 页[4]。

[4] 在 A 版中为：第 571 页。

[5] 在 A 版中为：映射的、类比的。

我们还要做如下的说明：由于最终充实绝对不能包含任何未得到充实的意向，因此它必须在一个**纯粹**感知的基础上进行；一个客观完整的，但却以一种非纯粹感知的连续综合的方式所进行的感知是不能满足最终充实的。

以上的考察方式将所有意向的最终充实设定在感知之中，对此，人们会提出异议说：已经实现的普遍意识[6]为普遍概念表象提供充盈，并且使“普遍对象”“本身”直接被看到，这种普遍意识仅仅建立在想象的基础之上，或者至少可以这样说，它对感知与想象的区别不敏感。从这种说法中还可以得出，所有那些明见的总体陈述的情况显然也与此相同，它们以公理的方式“仅仅根据概念”便能够说明自身。

这个指责指出了在我们研究中存在的漏洞，我们已经多次接 A 592
触到这个漏洞。我们首先不言而喻地将感知看作是一种与**感性**感 B2 120
知相等同的东西，将直观看作是一种与感性直观相等同的东西。我们常常默默地、无意识地超越出这两个概念的界限，例如，在考虑相容性问题时：每当我们谈到对一个矛盾的直观或对一个统一的直观或对一个其他的综合本身的直观时，我们都会超越出这个界限。我们在有关范畴形式一般的下一章中将会证明对感知概念进行扩展的必要性。为了排除上述指责，我们在这里仅仅说明，想象是总体抽象的基础，因此它并不行使现实的和真正的充实作用，即是说，它不是一种“一致性”直观。我们已经多次强调，现象的个别个体本身不是普遍之物，而且也不将普遍之物作为实项的部分

[6] 在A版中为：普遍性意识。

包含在自身之中。

第38节　在充实作用中的设定行为。在松散的和严格的意义上的明见性

至此为止,我们在意向性的标题下探讨了设定的行为和不设
定的行为。尽管具有充实特征的普遍之物本质上受到质料的规
定,并且在一组最重要的关系中也只有质料才受到考察,但在另一
些重要的关系中,质性也同样在起着规定的作用,并且这种规定作
用是如此强烈,以至于关于意向、关于瞄向的说法似乎只适用于设
定的行为。**意指**瞄向一个事物,它或者达到自己的目标,或者达不
到自己的目标,这取决于它是否以某种方式与感知(在此是一个设
定行为)一致或不一致。然后,设定与设定便达到一致,意指的行
1120 为和充实的行为在这个质性中便是相同的。但单纯表象是被动
A 593 的,“它将事物置而不论”。每当单纯表象偶然与一个合适的感知
B_2 121 相伴时,在相应的质料的基础上便会形成充实的相合(Deckung);
但在这个过渡的过程中,表象获得了设定特征,而相合统一
(Deckungseinheit)本身肯定也以同质的方式具有这种设定特征。
**每一个现时的认同,或者说,每一个现时的认同或区分都是一个设
定的行为**,无论这个认同或区分本身是否奠基于设定之中;而且这
个命题还用简短的几句话附加了一个根本性的特征描述,这个描
述规定了我们对相容性关系所做的最后几项研究的所有结果,这
个描述在一种比至此为止更高的程度上表明,认同和区分的理论
是判断理论的一个主要部分。是否只有**设定的**行为才能作为意指

行为和充实行为起作用，或者，是否不设定的行为也能作为意指行为和充实行为起作用，随着对这个问题的回答，类似于说明、举例说明，以及证明（即证实，在相反的情况中则为反驳）之间的区别也就得以明了。证明这个概念只在与其设定性充实的关系中，而且最终在与它通过感知而得到的充实的关系中与设定性行为有关。

我们将对这个特别突出的事例进行进一步的思考。在这个情况中，相即性的理想是由“明见性”提供的。每当一个设定性意向（尤其是一个主张）通过一个一致性的和完全合适的感知，哪怕是通过相关的个别感知的合适综合而得以证明时，我们便会谈到在极为松散意义上的明见性。在这里谈论明见性的程度和层次是完全合理的。人们在这方面所考察的是：感知如何接近它的对象体现的客观完整性，然后进一步达到最终的完善理想：相即感知的理想，对象的自身显现的理想——只要它在某一个充实性意向中被 A 594
意指。但是，在认识批判的确切意义上的明见性仅仅与这个最终 B_2 122 1121
的、不可逾越的目标有关，仅仅与这个最完善的充实综合的行为有关，它为意向，例如为判断意向，提供了绝对的内容充盈，提供了对象本身的内容充盈。对象本身不仅仅是被意指，而且就像它被意指的那样，对象与意指是同一的，对象是在最严格的意义上被给予的；此外，这里所说的对象是一个个体对象，还是一个普遍对象，是一个狭义上的对象，还是一个事态（一个认同的或区别的综合的相关物），这个问题在这里是无关紧要的。

我们说，明见性本身是一个最完整的相合性综合的行为。像任何一个认同一样，明见性也是一个客体化的行为，它的客观相关物就叫作“真理意义上的存在”，或者也可以叫作“真理”——倘若人们并不愿将真理这个术语分配给另一个源自于那些完全植根于上述现象学事态之中的概念序列的概念。但这里还需要做进一步说明。

第39节　明见与真理

1.如果我们首先坚持刚才所说的真理概念，那么真理作为一个认同行为的相关物便是一个[7]事态，而作为一个相合的认同的相关物便是一个同一性，即：在被意指之物和被给予之物本身之间的完整一致性。这种一致性是在明见性中被体验到的，因为明见性就是相即认同的现时进行。另一方面，人们不能将明见性就是对真理的“体验”这个定理随便地解释成：明见性（如果我们将感知的概念加以足够的扩展）就是感知，而严格的明见性就是对真理的

1122

相即感知。因为，如果考虑到我们在前面①所表露的怀疑，我们就

A 595 必须承认，认同的相合之进行还不是对对象的一致性的现时感知，

B_2 123 相反，只有通过一个客体化立义的本己行为，只有通过一种对现存的真理的特有观向（Hinblicken），认同的相合才能成为对象性的一致。而真理事实上是“现存的”。这里先天地存在着这样一种可能性，即：我们随时有可能观向这种一致性，并且使这种一致性在相即感知中成为意向性意识。

① 参阅本书第二卷，第二部分对第8节的补充，第35、36页[8]，以及第七章。

[7] 在A版中加以重点号。

[8] 在A版中为：第507－508页。

2. 另一个真理概念则涉及在那种被定义为明见性的相合统一中存在着的观念关系，这种相合统一是指在各个相合行为的认识本质之间起作用的统一。前一种意义上的真理是一种与明见性行为相符合的对象之物，这一种意义上的真理则是一种包含在行为形式中的观念，也就是经验偶然的明见性行为所具有的合乎认识的并被理解为观念的本质，或者也可以说是绝对相即性本身的观念。

3. 此外，我们在给予性行为的充盈方面以被意指对象的方式在明见性中体验到被给予的对象：这个被给予的对象就是充盈本身。这个对象也可以被称之为存在、真理、真实之物，只要它在这里不是像在单纯相即感知中那样被体验，而是被体验为一个意向的观念充盈、被体验为使之为真的对象，或者说，被体验为这个意向的特殊认识本质的观念充盈。

4. 最后，从意向的立场来看，对明见性关系的理解又产生出作为意向的正确性（特别是例如判断的正确性）、作为意向与真实对象之相即状态的真理，或者说，作为种类意向的认识本质之正确性的真理。就最后一点而言，例如有命题的逻辑意义上的判断的正确性：命题“朝向”事物本身；这个命题说：它是这样的，而且它确实是这样的。但在这个命题中表达了这样一个观念的可能性，也就是这样一个总体的可能性，即：任何一个具有这种质料的命题都可以在最严格的相即性中得到充实。

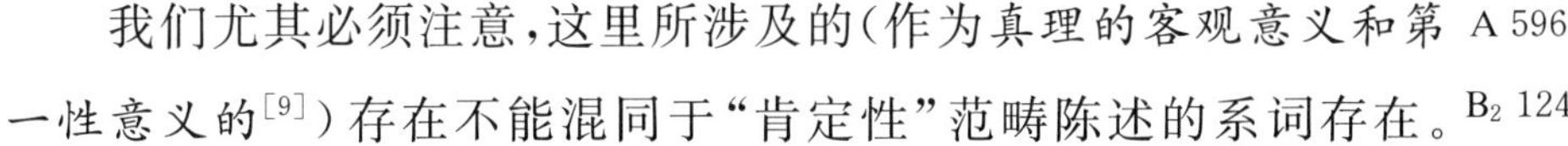

我们尤其必须注意，这里所涉及的（作为真理的客观意义和第 A 596
一性意义的[9]）存在不能混同于“肯定性”范畴陈述的系词存在。 B_2 124

[9] 在A版中为：前面所说的第一种意义的。

在明见性中[10]所涉及的是总体相合，而与这种系词存在相符合的通常只是（属性判断的）局部的认同。

但是，即使一个完全的认同成为谓语判断，前一个存在也不等同于后一个存在。因为我们注意到，在一个判断明见性中（判断＝谓语陈述），在判断真理意义上的存在被体验到，但未被表达出来，也就是说，它永远不会等同于那个在陈述的“是”中被意指和被体验到的存在。后一个存在是在真实之物意义上的存在之物的综合因素——它怎么会表达它自己的真实存在呢？我们恰恰发现，多种一致性在这里得到综合：这[11]同一个局部的、谓语陈述的一致性，它以论断的方式被意指并且被相即地感知到，也就是说，自身被给予。（我们在下一章中将通过关于范畴客体化的一般学说来说明这句话的含义。）这是主语与谓语之间的一致性，是主语与谓语的相合。此外我们还具有构成[12]明见性行为的综合形式的一致性，即在陈述所具有的含义意向和对事态本身的感知之间的完全相合；这当然是一个有步骤地进行的相合；我们在这里不再对此做进一步探讨。这种一致性显然没有被陈述出来，它不像第一种一致性那样对象性地隶属于被判断的事态。它无疑可以随时被陈述出来，而且是明见地被陈述出来。这样，它就会成为一个新明见性的使之为真的①事态，而同样的情况也适用于这个新的明见性，

① “使之为真”（wahrmachend）是胡塞尔生造的一个词，它相当于胡塞尔所说的“证实”（bestätigend）。胡塞尔在后面又将它等同于“相即的充实”。——中译注

[10] 在A版中为：在明见性中。

[11] 在A版中未加重点号。

[12] 在A版中加有重点号。

可以如此周而复始。但在每一个步骤上我们都必须区分使之为真的事态和构造着明见性本身的事态，区分被客体化的事态和未被客体化的事态。

刚才所做的区分引导我们进行以下的一般说明。

在对明见性和真理这两个概念的关系[13]的阐述中，我们在行 A 597
为（这些行为在明见性中找到其严格的相即性，无论它们是以意向 B_2 125
的作用，还是以充实的作用在做这件事）的对象方面没有区分事态和其他的对象。与此相符，我们也没有顾及在关系行为——一致的和不一致的行为、谓语陈述的行为——与非关系行为之间的现象学区别；从而也就没有顾及在关系含义、非关系含义与被观念地把握的意向本质之间的区别。严格的相即性可以是关系意向与其完善的充实的统一，也可以是非关系意向与其完善的充实的统一；尤其是在表达的领域中，相即性并不必定是指作为陈述意向和陈述充实的判断，称谓行为同样可以是相即的。但人们对真理、正确性、真实之物这些概念的理解通常要比我们的这种做法更为狭窄：它们仅仅与判断和命题，或者说，仅仅与判断和命题的客观相关物、事态有关；同时，存在则主要是与绝对客体（非-事态）有关，虽然这里缺乏可靠的划界。毫无疑义，我们有权对这些概念做更为一般的理解。实事的本性要求我们将真理与谬误的概念至少先做这样的扩展，使它们能够包含客体化行为的整个领域。同时，最恰当的做法似乎是将真理和存在的概念区分开来，这样，真理概念（这个概念仍然会不可避免地含有多义性，但通过对这些概念的说

[13] 在 A 版中“关系”为单数（Verhältnis），在 B 版中改为复数（Verhältnisse）。

明，这种多义性几乎是无害的）便与行为本身和它观念地被理解的
A 598 各个因素有关，而存在概念（真实-存在）则与那个所属的对象相关
B_2 126 项有关。与此相符，根据 2）和 4），我们将真理定义为相即性的观念，或者定义为客体化设定和含义的正确性。这样，在真理意义上的存在便可以根据 1）和 3）而被定义为在相即性中同时被意指和被给予的对象的同一性，但也可以（这更符合这个词的自然意义）被定义为可以在相即性中被感知之物，这个被感知之物与一个通过感知而可以使之为真的（可以相即充实的）意向有着不确定的联系。

在对这些概念进行如此广泛的理解并且做出现象学的确定之后，我们可以在顾及到关系行为和非关系行为（谓语陈述——绝对设定）之区别的同时对较为狭窄的真理概念与[14]存在概念做出划界。然后，较为狭窄的真理概念便限制在一个关系行为与属于此行为的相即事态感知的理想相即性上；同样，较为狭窄的存在概念则涉及绝对对象的存在并将这种存在与事态的“存有”区分开来。

据此可以明了：如果将判断定义为设定性行为，那么从主体方面来说，判断的领域与最广泛意义上的真理与谬误概念的联合领域便是相合的。如果用陈述和对陈述的可能充实来定义判断，即是说，如果将判断仅仅理解为关系设定的领域，那么同一种相合也会形成，只要这里的基础也是狭义上的真理和谬误概念。

至此为止，我们始终在单方面地讨论明见性的情况，即被描述的行为的完全相合的情况。但在相关的冲突情况中，与明见性相

[14] 在 A 版中未加重点号。

对应的是背谬性，它是对在意向和拟-充实（Quasi-Erfüllung）之间的完全冲突的体验。在这种情况下，与真理和存在概念相符合的是相关的谬误和虚无概念。在我们做了所有那些基础准备之后，要从现象学上澄清这些概念并不是一件特别困难的事。首先必须仔细地说明最终失实的否定性理想。

我们至此为止是以对明见性概念的严格理解为基础的，根据 A 599
这种理解，近来人们时常表露出来的那种怀疑显而易见是背谬的，B_2 127
这种怀疑就是：同一个质料 A 难道不可以在这里与明见性的体验相结合，在那里却与背谬性的体验相结合吗？这种怀疑是不可能的，除非人们将明见性和背谬性解释成为一种特有的（肯定的和否定的）感觉，这种感觉偶然地附加在判断行为上，赋予它们以我们在逻辑上评价为真与假的特别标记。如果一个人体验到明见性 A，那么明见无疑的是，不会有第二个人体验到这同一个 A 的背谬性；因为 A 是明见的，这就意味着：A 不仅仅是被意指，而且它正是作为这个被意指的东西现实地被给予；它是在最严格的意义上自身当下的。这同一个 A 怎么可能对第二个人来说是被意指的，但这个 A 的意指又被一个真实的被给予之物非 A 真实地排斥掉呢？可以看出，这里所关系到的是一个本质-事态，这个事态与矛盾律（在前面第 123 页①上所探讨的相互关系当然也与这个矛盾律的多义性有关）所表达的事态是完全同一的。[15]

从我们的分析中可以非常清晰地得出，存在［是］（Sein）与不

① 即本书第二卷，第二部分，A 595/$B_2$123。——中译注

［15］ 在 A 版中为：事态，这个事态就是矛盾律所表达的事态。

存在[不是](Nichtsein)不是两个根据其起源来表达判断质性之对立[16]的概念。在我们对现象学关系的理解的意义上，每一个判断都是设定的，而设定并不是一个在质性上与“不是”相对立的“是”的特征。判断的质性对立面是对同一个质料的单纯表象。在“是”与“不是”之间的区别是意向质料的区别。“是”以含义意向的方式表达谓语陈述的一致，与此相同，“不是”所表达的则是谓语陈述的冲突。

[16] 在A版中为：而从属于判断质性。

第二篇

感性与知性

A 600

B_2 128

第六章　感性直观与范畴直观

第40节　范畴意指形式的充实问题和对此问题之解决的一个指导思想

在至此为止的阐释中，我们已经一再感受到有一个相当大的
缺漏存在。它涉及范畴的客观的形式，或者说，在客体化行为领域
中的“综合”作用，这些客观形式就是通过这些作用而构造起自身， 1131
它们通过这些作用而成为“直观”并且据此而成为“认识”。我们有
勇气来尝试着弥补这个缺漏。我们再次与此项研究的第一章相连
接，这一章的任务在于达到认识启蒙的一个有限目标，即表达性的
含义意向与被表达的感性直观之间的关系。我们暂时仍以感知陈
述和其他直观陈述的最简单情况为基础，并且在此基础上来澄清
下列考察的课题：

在感知陈述的情况中得到充实的不仅仅是那个与它交织在一起的称谓表象；这个陈述含义的总体都通过基础性的感知而得到充实。至少就整个陈述而言可以说，它给予我们的感知以表达：我们不只是说，“我看见这张纸”、“我看见一个墨水瓶”、“我看见几本书”等等，而是也说，“我看见，这张纸已经写过字”，“我看见，这儿

有一个铜质墨水瓶”，“我看见，几本书被打开”，以及如此等等。如果对于某人来说，称谓含义的充实已经足够清楚了，那么我们现在就要问，如何来理解这整个陈述的充实，尤其是要问，如何来理解
A 601 那些超越出这些整体陈述的“质料”的东西，它在这里是指超越出它们的称谓项（Termini）的东西。这些含义因素——“范畴形式”
B_2 129 的因素——构成了命题形式本身，并且它们例如包含系词，是什么应当并且能够为这些含义因素提供充实呢？

但更切近地看，这个问题也可以转用于称谓含义，只要它们不像专有含义一样恰好是无形式的。与陈述一样，名称也已经在语法显现中具有它的“质料”和它的“形式”。如果名称被分解为语词，那么这个形式便一部分在于排列的方式，一部分在于特有的形式词，一部分在于个别语词的构成方式，而这个个别语词自身又可以再区分出“质料”因素和“形式”因素。这类语法区分回溯地指明了含义的区分；语法的环节与形式至少是粗糙地表达着建立在含义本质之中的环节与形式；因此我们在含义中发现各种极不相同的特征的部分，而在这些部分中我们在这里尤其可以注意到这样一些部分，它们通过“这个”、“一个”、“几个”、“许多”、“少数”、“两个”、“是”、“不”、“哪一个”、“和”、“或”等等一些形式词而被表达出来；此外也通过名词、形容词以及语词的单、复数构造形式等等而被表达出来。

所有这一切在充实中的状态又是如何的呢？在本书第三章中所阐述的那个完全合适之充实的理想还能够继续得到坚持吗？含义的所有部分和形式都与感知的各个部分和形式相符合吗？在这种情况下也就可以说，在含义的意指和充实的直观之间存在着“表

达"这个说法所引发的那种对应性；表达也就是感知的图像般的对应面（即在它们已经被表达的所有部分或形式方面），尽管它是由一个新的材料所构成——一个在意指材料中的挤-出（Ausdruck）。

因此，对意指和直观之间关系的解释典范是专有含义与相应 A 602
感知的关系。谁熟悉"科隆"本身，并据此而具有"科隆"这个语词 B_2 130
的真实专有含义，他就在各个现时意指体验中拥有一个与将要证实的感知完全相符合的东西。它不是感知的本真对应图像，例如像相应的想象那样；但正如这个城市（被认为）本身在感知中成为当下一样，如前所述，"科隆"这个专有名称是在其专有含义中"直接地"意指这个城市本身，它如其所是地意指这个城市本身。素朴的感知在这里并不借助其他建立在它之上的行为就使这个对象显现出来，这个对象就是含义意向所意指的对象，并且也就是它如此地意指的对象。含义意向因此在单纯的感知中找到那个它在其中完全合适地得到充实的行为。

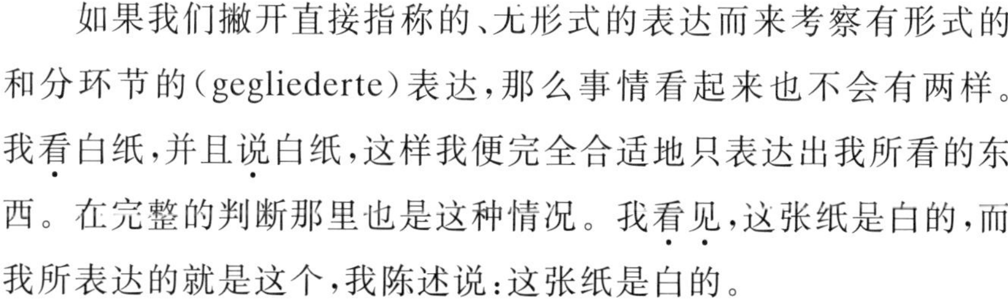

如果我们撇开直接指称的、无形式的表达而来考察有形式的和分环节的（gegliederte）表达，那么事情看起来也不会有两样。我看白纸，并且说白纸，这样我便完全合适地只表达出我所看的东西。在完整的判断那里也是这种情况。我看见，这张纸是白的，而我所表达的就是这个，我陈述说：这张纸是白的。

我们不能被这种在某种方式上正确的，但却易于造成误解的说法所迷惑。人们甚至会想借此来论证说，含义在这里是处在感知之中，而如我们已经确定的那样，这是不确切的。"白"这个词所指的肯定是某种在白纸本身上的东西，这样，这个意指便在充实的状态中与那个与对象的白因素有关的局部感知相合。但仅仅设想一种与此局部感知的单纯相合似乎还不够。人们在这里通常会说，显现的白被认识为白的并且被指称为白的。然而关于认识的通常说法更多地是将主词对象标示为“被认识的”。在这种认识中
A 603 显然还有另一个行为，它或许包含着前一个行为，但至少有别于前
B2 131 一个行为。这张纸被认识为白，或者毋宁说，被认识为白色的，只要我们在表达感知时说“白纸”。“白”这个词的意向只是局部地与显现对象的颜色因素相合，在含义中还存有一个多余、一个形式，它在显现本身之中没有找到任何东西来证实自身。白的，这就是说，是白的纸。而这个形式在纸这个主词那里不也在重复着自身吗，尽管是以始终隐含的方式？只是那些在纸的“概念”中得到联合的各个特性含义才在感知之中具体地得到确定；即使是在这里，这整个对象也被认识为纸，在这里也有一个包含着“是”的补充形式，尽管它不是唯一的形式。素朴感知的充实功效显然不能达及这些形式。

我们只需要进一步探问，与这两个在同一感知基础上进行的案例表达“这张白纸”和“这张纸是白的”的区别——亦即定语陈述形式和谓语陈述形式的区别——在感知的方面相符合的东西是什么，这个区别在感知那里的真正表现是什么，那么我们便会注意到同样的困难。简言之，我们明察到，事情在有形式的含义这里不会像在专有含义以及它与感知的素朴相合关系那里一样简单。人们当然可以用可理解的并且对听者而言单义的方式说，“我看见，这张纸是白的”；但这个说法的所指的并不一定是：被陈述的语句的含义给予一个单纯的看以表达。它也可能是指，显现的对象性在

这个看之中作为自身被给予的而得到宣示，这个看的认识本质奠基着某个联结的(verknüpfend)或联系的(beziehend)或具有其他形式的行为，正是在这些行为上，表达用它的各个变换形式来进行 A 604
衡量，而且表达也正是在这些行为中得到充实，这是就这些作为根 B₂ 132
据现时的感知而完成了的形式而言。如果我们将这些被奠基的行为，或者毋宁说，这些行为形式连同其奠基性的行为聚合在一起，并且在“被奠基的行为”之标题下包容所有那些通过那种形式奠基而形成的复合行为，那么我们就能够说：在刚刚所指出的可能性之前提下又产生出一种相似性，只是这个相似性不是在表达的含义意向和与其相应的单纯感知之间的相似性，而是在含义意向和那些奠基于感知之中的行为之间的相似性。

第41节　续论：对事例领域的扩展

如果我们设想将这些事例的范围加以扩展，使它包含述谓思维的整个领域，那么便会产生出相似的困难以及相似的克服这些困难的可能性。在这里尤其会出现这样一些判断，它们不具有与一个个体的、须通过某个直观来给予的个别性的特定联系，而是以一种总体的方式表达着观念统一之间的联系。这些判断的总体含义也可以在“一致性”直观的基础上进行，就像它们的起源是直接或间接地处在直观之中一样。但直观的个别之物在这里并不是被意指之物，它至多是作为通常仅仅被关注的那个普遍之物的一个单个情况、作为直观普遍之物的例子起作用，或只作为一个与此例子相似的东西起作用。例如，如果我们总体地谈及“颜色”或特殊地谈及“红”，那么一个单个的红事物的显现可能会为我们提供举证的(bele-gend)直观。

此外，有时也会出现这种情况，即：人们将总体的陈述恰恰
A 605 标示为对直观的表达。例如，当人们说，一个算术公理表达着包
B_2 133 含在直观中的东西；或者当人们指责一个几何学家说，他不是进行形式的演绎，而只是表达他在几何图形上所看到的东西，他从绘图出发来进行推断，并且略过了证明步骤。这些说法具有其好的意义(这个指责在相当大的范围内涉及欧几里得几何学的形式结论)；只是这里的表达之所指与在前面情况中并不相同。如果在前面的情况中表达已经不只是直观的对应图像的话，那么在这里就更非如此了，意向在这里并不随着思想而指向直观被给予的显现以及它们的直观特性或关系，甚至在下面这个例子中则根本不能是如此：在几何意义上的图形如所周知是一个理想的极限，它在直观上实际上是不可指明的[1]。但尽管如此，直观在这里，并且在所有总体领域中，都具有与表达及其含义的本质联系；因此，表达与含义构成了一个与直观相关的普遍认识的体验，它不是单纯的聚合，而是一个可感受到的统一。在这里，概念和命题也以直观为定向，并且只有这样才会在相应的合适性的情况下产生明见性，产生认识的价值。另一方面，只要略做考虑便可以明察到，这里的表达之含义完全不处在直观之中，相反，直观只是赋予含义以清晰性的充盈并且在有利的情况下赋予明见性的充盈。已经众所周知的是，绝大多数的总体陈述，尤其是科学陈述，都是在

[1] 在A版中“不可指明”为：“nachweisbar”，在B版中改为：“aufweisbar”。

没有澄清性直观的情况下发挥着含义作用，只有极少一部分陈述（也包括那些真实的和被论证的陈述）可以借助于直观的完全透射（Durchleuchtung）而被达及，并且始终可以如此被达及。

与在个体区域中相似，关于认识的自然说法在总体区域中也涉及直观被奠基的思维行为。如果直观完全缺失，那么判断虽然不能认识任何东西，但它以其纯粹的思想方式来意指的仍然还是那个借助于直观而被认识的东西——只要这个判断的确是一个真实判断。但是，我们可以在每一个对总体判断在直观上补加证实 A 606
的情况中观察到，这个认识就像所有其他认识一样具有充实和认 B_2 134
同的特征。

这里出现一个困难：在这里如何会形成认同，因为总体命题的形式，尤其是普遍性的形式应当无法在个体直观中找到它所喜好的因素；与前面相似，一些被奠基行为的可能性提供了解决这个困难的办法，这些被奠基行为进一步说具有例如以下的构型：

只要总体思想在直观中得到充实，那么在这些感知和[2]其他等级的显现上便会建造起某些新的行为，并且是这样的行为，它们以一种与构造起显现对象的那些直观完全不同的方式与这些显现对象发生联系。这种联系方式的差异性以一种不言自明的和前面已使用过的转折方式表明，这个直观对象并不是本身作为被意指的对象而矗立于此，而只是作为对真正的、总体的意指进行澄清的例子起作用。由于现在表达性的行为也遵循这些区别，因此它们的符号意向也不是朝向一个直观的表象之物，而毋宁说是朝向一

[2] 在A版中为：或。

个普遍之物、一个只是由直观来举证的东西。而只要这个新的意向通过基础性的直观而得到相即的充实，那么它就会表明它的客观可能性，或者说，这个普遍之物的可能性或“实在性”。

第42节　在客体化行为的总体领域中感性材料与范畴形式的区别

这些临时的考察使我们认识到了困难所在并且也为我们直接提供了可能解决这个困难的引导性思想，在此之后，我们试图对这些考虑进行真正的实施。

A 607 我们以此为出发点，即：一个在某种程度上图像般的表达之观
B2 135 念完全不能用来描述在有形式的表达之情况下在表达性的含义与被表达的直观之间形成的关系。这一点无疑是正确的，并且现在
1138 只需受到进一步的规定。我们只是需要认真地思考一下，什么有可能是感知的事情，什么是意指的事情，并且我们必须注意，每次**只有某些在单纯的判断形式中事先被给定的陈述部分才会在直观中与某物相符合，而其他的陈述部分却在直观中不可能有任何东西与之相符合**。

让我们来更切近地观看一下这个实事状态。

假定这里讨论的是一个正常的完整表达，那么感知陈述就是关于变换着的构形的有环节的说法。我们很容易区分某些类型，例如“E是P”（E在这里可以作为对[3]专名的指示），“一个S是P”，

[3] 在A版中还紧跟：一个。

“这个S是P”，“所有S是P”等等。诸多困难产生于否定所具有的节制性影响，产生于对绝对谓语与相对谓语或绝对定语与相对定语之区别的引入，产生于联言的、选言的、限定的衔接等等。在这些类型的差异性中表露出明确的含义区别。与在这些类型中不同的字母符号和语词相符合的一部分是在从属于这些现时陈述之含义中的各个环节，另一部分则是在其中的各个联结形式。现在可以轻而易举地看出，在感知中得到充实的含义只能够处在这些通过字母象征而得到指示的“判断形式”的位置上，而对于补充性的形式含义来说，要想在感知中直接寻找那种能够赋予它们以充实的东西则是不可能的，甚至是根本错误的。自然，字母借助于它们的单纯作用含义也可以接受复合思想的价值；那种建构极为复杂的陈述也可以从非常简单的判断类型之观点出发而得到领会。据 A 608
此，在那些被我们统一看作是“项”(Terminus)[4]的东西那里，“材 B2 136
料”与“形式”的区别一再重复。但在每一个感知陈述中，并且与此相似地在每一个其他的、在某种第一性的意义上给予直观以表达的陈述那里，我们最终会进入到现有因素——我们将它们称作材料的因素——的项之中，这些因素在直观(感知、想像以及其他等等)中得到直接的充实，而补充性的形式尽管作为含义形式也要求得到充实，但它们在感知和同等的行为中却无法直接找到任何一个能够与它们相符合的东西。

我们将这个基本区别加以自然的扩展，使它超出客体化表象的整个领域之外；在此扩展中，我们将这个基本区别标示为“范畴”

[4]　在A版中未加重点号。

区别，并且是在表象的“形式”与“材料”之间的“绝对”区别，同时我们将它区分于能够与它密切相关的“相对的”或“功能性的”区别，后者在前面已经一同得到了暗示。

我们刚才在前面说到对此区别的自然扩展，使它超出客体化表象的整个领域之外。这就是说，我们将那些与含义意向的材料的或形式的组成部分相符合的充实之组成部分也理解为“材料的”或“形式的”组成部分；由此便很清楚，在客体化行为的领域中究竟什么应当被看作是材料的和形式的。

此外，人们还在多种意义上谈及材料（或者也谈及质料）和形式（Form）。我们在这里要明确指明，通常所说的与范畴形式相对立的质料根本不是与行为质性相对立的质料；例如我们在含义中将质料区分于设定的质性或单纯搁置的质性，这里的质料告诉我们：在含义中对象性被意指为何物，被意指为如何被规定和被把握

1140 的东西。为了便于区分，我们在范畴对立中不说质料（Materie），而说材料（Stoff）；另一方面，在谈及至此为止的意义上的质料时，我们则着重强调意向质料（intentionale Materie），或者也可以说：立义意义（Auffassungssinn）。

A 609 B₂ 137

第43节　范畴形式的客观相关项不是“实在”因素

现在的问题在于说明刚才所标示出的那个区别。为此目的，我们接着前面的事例进行下去。

我们曾说过，那种给予着形式的变化、那种在定语和谓语作用

中的存在，是不会在任何感知中得到充实的。在这里我们回忆起康德的命题：存在不是实在的谓语。如果这个命题也涉及实存的存在，涉及"绝对设定"的存在，就像赫尔巴特也[5]曾说过的那样，那么我们就不能将这个命题专门限定在谓语和定语的存在上。至少这个命题所指的恰恰就是我们在这里所想阐明的东西。我可以看见颜色，但不能看见有颜色的-存在。我可以感受光滑，但不能感受光滑的-存在。我可以听见声音，但不能听见音响的-存在。存在不是处在对象中的东西，不是对象的部分，不是寓居于对象之中的因素；不是质性或强度，但也不是形态，不是内部的形式一般，不是一种构造标记（Merkmal），无论这标记被理解为什么。但存在也不是一个附在一个对象上的东西，正如它不是一个实在的内部的标记一样，它也不是一个实在外部的标记，因而在实在的意义上根本不是"标记"。因为这也与实事的（sachlich）统一形式无关，正是这些形式才将对象联结为更广泛的对象，将颜色联结为颜色形态，将声音联结为和谐，将事物联结为更广泛的事物或事物秩序（花园、街道、现象的外部世界）。在这些实事的统一形式中建立起对象的外部标记，左和右、高和深、高声与低声，以及如此等等，在这里面当然无法找到像"是"①这样一类东西。

我们曾谈到对象、它们的构造标记、它们与其他对象的实事联系，这种联系创造出更广泛的对象并且同时在部分对象上创造出外部的标记；我们曾说，在它们之中无法找到某种与存在相符合的 A 610 B2 138

① "是"的德文原文是"Ist"，也可译作"存在着"。——中译注

[5] 在A版中为：以前。

东西。但所有这些都是可感知性,它们包容了可能感知的整个范围,以至于在这里立即[6]就可以说并且可以确定:存在绝然[7]是不可感知的东西。

但这里需要做一个澄清性的补充。感知与对象是彼此密切相关的概念,它们相互指明各自的意义,相互扩展和缩窄各自的意义。但现在必须突出一点,即:我们在这里所使用的是某个自然限定的最简单的,但却极为狭窄的感知或对象概念。如所周知,人们也在一种非常展开的意义上谈及感知,尤其是谈及看;这个意义自身包含着对整个实事状态(Sachverhalt)的把握,并且最终甚至包含着规律的先天明见性(作为"明察")。通俗而粗糙地说,在狭义上被感知的是我们用眼所能见、用耳所能听、用某个"外感官",或者也可以是"内感官"所能把握的所有对象之物。诚然,根据日常用语,"感性地被感知的"只是外部事物与事物的联结形式(连同直接从属的各个标记)。但如果要前后一致,那么人们就必须在引入"内感官"的说法之后也对感性感知的概念做适当的扩展,从而使所有"内"[8]感知以及在感性客体的标题下的内客体——亦即自我和它的内体验——之相关范围也都被包容在内。

现在,在如此理解的感性感知之领域中以及与之相应地在整个感性直观的领域中——我们坚持关于感性之说法的这个广度——,像"存在"这个词所具有的这种含义无法找到可能的客观

[6] 在A版中为:同时。

[7] 在A版中"绝然"为:"schlechtdings",在B版中改为:"schlechthin"。

[8] 在A版中未加引号。

相关项[9]①，并因此而无法得到可能的充实。适用于存在的东西，显然也对陈述中的其他范畴形式有效，即使它们现在将这些项的组成部分相互联结，或者将这些项本身联结为命题的统一。“一 A 611
个”与“这个”、“并且”与“或者”、“如果”与“那么”、“所有”与“没 B_2 139
有”、“某物”与“无物”、“量的形式”与“数的规定”等等，——所有这些都是意指性的命题要素，但是，在实在对象的领域中——而这无非就意味着，在可能的感性感知之对象的领域中——，我们只是徒劳地寻找这些命题要素的对象相关项（如果我们还可以认为它们具有这种相关项的话）。

第44节　存在概念以及其他范畴的起源不处在内感知的区域之中

但是，我们必须明确强调，这一点既对“外”感官的领域有效，也对“内”感官的领域有效。有一种易于为人接受的学说自洛克以来普遍流行，但它却是一个根本错误的学说，这个学说主张：这里所说的含义或与它们相应的在称谓上独立化了的含义——逻辑范畴，如存在与不存在、一、多、全、数、原因、结果等等——是通过对某些心理行为的反思而产生的，亦即产生于内感官、“内感知”的区域。以这种方式会产生出感知、判断、肯定、否定、合取和计数、预

① 在《胡塞尔全集》第十九卷、第二部分中，“相关项”一词下漏加重点号。这里根据《逻辑研究》1922年第三版改正之。——中译注

[9] 在A版中未加重点号。

设和推断——因此它们都是“**感性**”**概念**，即从属于“内感官”领域的概念——，但永远不会产生出前一序列的概念，这些概念根本不能被看作是心理行为的概念或心理行为之实在组成部分[10]的概念。“判断”这个思想在对一个现时判断的内直观中得到充实；但“是”的思想却没有在其中得到充实。存在不是判断并且不是一个判断的实在组成部分。正如存在不是某个外部对象的实在组成部分一样，它也不是某个内部对象的实在组成部分；就是说，它也不
A 612 是判断的实在组成部分。在判断中——在谓语陈述中——“是”作
B2 140 为含义因素出现，就像例如“金”和“黄的”也作为含义因素出现一样，只是在不同的位置上和不同的作用中。“是”**本身**并不在其中出现，它只是在“是”这个词中被意指，也就是说，符号地被意指。但在充实中，亦即那种在某些情况下会与判断相符合的**充实**中，它是**自身被给予的**，或至少被认为是被给予的，这种**充实**就是：**对被**
1144 **意指的实事状态的觉知**（Gewahrwerdung）。不仅在“金”以及类似的“黄的”的含义部分中被意指的东西现在自身显现出来，而且“金-是-黄的”也显现出来；判断和判断直观在这里结合为这个明见判断的统一，在有利的情况下还会结合为在理想极限意义上的明见判断之统一。

如果人们将判断不只是理解为那些从属于现时陈述的含义意向，而且也理解为可能的、与它们完全相配的（zugepaßt）充实，那么这样一点肯定就是正确的：**一个存在只能在判断中被把握**；但这**决不是说**[11]，存在的概念必定就是以及有可能就是在对某些判断

[10] 在A版中为：描述内容。

[11] 在A版中未加重点号。

的“反思中”所获取的。此外，“反思”是一个相当含糊的语词。在认识论中它具有一个洛克所赋予它的至少是相对固定的意义，即内感知的意义；因此在解释那个学说时，即那个相信可以在对判断之反思中找到存在概念之起源的学说时，我们只能坚持这个意义。而这样一种起源是我们所否认的。那个表达着谓语判断的联系性存在，例如作为“是(ist)”、“是(sind)”以及其他等等，是一个非独立之物；如果我们将它补完为(ausgestalten)完全具体之物，那么各个实事状态、完整判断的客观相关项便会形成。而后我们便可以说：感性对象与感性感知的关系如何，实事状态与那个(或多或少相适地)“给予着”它的觉知行为(我们觉得有必要简短地说，实事状态与实事状态感知)的关系也就如何。感性对象(实在之物)的概念并不是通过对感知的“反思”而产生出来的，因为这样所得出的便是感知的概念或某些感知的实在构成物的概念了，与此相 A 613
同，实事状态的概念也不产生于对判断的反思之中，因为我们由此 B2 141
只能得出获得判断的概念或判断的实在构成物的概念。

不言而喻，在对感知的反思那里被体验的必定是感知，而在对判断的反思这里被体验的则必定是判断或判断直观(实事状态感知)，这样，各个抽象才会成立。被体验存在(Erlebtsein)不是对象性存在(Gegenständlichscin)。但“反思”就意味着，我们所反思的东西、现象学的体验[12]对我们成为对象性的(被我们内感知到)，并且它从这个对象性内容中实在地给出那些须被总体化的规定。

实事状态和(系词意义上的)存在这两个概念的起源并不处在

[12] 在A版中为：心理状态。

对判断或对判断充实的“反思”之中,而是真实地处在“判断充实本身”之中;我们不是在作为对象的行为之中,而是在这些行为的对象之中找到实现这些概念的抽象基础;而这些行为的共形变异当然也会为我们提供一个同样好的基础。

从一开始便不言自明的是:一个其他的概念(一个观念、一个种类的统一)只能在一个行为的基础上“产生出来”,亦即被给予我们,这个行为至少以想像的[13]方式将某个与它相应的个别性置于我们眼前,与此相同,也只有当某个存在现实地或想像地[14]被置于我们眼前时,存在的概念才能够产生出来。也就是说,如果我们将存在视作谓语存在,那么就必定有某个实事状态被给予我们,而且这当然是通过一个给予着它的行为——那个通常感性直观的相似者。

同样的情况也适用于所有范畴形式,或者说,适用于所有范畴。例如,一个总和在一个现时的聚合中被给予并且也只能在这种聚合中被给予,也就是说,在一个行为中被给予,这个行为在“A
A 614 与 B 与C……”的联言联结形式中得到表达。但这个总和的概念
B2 142 并不是通过对这个行为的反思而产生的;我们不是反思这个给予着的行为,而是关注它所给予的那个东西[15],关注它具体地使之显现出来的这个总和,并且将它的普遍形式提升到普遍概念的意识之中。

[13] 在 A 版中为:图像的。

[14] 在 A 版中为:,无论是现实地还是图像地,。

[15] 在 A 版中加有重点号。

第45节　对直观概念的扩展，尤其是对感知和想像概念的扩展。感性直观与范畴直观

现在要提出这样一个问题：如果含义的范畴形式不是通过狭义理解的感知或直观而得到充实，即通过那种为我们用“感性”的说法所试图暂时勾画的感知和直观而得到充实，那么它们是在哪里得到充实的呢？——前面所做的考虑已经为我们清楚地预先描绘出对此问题的回答。

1147

首先，就像我们已经预设的那样，形式确实也会得到充实，或者说，可以得到充实的是那些具有这种和那种形式的整个含义，而不仅仅是“材料”的含义因素。对一个忠实的感知陈述的每一个事例的设想都会表明这一点是无疑的；故而也可以解释，人们将整个感知陈述都称作一个感知表达，并且转义地将它称作对那些在感知中[16]被直观到的和自身被给予的东西的表达。但如果表达所具有的这些与材料因素并存的“范畴形式”没有在感知中（只要这感知被理解为单纯的感性感知）得到具体的限定（terminieren），那么关于感知之表达的说法在这里就必定是以另一个意义为基础，无论如何，在此必须有一个行为来同样地服务于范畴的含义因素，就像单纯的感性感知服务于材料的含义因素一样。正是充实作用所具有的这种同类性以及所有与此作用有规律地相关联的观

[16]　在A版中加有重点号。

念联系所具有的同类性，它们才使得我们不可避免地要将每一个以此证实的自身展示之方式而充实着的行为都标示为感知，将每
A 615 一个充实着的行为都标示为直观，将它的意向相关项标示为对象。
B2 143 具有范畴形式的含义得到充实，它们在感知中得到证实，这意味着什么；对这样一个问题我们事实上只能回答说：这无非就意味着，它们与对象本身在它的范畴构形中[17]发生联系。对象连同这些范畴形式不仅被意指，就像在含义的一种单纯象征功能的情况中一样，而且它正是在这些形式中被置于我们眼前；换言之：它不仅被思想，而且也被直观，或者说，被感知。据此，只要我们想要分析：关于充实的说法之目的何在，有形式的含义以及在它们之中的形式因素要表达什么，那个与它们相一致的统一的或创造着统一的客体性是什么；我们便不可避免地会遭遇到"直观"或"感知"和"对象"。我们无法缺少这些语词，当然，它们的扩展了的意义是显

而易见的。如果我们不能使用对象这个语词，那么我们应当如何来标示一个非感性的或含有非感性形式的主体表象之相关项，如果我们不能使用感知这个语词，那么我们又应当如何来指称对象的现时"被给予存在"或作为"被给予"的显现？所以，在一般常用的话语中，总和、不确定的多数、全数、数目、选言、谓词［"是-正义的"（Gerecht-sein）］、实事状态都成为"对象"，那些使它们作为被给予而显现出来的行为则成为"感知"。

在较为宽泛的和较为狭窄的、超感性的（即超出感性而建造的或范畴的）和感性的感知概念之间的联系明显不是一个外部的和偶然的联系，而是一个建立在实事之中的联系。它被包容在这样

［17］ 在A版中加有重点号。

一个大的行为种类之中，这些行为的特性就在于，在它们之中有某物作为“现实的”，并且是作为“自身被给予的”而显现出来。显然，这种作为现实的和自身被给予的显现（它很有可能是一种虚假的显现）始终可以通过它与本质相近的行为的区别而得到描述，而且 A 616
它只有通过这种方式才能获得其完整的清晰性；也就是说，通过与 B₂ 144
图像当下化以及与纯粹符号性思想（Darandenken）的区别，这两者都不可能包含当下的存在（即所谓自身显现），尽管不排除对认之为存在（das für seiend Halten）的包含。就认之为存在而言，图像代现与象征代现都以双重的方式是可能的：以设定的方式，作为图像的或象征的而认之为存在，并且以不设定的方式，作为“单纯的”想像或思想而不带有认之为存在。在前一篇完成了可以充分一般地得到阐释的那些分析之后，我们没有必要再做出进一步的阐述。无论如何很明显，随着感知概念的扩展，想像概念（连同它的多重特属）也必须经历一个相应的展开。我们不可能谈论一个超感性的或范畴的被感知之物，如果“以同样方式”（即：以不单是感性的方式）想像这同一个事物的可能性不存在的话。因此，我们必须完全一般地区分感性直观和[18]范畴直观，或者说，我们必须指明这样一种区分的可能性。

此外，对扩展后的感知概念还可以作狭义和广义的理解：在最宽泛的意义上，普遍的实事状态也叫作被感知的（“被明察的”、在明见性中“被观看的”）。在较为狭窄的意义上，感知仅只指向一个个体的，亦即时间性的存在。

[18]　在A版中未加重点号。

第46节　对感性感知与范畴感知之间区别的现象学分析

在下面的考察中，我们首先只考虑个体感知，然后在进一步的顺序中再来考虑具有相同等级的个体直观。

A 617 前面只是肤浅地暗示了并以粗糙的特征描述方式对“感性”感
B2 145 知与“超感性”感知进行了划分。关于外感官和内感官的过时说法实际上起源于日常生活连同其素朴的形而上学和人类学，它可以暂时被用来指示那个将要被排除的区域；但以此还没有对感性领域做出现实的规定和划界，故而范畴感知的概念也还缺少描述性的底基。对这些区分的确定和澄清是极为重要的，因为在认识的范畴形式和感性的被奠基质料之间的基本划分以及类似的在范畴

和所有其他概念之间的划分都完全地依赖于它。因此这里的问题在于寻找更深层次的描述性特征，它们会为我们提供对感性感知与范畴感知或整个感性直观与范畴直观所具有的本质不同的构造之明察。

但是，为了我们下面的诸目的，没有必要对与此相关的现象进行详尽的分析。这将是一项需要做出极为全面之考察的工作。在这里只要注意较为重要的几点便够了，它们标示出这两方面行为的相互关系。

就每一个感知而言都意味着，它对其对象[19]进行**自身的**或**直**

[19]　在A版中为：在其对象之中。

接的把握。但是，感知可以是狭义的感知，也可以是广义的感知，或者说，"直接"被把握的对象性可以是一个感性的对象，也可以是一个范畴的对象，换言之，它可以是一个实在的对象，也可以是一个观念的对象，随这里的情况变化，这种直接的把握也就具有一个不同的意义和特征。我们也可以将感性的或实在的对象描述为可能直观的最底层对象，将范畴的或观念的对象描述为较高层次上的对象。

在较为狭窄的"感性"感知之意义中，一个对象被直接地把握 A 618
到，或者是自身当下的，它在感知行为中以[20]"素朴的"方式构造起 B₂ 146
自身。然而这便意味着：这个对象也在此意义上是直接被给予的对象，作为这个带着这些确定的对象内容而被感知的对象，它并不是在联系的、联结的行为中以及在以其他方式分环节的行为中[21]构造起自身，这些行为是指那些"奠基于"其他的、使其他范围的对象得到感知[22]的行为之中的行为。感性对象在感知中是处在一个行为层次上；它不屈从于这样的必然性，即：它并不必须要以多束的方式(vielstrahlig)在那些更高层次的行为中构造自身，这些行为是要借助于其他的、在其他行为中已经自为地被构造出来的对象来构造它们自己的对象的。

但现在每一个素朴的感知，无论它是自为单独的，还是与其他行为共处的，都可以作为基本行为而起作用，即作为那些新的、时

[20] 在A版中加有重点号。

[21] 在A版中为：显现之物，它不是在联系的、联结的行为中，并且根本就不是在那样一些行为中。

[22] 在A版中为：显现。

而包含它，时而只预设它的诸行为的基本行为起作用，这些行为以其新的意识方式同时还使一个新的、本质上预设着原初意识的客体性意识时间地生成(zeitigen)。随着这些新的行为的出现，即随着联言的、选言的行为，确定和不确定的个别立义("这个－某个")行为，总体化的行为，素朴的、联系的和联结的认识行为的出现，由此产生的并不是随意的主观体验，也不是与原初行为相衔接的行为，而是这样一些行为，即那些我们所说的构造着新的客体性的行为；在这些行为中，某物显现为现实的和自身被给予的，而且是如此地显现，以至于它在这里作为什么而显现出来的东西在奠基性的行为中还未曾被给予过，并且也从未能被给予。但另一方面，这个新的对象性又建立在老的对象性之中；前一个对象性与后一个在基本行为中显现的对象性具有对象性的联系。[23]它们的显现方式本质上受到这种联系的规定。这里关系到一个客体性领域，这些客体性只有在这类被奠基的行为之中才能"自身"显现出来。

A 619 直观和认识的范畴之物便处在这种被奠基的行为之中，陈述
B_2 147 性思维便在它们之中得到充实：与这些行为完整相适的可能性规定着作为陈述之正确性的陈述真理。诚然，我们至此为止仅仅考察了感知的领域以及在此领域中的最原始情况。无论如何可以看到，我们对素朴的和被奠基的行为之区分可以从感知转用到直观之上。同样已经可以清楚地看到这样一种复合行为的可能性，这种行为以混合的方式一部分建立在素朴的感知之上，一部分建立

[23] 在A版中未加重点号为：但另一方面，这个新的或以新方式显现的对象性又建立在老的对象性之中；前一个对象性与后一个在基本行为中显现的对象性具有对象性的联系，而且。

在素朴的想像之上；此外还可以看到这样的可能性，即新的奠基在被奠基的直观上构造起自身，即是说，整个奠基的层次序列可以相互叠加地建造起来；再有，符号的意向根据这些较低和较高层次的奠基而得以构成，而后符号行为和直观行为之间的混合又通过奠基而得以构成，它们也就是建立在这种和那种行为之上的被奠基行为。但问题首先在于最原始的情况以及对它们的完全充分澄清。

第47节　续论：将感性感知描述为“素朴”感知

因此我们要更切近地关注这样一些行为，在这些行为中，感性的具体之物及其感性的组成部分展示为被给予的；然后我们要关注与这些行为相对的、完全不同的行为，具体确定的实事状态、集合状态、分离状态便是通过这些行为而作为复合“思维客体”被给予，作为“更高序列的对象”被给予，**它们在自身中实项地包含着为它们奠基的对象**；我们还要关注总体化类型的行为或不确定的个别立义类型的行为，尽管它们的对象也是更高层次的对象，但这些对象在自身中却并**不**如此包含为它们奠基的对象。

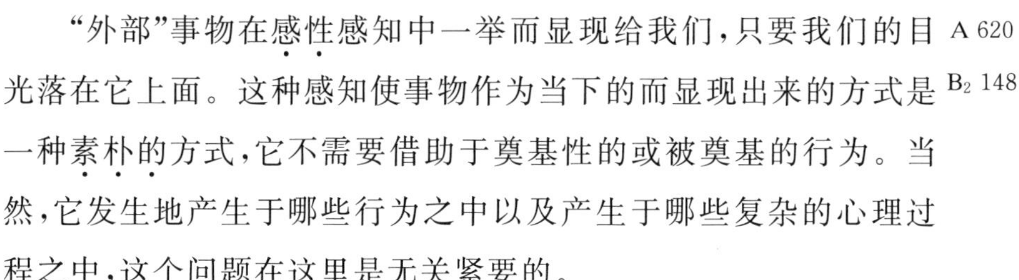

“外部”事物在**感性**感知中一举而显现给我们，只要我们的目 A 620
光落在它上面。这种感知使事物作为当下的而显现出来的方式是 B2 148
一种**素朴**的方式，它不需要借助于奠基性的或被奠基的行为。当然，它发生地产生于哪些行为之中以及产生于哪些复杂的心理过程之中，这个问题在这里是无关紧要的。

我们也并没有忽略这样一个显然的复合，它可以在素朴感知行为的现象学的内涵[24]中，尤其是在其统一的意向中得到证明。

在这个事物中，即在这个内容上这样或那样显现着的事物中确实包含着杂多的构造特性，在这些特性中有一个部分“自身落实在感知中”，而其他部分则只是被意指而已。但我们绝不会体验到所有那些**分节的**(artikuliert)感知行为，这些感知行为是指：在我们注意到所有那些事物个别性时，更确切地说，在自为地注意到所有那些“朝向我们的面”的规定性时，在我们使它们成为**自为的**对象时——此时所产生的那种感知行为。对那些补充的，并不自身落实在感知中的规定性之表象也确实是“在心境上被引发的”，与它们相关的意向确实也一同流入到感知之中并且规定着感知的整个特征；但是，事物在显现中并不是作为无数个别规定性的一个单纯总和而矗立于此，不是作为一个可以有别于后补的个别考察的单纯总和，而且即使是这样一个总和也不能将事物分裂成个别性的碎片，而只能在始终已经形成的和统一的事物上关注这些个别性；与此相同，感知行为也始终是一个同质的统一，它以简单和直接的方式使对象成为当下。感知的统一因此并**不是通过特有的综合行为**而形成，就好像综合的形式惟有通过被奠基的行为才能使局部意向获得对象关系的统一性一样。这里并不需要分节，因而也不需要现时的联结。感知统一是作为**素朴的**统一、作为[25]**在不添加新行为意向的情况下各局部意向的直接融合**而成立的。

A 621 此外，我们有可能并不满足于“一个目光”，我们有可能是在一

[24] 在A版中为：描述性内容。

[25] 在A版中加有重点号。

个连续的感知进程中全面地观察这个事物，可以说是用感官来探 B₂ 149
测这个事物。但这个进程中的每一个个别感知都已经是对这个事物的感知。无论我是从上面还是从下面、从里面还是从外面来观看这里的这本书，我所看到的始终是这本书。它始终是同一个实事，并且并不是物理学意义上的同一个，而是根据感知自身的意见是同一个。如果在这里，在每一步骤之前和之中，变换地起着主导作用的也是各个个别的规定性，那么这个事物本身作为被感知的统一本质上就不是在一个穿越性的、奠基于各特别感知中的行为之中构造起自身。

但仔细地看，我们并不能这样来阐述这个实事，就好像这一个感性客体虽然可以在一个被奠基的行为中展示自身（即在连续进行的感知中），却并没有必要必须在这样一个行为中展示自身一样。在更仔细的分析中，连续的感知进程表明自身是一个由各个局部行为向一个行为的融合，而不是一个[26]本己的、奠基于部分行为之中的行为。

为了指出这一点，我们要做如下考虑：

这个进程的各个个别感知是连续统一的。这种连续不仅是指时间性相邻的客观事实；而是指个别行为的进程具有一个现象学统一的特征，这些个别行为便融合在这个统一之中。这许多行为不仅在此统一中融合为一个现象学的整体，而且融合为一个行为，更进一步说，融合为一个感知。在个别感知的连续进程中，我们连续地感知这同一个对象。现在，既然这个连续的感知是由个别感

[26] 在A版中未加重点号。

知所构成,那么我们能否就将它标示为一个奠基于这些个别感知之中的感知呢?在整体奠基于部分这样一个意义上,它当然是被
A 622 奠基的;但是,在这里的对我们来说决定性的意义上,它却不是被
B_2 150 奠基的,根据这个意义,被奠基的行为应当制作一个新的行为特征,它建立在底层的行为特征之中,而且如果没有底层的行为特征也就是不可思议的。在眼前这个情况中,感知可以说只是得到了扩延;它可以从自身分片出各个部分(von sich Teile abstücken),这些部分已经可以自为地作为完整感知而起作用。但这些感知向一个连续感知的统一却不是通过一个特有行为的统一,这样一种特有行为将会意味着一个新的客体性意识(Objektivitätsbewußtsein)的构成。我们并没有发现这种意识,而是发现:在这个被扩延的行为中,客观上绝然没有任何新的东西被意指,被意指的始终还是这同一个对象,它已经为那些被看作是个别的部分感知所意指。

人们可以强调这个相同性,并且可以说,这个统一是认同的统一。相互连接的行为之意向持续地得到相合,统一便因此而成立。这肯定是正确的。但认同的统一——不可避免地要做此区分——与一个认同"行为"的统一,它们所说的并不是一回事。一个行为意指某物,认同的行为意指同一性,表象这个同一性。现在在我们所说的情况中进行了认同,但却没有同一性被意指。在连续感知进程的不同行为中被意指的对象尽管始终是同一个,而这些行为是通过相合而合一的;但在这个感知进程中被感知的东西、在其中成为客观的东西,仅仅是感性对象,而永远不会是它与其自身的同一性。只有当我们使感知进程成为一个新行为的基础时,只有当我们将个别感知分节并将它们的对象置于联系之中,在个别感知

之间起作用的连续性统一(即通过意向相合而进行的融合)才会被用来作为一个同一性意识的支点;同一性现在本身成为对象性的;联结行为特征的相合因素现在被用来作为一个新感知的代现性内容,这个感知奠基于被分节的个别感知之中,并且使我们达到这样一个意向意识:这个现在和刚才被感知的东西是同一个东西。这样,我们所涉及的当然就是第二组的一个普通行为。认同的行为 A 623
事实上是一个新的客体性意识,它使一个新的“对象”显现给我们, B2 151
一个只有在一个这种被奠基的行为中才能“自身被把握”或“被给予”的对象。

然而,在进一步探讨这类新的行为和客体之前,我们必须将那些对素朴感知的考察进行到底。如果我们可以将这种素朴感知,或者我们同样也可以说,将这些感性感知的意义看作是已经得到澄清的,那么感性对象或实在对象(在最原初意义上的实在)的概念也就得到了澄清。我们干脆就将它定义为一个素朴[27]感知的可能对象。由于在感知和想像之间存在着必然的相似性,根据这种相似性,每一个可能的感知都有一个关于同一实质的可能想像(更严格地说,一整个序列的想像)与之相符,据此,每一个素朴感知也都有一个关于同一实质的素朴想像与之相协调,这样,感性直观的更为宽泛概念也就同时得到了保证。我们据此而可以将感性[28]对象定义为素朴想像和素朴直观一般的可能对象,不言而喻,这种定义并不意味着对前一个定义的本质上的更普遍化。根据刚才所强调的相似性,这两个定义是等值的。

[27] 在 A 版中加有重点号。

[28] 在 A 版中未加重点号。

通过实在对象的概念，实在部分的概念，更特殊地说，实在块片、实在因素（实在标记）、实在形式的概念也得到了规定。一个实在对象的每一个部分都是一个实在部分。

在素朴的感知中，整个对象叫作“明确地”被给予，它的每一个
B2 152 部分（在最宽泛意义上的部分）都叫作“隐含地”被给予。可以在素朴感知中明确地或隐含地被给予的对象之总和便构成了最宽泛意义[29]上的感性对象领域。

每一个具体的感性对象都以一个明确对象的方式而可被感
A 624 知；并且这样一个对象的每一个块片也因此而可被感知。但在抽

象的因素那里，情况又是如何呢？根据它们的本性，它们不能自为存在；因而明见无疑的是，对它们的感知和想像也是不独立的东西，因为，即使是仅仅通过类比而形成代现的情况下，那些代现性内容也不能自为地被体验到，而只能在一个更广泛的具体之中被
1158 体验到。但这还不是说，这个直观必须是一个被奠基的行为。倘若对一个抽象因素的把握必然要后行于对那个具体的整体的把握或对那些补充性因素的把握——把握作为一种直观朝向的行为——，那么这个直观便是一个被奠基的行为：而我认为这并不是不言自明的。与此相反，可以肯定，将一个因素并且将一个部分把握为这个被给予的整体的部分，从而将一个感性标记把握为标记，将一个感性形式把握为形式，这些把握所指明的都是被奠基的行为，并且是那种联系类型的行为；这样，人们便离开“感性”的领域而踏入“知性”的领域。我们马上就要对刚才所标示的那组被奠基

[29] 在A版中未加重点号。

行为进行更切近的考察。

第48节　将范畴行为的特征描述为被奠基行为

我们能够以不同的方式来立义(auffassen)一个感性对象。首先当然是以素朴的方式。对这种可能性,就像这里所说的所有可能性一样,可以做观念的阐释,而正是这种可能性才使这个对象被描述为感性对象。如果它被如此立义,那么它就可以说是单一地矗立在我们面前:构造着它的各个部分虽然在它之中,但对我们来说,这些部分在素朴的行为中并没有成为明确的对象。但对这同一个对象我们也能够以明确化的方式立义:在分环节的行为中 B2 153
我们"突出"这些部分,在联系的行为中我们将这些被突出的部分 1159
置于联系之中,无论是它们相互之间的联系,还是它们与整体的联系。唯有通过这种新的立义方式,那些联结的和联系的环节才获得"部分"或"整体"的特征。这些分节的行为,再向前回溯还有素 A 625
朴的行为,它们都不仅只是在相续中被体验;毋宁说,总有一些贯穿的行为统一在此,那些部分关系便是在这些行为统一中作为新客体而构造起自身。

让我们首先来关注部分与整体之间的关系,在局限于最简单事例的情况下也就是说,"A是(有)α"并且"α是在A中"的关系。证明那些被奠基的行为,即这些典型实事状态在其中作为被给予的而构造出自身的被奠基行为,以及澄清刚才所使用的范畴陈述之形式(即回溯到它们的直观起源上,回溯到它们的相即充实上),

这两者是一回事。但如果我们在这里所要探讨的不是行为质性，而唯独只是立义形式的构造，那么我们的分析(这个分析被看作是判断分析)便将是不完善的。

一个感知行为将 A 以素朴的方式一下子把握为一个整体。第二个感知行为朝向α，朝向这个在构造上从属于 A 的部分或不独立因素。但这两个行为并不仅仅是同时地或先后地以“无联系的”体验的方式进行，它们毋宁说是共同联结成为一个唯一的行为，在这个行为的综合中，A 才**作为**[30]自身具有α的而被给予[31]。同样，在联系性“感知”[32]的相反方向上，α则可以作为从属于 A 的而成为自身被给予性[33]。

让我们现在来试着更深入一些。

对对象的直观总体意指隐含地包含着对α的意向。感知以为把握住了对象本身，因此它的“把握”必须是在整个对象之中并且

1160 连同整个对象一起而涉及它的所有“组成部分”[34]。

B₂ 154 当然，这里所说的组成部分[35]仅仅属于这样一个对象，即在

A 626 感知中**如此地**显现出来、作为如此处在**它本身**之中的对象，而不是从属于那种在“客观现实性”中存在的对象，即通过后补的经验、认识和科学才得到提出的对象。①

① 德文原著中这个段落的字体比其他段落的字体要小一号。因此可以将这个段落看作胡塞尔加在正文中的注释。——中译注

[30] 在 A 版中未加重点号。

[31] 在 A 版中为：显现出来。

[32] 在 A 版中未加引号。

[33] 在 A 版中为：显现出来。

[34] 在 A 版中为：构造成分。

[35] 在 A 版中为：构造成分。

在将总体感知限制为特别感知的过程中，对α的局部意向现在并没有从A的总体显现中被拽出来，就好似A的统一被粉碎了一样；相反，在一个**特有的**行为中，α成为一个特有的感知客体。但根据那些隐含的局部意向，这个持续起作用的总体感知同时又是与特别感知"相合"的。与α相关的被代现者以双重的方式作为同一个被代现者起作用，并且正因为它如此起作用，相合才作为这两个代现作用的特别统一而得以进行，即是说，这两个**立义**彼此相合，而它们的载者是这同一个被代现者。然而，这个统一现在自身接受了代现的作用；它在这里作为行为间的这种被体验到的纽带并不被看作是自为的；它本身并不作为对象而被构造，相反，它帮助构造另一个对象；它代现着，并且是以这样一种方式代现，即：A现在显现为**自身具有**α，或者在相反的方向上也可以说，α显现为在A中[36]**存在着**。

随"**立义的立场**"不同，或者说，随部分向整体或整体向部分的**过渡方向**不同——而这是**新的**、有助于联系行为的意向总体质料的**现象学特征**——，有两种先天地得到预先标示的可能性，即"同一个相互关系"能够成为现实被给予存在的两种可能性。与此相符合的是两种先天可能的"关系"[37]，它们是不同的、但根据观念的规律性而必然共属的客体性，这种客体性只能**在已经提到的那种被奠基行为中直接地构造起自身**，也就是说，只能在如此构建的行为中"自身被给予"，被"**感知**"[38]。

[36]　在A版中为：S**中**。

[37]　在A版中未加引号。

[38]　在A版中为："自身"被**感知**。

B$_2$ 155 这个阐述明显适用于一个**整体**与其各个**部分**之间关系的所有
A 627 特别情况。所有这些关系都具有范畴的本性，亦即观念的本性。要想将它们置于素朴整体之中，并且想在其中通过分析来发现它们，这实在是错误的。尽管在整体中隐藏着那个在所有分环节之前的部分，而且这个部分在对整体的感知把握中也**一并**被把握；但它隐藏在其中这个事实首先只是一个意念的(ideell)可能性，即：使它和它的部分-存在在相应的分环节的和被奠基的行为中被感知的可能性。

在那些产生出诸如"A 在 B 的右边"、"A 比 B 更大、更亮、更响"等等谓语判断的**外部**相互关系那里，情况显然也是相似的。只要各个感性对象——自为的素朴可感知性——在不顾及其相互交切的封闭性的情况下组合成纽带，组合成或多或少紧密的统一性，从根本上也就是说，组合成更宽泛的对象，外部相互关系的可能性便会形成。这些外部的相互关系可以一般地包容在**部分与一个总体的各部分**的相互关系之类型中。**这里所说的实事状态**、外部关系的**第一性显现**重又是在被奠基的行为中进行的。这样就很明显，对这整个复合的素朴感知以及从属于它的各个环节的特别感知自身，它们都还不是那种只有在此复合中才可能的关系感知(Beziehungswahrnehmung)。只有当一个环节作为主要环节而受到偏好并且在保持其他环节的情况下受到考察，这时才会显露出它的现象的、随起作用的统一种类之特殊性的不同而变换不定的被规定状态，所谓被规定是指受那些相关环节的规定，而这些环节在这里自身也显然必须得到突出。即使在这里，对主要环节的选择，或者说，联系性立义的方向也一般地规定着不同的并且以相

关的方式被描述的关系形式，这些关系形式并不是真实地、而只是 B₂ 156
作为观念的[39]可能性而包含在对此纽带的不分环节的感知中（即在这个作为素朴对象而如此得以显现的纽带中），这种可能性是指进行相关被奠基行为的可能性。

将这些部分关系实项地置入整体之中的做法将会意味着对根本不同事物的混淆：即混淆感性的或实在的联结形式与范畴的 A 628
和[40]观念的联结形式。感性的联结形式是实在对象的因素，是它的现实因素，它现存于实在对象之中，尽管是隐含的，并且需要通过一个抽象的感知才能从中被提取。与此相反，范畴联结的形式是从属于行为-综合方式的形式，亦即在综合的、建立在感性之上的行为中客观构造起来的形式。在外部相互关系的构成中，感性形式可以提供构造一个与之相符的范畴形式的基础；就像如果我们在“A 与 B 相邻”或“B 与 A 相邻”的综合形式中理解并有可能表达这个在对一个宽泛的 G 的直观中被给予的 A 与 B 内容的感性相邻状况一样。但随着综合形式的构造也会产生出新的对象，即从属于实事状态这个种属的对象，这个种属只包含“较高序列的对象”。在感性整体中，A 与 B 的部分通过将它们感性联结在一起的相邻因素而结合在一起。但是，对这些部分和因素的突出，对 A、B 以及对相邻状态之直观的构成还没有提供“A 与 B 相邻”的表象。这种表象要求有一个新的行为，这个行为占取这个表象，适当地为它构形并且对它进行联结。

[39]　在 A 版中为：单纯的。
[40]　在 A 版中为：或。

第 49 节　关于称谓构形的附论

在这里我们要对至此为止的分析加入一个重要的补充，它与
B2 157 每一个综合联结的表象各自所经历的那种**构形**（Formung）有关。
A 629 我们已经在一种特别的情况中研究过这个重要之点；我们在本书的第五研究中曾说明，一个陈述永远不可能在未变异的形式中成为一个建立于其上的综合行为的基础，永远不可能成为一个新的陈述的主语环节或宾语环节。我们曾说，这个陈述首先必须被接受到称谓的形式中，这样它的实事状态才会以新的方式、以称谓的方式成为对象。[①] 正是在这个事实中明确地显露出直观的区别；我们在这里要关注这个区别，它不仅适用于那些至此为止所考察的、建立在感性上的最低阶段的综合联系环节，而且也适用于所有那些占取了随意阶段和类型的（多束）综合的表象。

也许我们首先可以一般地说：**纯粹自为的客体化行为以及“同一类”具有构造某些联系的联系点之作用的客体化行为**，它们实际上并不是同一类，它们**在现象学上相互有别，而这种区别是就我们所说的意向质料而言**。**立义意义**发生了变化，因而就有在相适的表达中**含义的变化**。这并不是说：在这些不变化的表象之间插入了一个中间块，作为一个只是从外部将这些表象联结在一起的纽

① 本书第 4 章，第 35 节和第 36 节，第二卷，第二版，第一部分，第 466－476 页[41]。

[41] 在 A 版中为：第 436－444 页。

带。综合思维的作用(智性作用)对这些表象进行改造,对它们进行新的构形,尽管是以范畴的方式,作为范畴的作用;据此,显现对象的感性内涵便以此方式而始终不变化。对象并不带着新的实在规定性显现出来,它作为这同一个而矗立于此,但却是以新的方式。由于被纳入到范畴关系之中,因而它在其中获得一个确定的位置和角色,一个联系环节的角色,尤其是一个主语环节或宾语环节的角色;而这就是以现象学的方式宣示出来的区别。

当然,突显性表达的含义变化比直接表象本身的变异更容易 B2 158
被注意到;例如,[42]在素朴直观的范围内,在对一个联系作用以内 A 630
和以外的同一些直观进行比较时,境况就并不完全清楚。因此,我在前一项研究中没有去详细探讨这个境况。对感性的个别[43]感知被等同于起称谓作用的行为。① 就像对象在素朴感知中直接地与我们相对置一样,实事状态或其他具有范畴形式的对象也在称谓行为中与我们相对置。对象的逐渐构造已经进行,它作为完成的对象而成为联系的环节。——似乎它毫不变化地保持着它的构造意义。——但人们肯定也可以说,我们首先在感知过程中没有注意到它在进入到联系行为时所经历的现象学变化,这恰恰是因为新的形式在自身中包含着整个旧的立义意义,并且仅仅赋予它以一个新的"角色"的立义意义。感知仍然是感知,对象就像它曾

① 例如在本书前面第33节,第二卷,第二版,第一部分,第459页[44]。

[42] 在A版中为:尤其是。
[43] 在A版中为:敢去详细探讨:对感性的素朴、。
[44] 在A版中为:第430页。

经所是的那样被给予，“只是”它恰恰“被置入到联系之中”。这种综合作用的构形并不改变对象本身，即是说，如果我们将它看作是从属于我们单纯主观活动的，那么我们便在现象学的、朝向认识澄清的反思过程中忽略了它。——于是我们必须前后一致地说：尽管实事状态在主语的以及所有称谓的作用中也是同一个实事状态，并且在最底层的基础上也是通过同一个行为而在原初直观中被构造出来，这同一个行为就是指已在孤立作用中构造出它的那个行为；但实事状态在那个它作为联系环节而起作用的最高阶段之行为中是带着一个新的形式而被构造的（可以说是带着它的角色的特征性外衣），这个形式在相适的表达中通过称谓的表达形式而宣

B2 159 示出来。——为了对这个刚刚只是被接触到的现象学境况做出最终澄清，这里还需要进一步的研究。[45]

[45] 在A版中为：对象的逐渐构造已经进行，它现在作为完成的对象而成为联系的环节并且几乎被当作是一个素朴的对象。这曾是主导性思想。也许人们可以说，我们首先在感知过程中没有注意到它在进入到联系行为时也经历的现象学变化，这乃是因为新的形式在自身中包含着整个旧的立义方式并且仅仅与它相融合。感性感知仍然是感性感知，对象就像它曾经所是的那样被给予，只是它恰恰“被置入到联系之中”，以至于它得到比较和区分等等。我们并不将这种综合作用的构形看作是从属于对象的，而是看作从属于我们单纯主观活动的，这样我们便也很容易在现象学的、朝向认识澄清的反思过程中忽略它。我们于是便必须前后一致地说：实事状态在主观的以及所有称谓的作用中也不只是同一个实事状态，而是在最底层的基础上也是通过同一个行为而被构造出来的，这同一个行为就是指已在孤立作用中构造出它的那个行为——这两方面当然都预设了直观的情况；只是实事状态在那个它作为联系环节而起作用的行为中是披着一个新的形式、可以说是披着它的角色的特征性外衣而被构造的，这个形式在相适的表达中通过称谓的表达形式而宣示出来。——这里需要对这些已被考虑的可能性进行一再的检验，并且为了最终澄清还需要进一步的研究。

第50节 在范畴理解中但不是在称谓作用中的感性形式 A 631

我们至此为止只谈及联系环节，如整体与部分所经历的[46]构形。但在外部的相互关系中我们看到，感性形式是如何进入到相互关系的统一之中(进入到它的谓语之中)，而且是如何感性地规定着相互关系的形式，同时却不必经历称谓的独立化。例如，“A比B更亮”，“A在B的右边”等等。我们在这里区分两种情况，一种情况是：亮的形式得到素朴的关注，而后以“这个[在A与B之间的]亮度关系要比那个[在M与N之间的]亮度关系更容易被注意到”的表达形式而成为称谓对象；另一种完全不同的情况是：同一个亮度形式以前面的那个“A比B更亮”的表达方式被意指。我认为，在这两种情况之间的现象学区别——立义意义的区别——是明白无疑的。在后一类情况中我们重又发现一种范畴形式，它指明了在联系整体中的一个特殊作用。根据我们在这里和在前一节中对这些形式的了解，像“联系环节”、“联系形式”、“主语”、“宾语”以及其他一些并不始终突显出来、至少至此尚未得到充分澄清的概念，显然都可以回溯到这些形式的区别之上。

1167

第51节 集合与分离

作为范畴的，并且是综合的对象形式的例子，我们至此为止只 B_2 160

[46] 在A版中还紧跟：那些。

考虑了几个最简单的实事状态，例如总体的和局部的同一性联系以及简单的外部相互关系。作为进一步的例子，我们现在来关注两个综合形式，它们本身不是实事状态，但在实事状态关系中起着
A 632 重要的作用：**集合**（Kollektiva）与[47]**分离**（Disjunktiva）。它们在其中得以构造的那些行为就是为连词“和”与“或”的含义提供充实直观的行为。

我们在前面曾以较为粗糙的方式表达说，那种与“和”与“或”、“两者”与“两者之一”这些语词直观地相符的东西，是无法用手抓住的，是无法用某个感官来把握的；它实际上也不能在图像中被展示，例如不能被画出来。我可以画 A，并且可以画 B，也可以在同一个图像空间里画这两者；但我不能画这“两者”，不能画 A“和”B。在这里只有一个随时敞开着的可能性：我们根据这两个个别直观行为而进行新的联言判断（合取）行为，并通过这种方式来**意指** A“和”B 客体的**总和**。在它之中，在我们刚刚作为例子而关注的境况中，对 A“和”B 的**图像**表象得以构造，而这个总和是以感知的方式“自身”被给予的，并且恰恰只有在这样一个仅仅是共形变异的行为中才能被给予，但这个共形变异的行为是奠基于对 A 和 B 的**感知**之中的行为。

我们所说的之所以是一个联合着这些感知的行为，而不是某个联结，或者甚至不是这些感知在意识中的总和，这当然是因为在这里有一个**统一的意向**联系被给予，并且与它相符地有一个对象被给予，这个对象[48]只能在这个行为联结中得以构造，完全就像

[47] 在 A 版中未加重点号。

[48] 在 A 版中还紧跟：也。

一个实事状态只能在对表象的联系结合中被构造一样。人们在这里同时可以认识到出色的现代逻辑学家们所犯下的根本性的错误，这个错误在于他们以为可以用一个单纯的称谓行为和论题行为的聚合意识（Zusammenbewußtsein）来解释名称或陈述的联言 B2 161
结合，并且因此而放弃了作为客观逻辑形式的“和”。[1]

人们也必须避免将那些对感性-统一的集合、序列、群集等等 A 633
的素朴感知混同于联言感知，唯有在联言感知中才自身地和本真地构造出多的意识。我曾试图在我的《算术哲学》中证明，感性的一的特征（我在那里将它称作感性直观的形态因素或拟-质性因素）如何可以作为感性的多的符号起作用；这也就意味着，作为感性的支点而服务于（通过它而得到符号中介的）对多本身的认识以及对作为有关种类的多的认识；这种认识现在已不再需要分环节的个别立义和个别认识，但却因此也不具有集合本身的真正直观特征。[2]

第 52 节 在普遍直观中构造的普遍对象

我们至此为止所探讨的简单综合行为是如此地奠基于素朴感

① 例如我们在西格瓦特（《逻辑学》第一卷、第二版、第 206 页）那里读道：“用‘和’来进行的对命题的语言联结……首先无非是对在一个意识中的总和这个主观事实的陈述，因而它不具有任何客观的含义。”也可参阅同上书第 278 页。

② 对多的估计和对数的估计究竟如何可能在一瞥之中，亦即在素朴的，而非被奠基的行为之中进行，而现实的集合与计数同时又预设了更高阶段的分环节行为；恰恰是这个问题使我自发地注意起直观的一的特征（Einheitscharaktere），封·埃伦菲尔茨在他较早发表的、受完全不同观点引导的论文中敏锐地探讨过这些特征并将它们称作构形质（“论构形质”，《科学哲学季刊》，1890 年）。参阅笔者的《算术哲学》，第十一章。

知之中,以至于那个综合意向也一同地朝向奠基性感知的对象,因
B₂ 162 为它在意念上将这同一个对象归总理解("总和")或使它成为联系的统一。而这是所有综合行为的一个普遍特征。我们现在要取例
A 634 于另一组范畴行为,在这些行为那里,奠基性行为的对象并不一同进入到被奠基行为的意向之中,并且只是在联系行为中才宣示出它们与这些行为的相近关系。这里便是普遍直观的区域,——当然这个表达对于一些人来说听上去并不比木质的铁这种表达更好。

在第一性直观的基础上进行抽象,由此便出现一个新的范畴行为特征,在此特征中显现出一种新的客体性,这种客体性又只能在这些被奠基的行为中显现为是现实地或图像地被给予的。我在这里所说的自然不是那种意义上的抽象,即对某个在一个感性客体上的不独立因素的突出,而是指观念化的抽象,在这种抽象中,被意识到、成为现时被给予的不是那个不独立的因素,而是这个客体的"观念"、它的普遍之物。要预设这个行为,这样,与同一种类的个别因素之杂多性相对的这个种类本身——而且是作为同一的——才能够在我们面前出现。因为我们是在对这种行为的一再进行中根据多个个体直观而意识到这个普遍之物的同一性,而这显然是在一种贯穿的、使所有个别抽象行为得以综合的认同行为中进行的。而后,借助于这种抽象行为,我们又进一步在它与新的行为形式的交织中获得普遍规定的行为,即:将对象一般规定为屈从于某些 A 的种类的对象;我们同样也获得这种行为,在这些行为中 A 这样一类不确定的个别客体得到表象,以及如此等等。

在那些并不必须例如必然地借助于一个指称来进行的抽象行

为中，普遍之物自身被给予我们；我们并不像在对普遍名称之单纯 B2 163
理解的情况中那样，只是以单纯符号性的方式来思考它，而是把握它，观视（erschauen）它。也就是说，在这里，关于直观的说法，并且更切近地说，关于对普遍之物的感知之说法确实是一个完全合理的说法。

但在另一个方面却有疑虑生成。关于感知的说法预设了一个 A 635
相应的想像，而我们曾说过①，对这两者的区分一同属于关于直观之一般说法的自然意义。我们在这里恰恰没有发现这种区分。这似乎是因为：这些抽象的行为并不根据奠基性的素朴直观的特征而有所差异；无论奠基性行为是设定性的还是不设定的，是感知性的还是想像性的，这些抽象的行为都完全不会有所变化。单纯想象的"红"、"三角"与在感知中的"红"、"三角"是同一种类型。普遍性意识既可以建造在感知的基础上，也可以建造在共形的想像之基础上，而一旦它得以建造，普遍之物、"红"的观念、"三角"的观念便被自身把握到，它以一个唯一的方式被直观到，对这种方式无法作图像和原本的区分。

然而必须注意，这里所提到的例子恰恰就是那种对普遍之物的相即感知。普遍之物在这里是根据现实相应的个别情况而现实地被把握到并且被给予的。每当出现这种情况，那么看起来就的确是缺少一个具有相同直观内涵的相似想像，——每一个相即感知的情况就是如此。一个内容即便在个体区域中也无法与它自己

① 参阅本书前面第45节，第144页[49]。

[49] 在A版中为：第616页。

相类似，因为被理解为它自身的它不能同时又被意指为它的相似者。而如果被意指的内容就是被体验的和被给予的内容，那又怎
B_2 164 么可能缺少设定的特征。一旦我们例如通过数学分析而构想出某个三次方程曲线的属的观念，而这个属的曲线却从未直观地显现给我们，那么情况就会完全不同。这时可能会有一个直观的形态，
A 636 例如一个我们所熟悉的三次方程的特型（无论是一个描绘出来的，还是单纯被想像出来的特例）作为直观的图像、作为被意指的普遍性的相似者而服务于我们：也就是说，普遍性意识是作为直观的，然而又是作为类比的意识而建构在个体直观上。而且，那种通常的粗糙的描绘难道不正是在与观念形态的比较中起着类比的作用吗，它难道不正是一同制约着“普遍”表象的想像特征吗？我们同样是根据一个蒸汽机的模型来直观蒸汽机的观念，在这里当然还谈不上一个相即的抽象或构想。在这类情况中，我们所涉及的并不是单纯的符号行为，而是一些通过类比而进行的普遍代现，亦即普遍想像。但是，如果缺少单纯类比的意识，例如在对[50]一个模型进行直观时便可能会出现这种情况，那么这里发生的便是对普遍之物的感知，尽管是不相即的感知。

同样，我们现在也发现了刚才没有被找到的那个区别，即在设定性的和搁置性的普遍性意识之间的区别。只要我们只是类比地、想像地构想一个普遍对象，我们就能够以设定的方式来意指它，而这个行为可以像任何设定性意指一样在未来的合适感知中得到证实或反驳。设定性的普遍性意识在于：普遍意指在一个相即的感知中，亦即在一个新的普遍性意识中得到充实，这个普遍性意识是在一个对相应个别情况的“现实”抽象之基础上构造起自

身。这样，普遍对象便不仅被表象和被设定，而且它是自身被给予的。以类似的方式，我们又能够表象普遍之物，但却不设定它。我们构想它，但却将它搁置起来。现在，这种建立在直观基础上的对普遍之物之意向并不决定“存在”还是“不存在”，但却决定着[51]：普遍之物和它以相即抽象方式的被给予究竟是否可能。

[50]　在A版中为：根据。

[51]　在A版中为：亦即不决定。

A 637 B_2 165

第七章　关于范畴代现的研究

第53节　向第一篇的各项研究的回溯

1174 我们在有所选择的例子中分析了被奠基的行为，我们将这些被奠基的行为看作是直观，并且是对一种新型对象的直观，它们能够使这些对象显现出来，而且这些对象也只能够在那些具有与它们各自相符的方式和形式的被奠基行为中被给予。显然，对直观概念的这一扩展所具有的启蒙价值只能在于，这种扩展并不是一种非本质的、仅仅分离性的概念扩展，作为这样一种扩展，一个已有概念的领域可以伸展到随意的异质概念的领域以外①；相反，这种扩展是一种真正的、建立在本质标记之共同体基础上的更普遍

① 如果α代表着一个概念的构造标记，而β代表另一随意概念的构造标记，那么人们便随时可以构成这样的形式：例如，是α或β。我将这种外部的概念扩展称作分离性的扩展，它在某些情况下仍然是相当有用的；例如，对于工艺数学技术的发展来说，它起着极为重要的作用，并且这个作用迄今还没有得到逻辑学家们的充分重视。当然，数理逻辑还处在开端上，似乎只有少数几个逻辑学家注意到，这是一个很大的问题领域，对于数学的理解，因而也对于数学自然科学的理解来说，这些问题是基础性的问题，虽然存在着许多困难，但这些问题严格地说是可以解决的。

[1] 在A版中未加重点号。

化(Verallgemeinerung)。我们将这种新的行为称作直观，因为它们具有直观的所有本质特性，被放弃的只是与对象的“素朴”联系(即那种特定的“直接性”，它被我们定义为素朴性)；我们在它们那 A 638
里发现了同样的本质区分，它们同样也表明自身具有本质相同的 B_2 166
充实成效。对于我们来说，最后一点尤为重要，正是因为这种成效的缘故，我们才进行这里的整个研究。认识作为充实统一不是在素朴行为的基础上，而是在范畴行为的基础上进行的，而且与此相符，如果我们将思维(作为意指)与直观对置起来，那么直观就不能被理解为是单纯的感性直观。

只有将范畴行为理解为直观，在思维与直观之间的关系——至今为止，任何一个认识批判都没有能对这个关系做出使人可以忍受的澄清——才能得到透视，从而认识本身的本质和成效才能得到理解。本书第一篇的那些临时性确定仅仅包含着对此概念扩展方面的适当验证。在这个最宽泛意义上的所有直观，无论它们是贴近感性的还是远离感性的，都有突出的含义作为它们的可能的、观念的对应图像而与它们相符合。我们在认识本质范围内所作的那些区分以及我们所建构的与此相关的那些概念虽然就一个较为狭窄的领域而言是有限的，但它们在更为宽泛的领域中仍然保留着它们的有效性。

因此，每一个范畴直观行为都具有

1. 它的质性，

2. 它的(意向)质料，即它的立义意义，

3. 它的被代现者。

这个区分并不还原为那些例如从属于奠基性行为的区分。这

个整体行为的质性可以是一个不同于一个基础行为的质性，就像如果基础行为是多个行为，就可以具有不同质性一样：例如对一个臆想的客体和一个被认之为现实的客体之相互关系的表象便是如此。

此外，不仅每一个奠基性行为都具有一个质料，而且这个被奠基的行为还带来一个**本己的**质料，在这里有效的是这样一个定理：这个**新的质料**，或者，只要它包括基础行为的质料，我们就也可以说，这个在它之中的**新增生之物**，是**“奠基于”基础行为的质料之中的**。

A 639 最后，这个新的行为也具有它的**被代现者**。但在涉及这些被

B2 167 代现者时——以及在涉及这样一个问题时：**是否必须认为**，**有了新的质料也就有新的被代现者**，并且**哪些是新的被代现者**——，我们发现了严重的困难。

第54节　关于范畴形式的被代现者的问题

当人们开始对范畴行为进行分析时，首先会以貌似无可辩驳的方式涌现出这样一个说明：撇开质性[2]不论，范畴行为的所有区别都可以还原到那些为它们奠基的行为之相应区别上，即是说，范畴作用所能带来的新东西是在一个内容方面的附加，对它不能再做区分。如果不是通过其各个环节的意向被给予方式，对一个集合的想象表象又如何能够以其他方式区别于对这同一个集合的感

[2]　在A版中还紧跟：之物。

知呢？人们会说，在**联结形式**中已经不能再做任何可以理解的区分了。或者，是否（由“和”这个语词所显露的）集合形式应当在显现方式中被区分为感知或想像呢？但这样我们便必须将以下情况视为可能的：各个想象显现是通过感知的集合形式而结合为一，各个感知的显现是通过想象的集合形式而结合为一，并且是以各不相同的方式。这显然是不可设想的，甚至是不可理解的。

人们当然会指责说，这是最容易不过的事了。谁也没有阻止我们将几个感知客体集合在一起思考，这样我们便可以想像地意指一个**其他的**总和；并且我们也可以集合地思考几个想象显现，但却仅仅意指想象显现的这个总和，即感知这个总和。——的确，在这方面我们没有受到任何阻止。然而如此一来，那些感知客体就 A 640
是图像，也就是说，这个集合行为就不是直接奠基于感知之中，而 B2 168
是更多地奠基于那些建立在感知基础上的想像之中。同样，在另一个情况中，被集合的不是想象表象的对象，而是这个表象本身，即是说，这个集合行为不是直接奠基于想象显现之中，而是奠基于那些与它们相关的内感知之中。这并不证明任何一个在根据对被感知客体而进行的“现实”合取与根据被想象客体而进行的“想像”合取之间的区别，而且这样一种区别根本不存在，除非它是作为奠基性行为的区别。

同样的情况似乎也对集合意识所能表明的所有其他变异有效。普遍性或特殊性、确定性或不确定性，以及在奠基性行为那里所能观察到的其他在范畴形式方面的东西，它们也规定着集合表象的特征，但却是如此地进行规定，即：在这种联结特征中无法找到现象学的区别；它始终是同一个“和”。随奠基性表象的方式不同，显现给我们的或者是一个普遍对象的集合（例如颜色种类："红和蓝和黄"），或者是一个个体对象的集合（"亚里士多德和柏拉图"），或是确定对象的集合（如至此的例子），或是不确定对象的集合（"一个人和另一个人"；"一个颜色和一个声音"）。无法预计，除了通过奠基性行为的差异而形成的集合行为之差异以外，还有哪些差异应当是可能的。

而在联系性的直观（beziehende Anschauung）那里也非常明显地显现出同样的情况。联系始终展现出同一个形式，所有变化都依附于底基性的行为。

但我们在这个境况下究竟还能否期待在**被代现者**和[3]**立义意义**之间的可确定区别呢？这个区别是就被奠基行为中的那个**新增生之物**而言的区别，在综合行为那里则是就其**联结形式**而言的区别。在**素朴**直观那里，尽管立义意义（质料）和被代现者密切相结
A 641 合，它们相互联系并且在其变更中也不是完全独立的；但是，它们
B2 169 在这时仍然可能经历相互对应的充分变动（Verschiebung）。在立义意义变换的情况下，感性的被代现者可以保持同一，但在立义意义固定不变的情况下，感性的被代现者则可以变更；例如一个想象表象不仅就质料而言，而且甚至就充盈的范围而言始终与自身相同一，但在其生动性方面则会发生醒目的变化。因此，在感性领域中，质料与被代现者之间的区别是可以轻易指明的，并且可以当作确定无疑的来使用。然而在**范畴**行为那里的情况又是如何呢？在这里，撇开奠基性行为不论，似乎根本不存在可变更性。难道我们

[3] 在A版中加有重点号。

应当说，它们在形式方面完全缺乏有关的区别，它们不具有任何超出奠基性行为之被代现者以外的被代现者？而且只要奠基性行为本身已经是范畴行为，例如已经是观念化的行为，那么这些行为也就缺乏代现，代现仅只处在最终奠基性的直观之中？

第55节 那种认为有本己的范畴的被代现者的论据

为了对此问题做出表态，首先需要注意：在以上阐述中，相对于总体行为及其基础的多形变化，形式的完全无区别性或许是被夸张了，甚至是被误解了。因为，如果总体行为是一个感知表象，那么它的形式作为一个感知表象的形式无论如何也具有与想象表象不同的特征。如果形式是范畴表象中真正的新东西和本质之物，那么它必定也会一同被包容在每一个贯穿于整体并为整体所具有的本质特征之中。如果反思并不以这个形式向我们表明立义意义的这些区别，或者至少不以综合行为的形式［在抽象行为那里，这个问题实际上已经通过前面第52节的考虑而解决了］向我们做此表明，那么这一点便会通过以下方式而得到解释：由于这些立义特征没有标示和划定综合的这个因素，而是同等地贯穿在完整的、被奠基的行为之中，因此我们便无意识地从这些立义特征中抽象出来，并且为此而唯独只关注那个在所有形态中，例如在集合综合中涌现出来的共同之物。恰恰这个共同之物可能就是我们所寻找的被代现者。正如在素朴感性感知中，感知意义是一个同质的、贯穿于整个代现的统一之物一样，正如它虽然与代现性内容的

1179

A 642

B2 170

每一个可划定部分都具有一定联系,但在内反思中却并不显现为被划定部分之立义的复合词一样;与此相同,在范畴直观这里,立义意义也贯穿于整个行为以及它的整个代现,同时并不根据在反思中可区分的被代现者而明确地得到划定。但是——如果我们可以做如此诠释的话——在前面的阐述中包含着这样一个重要的真理:在奠基性行为和立义形式的所有变换过程中,对于每一种被奠基的行为来说,代现性内容都是同一个。为了代现的目的,素朴的、感性的直观可以支配过于丰富的感官质性、可感觉的形式等等之杂多性。在集合性直观中或在同一性直观以及其他等等之中,我们每次仅仅局限在一个方式上:和-形式始终是同一个,是-形式也是同一个,如此等等。但这些形式在这里被理解为感性核心的相似者、那个[4]在感性直观中可感觉之物的相似者,而质性和立义意义则被抽象掉了。

1180

A 643 人们可能会产生这样一个怀疑:愿望在这里是思想之父,它使
B2 171 我们注意到:从我们先前的考察中已经可以得出,被代现者并不构成行为的完全本质组成部分。所有符号行为的特性便在于,缺乏被代现者——应当强调的是,这是指缺乏本真的被代现者,这种被代现者具有与对象本身之内容组成的联系。因为符号行为也具有非本真的被代现者,而这种被代现者不是将那个在此行为中被意指的对象当下化,而是将某个其他的对象,即奠基性行为的对象当下化。如果非本真的被代现者便已足矣,那么我们便不会再持此怀疑;因为在我们的情况中显而易见并不缺乏非本真的被代现者,

[4] 在A版中未加重点号。

奠基性行为随时都在向我们提供着这些非本真的被代现者；奠基性行为的本真被代现者可以在被奠基行为中被立义为非本真的被代现者。

然而，恰恰是与单纯符号行为的比较使我们获得了这样一个生动的意识：在这些被奠基的行为那里，如果没有本真的被代现者，并且是在范畴形式方面的本真被代现者，事情便行不通；这个被代现者使我们回忆起可能充实的状况，回忆起直观行为为符号行为所提供的那种“充盈”，回忆起那些在直观行为之内受变换不定的充盈所制约的上升序列连同那个作为理想极限的最终相即性。构成“空乏的”符号行为与“丰满的”直观行为之区别的是被代现者，那些“充盈”之所以要归功于它们，是因为它们恰恰对充盈的这一个词义做出了规定。① 只有直观的行为才使对象“显现”出来，使它被“直观”到，即通过以下方式：一个被代现者在此，立义形式[6]将它立义为对象的相似者或对象本身。这是一个建基于充实状况的普遍本质之中的境况，因而它也应当可以在现在的这个领域中得到证明。在现在的领域中，我们同样可以发现“符号的”与“直观的”对立，即在这两种行为之间的对立：一方面是符号地意指一个范畴对象性的客体化行为，另一方面是在同一个立义意义中将同一个对象性直观地当下化的相似行为，无论是“在图像中”的当下化，还是“自身的”当下化。由于这两方面的意向质料是同一 A 644 B2 172

① 参阅本书第22节，第78页[5]。

[5] 在A版中为：第550页。

[6] 在A版中为：意义。

个，所以我们对范畴直观这方面的新东西还是只能做如此理解，即：范畴直观就是代现，它将对象之物**在内容上**置于我们眼前，它将被体验的内容立义为被意指对象的被代现者。但这个代现不能仅仅在奠基性行为中进行，不仅它们的客体被当下化了，而且整个事态、整个总和等等也被当下化了。

第56节　续论：联结行为的心理纽带与相应客体的范畴统一

人们此时可能会想，在一个联系的情况中被当下化的只是联
系点，而新的东西仅仅在于那个对两个显现加以联结的心理特征。
但对行为的一个联结并不就是对客体的联结；对行为的联结至多
只能帮助一个对客体的联结显现出来，但前者本身不是在后者中
1182 显现的联结。有可能在行为之间的心理纽带已经被制作出来，并
且因此而显现出对象的联系，而这个联系却还根本不存在，纵使它
将现实存在的各个客体设定为一。如果我们以符号的方式并且不
带有对被判断事态的直观当下化而进行判断（例如在通常的算术
判断那里），那么这个行为的联系统一就是一个分环节的统一，它
具有其心理的结合形式以及那个完全相似的形式，就像在相应的
直观情况中一样。但确切地说，事态没有“显现”，它只是被意指。
倘若我们反之以直观当下化的情况为例：例如当我们辨认两个被
感知的或通过记忆而被重新当下化的面积的颜色，或者当我们辨
认一个在两个想像表象中所表现出来的人，那么这里就会再次意
B_2 173 指同一性，但却是以给予着对象的感知之方式意指，或者是以将对

象图像化的图像性之方式意指。是什么使得这些区别得以可能？ A 645
难道我们应当说，这整个区别都在于奠基性的行为？但我们又会对以下情况抱有疑义：例如，在符号认同中，被意指对象的同一性并不是**被体验到**，而只是**被意指**；还有，在对对象的直观情况中，同一性虽然是被感知的或被想像的同一性，但它只是在相即性的情况中才是在完整的和严格的意义上被给予的和被体验的同一性。**那个制作着综合的心理纽带因而只是意指**，并且作为意指而**或多或少地得到充实**。它虽然只是总体意指的一个不独立的组成部分，一个符号意指的符号组成部分，一个直观意指的直观组成部分；但无论如何也是一个组成部分，这个组成部分本身分有意指的特征，并且因此也分有充盈的区别。据此，我们不无合理地将这个境况阐述为：**这个组成部分也在行使一个代现的作用**：在对不同情况的比较考察中以及在前面所考虑的可能性之方式中，我们相信，可以将那个在现时的（“现时的”，即是说，本真的、直观的）认同或合取等等之中被体验到的心理纽带还原为一个**始终共同的东西**，它可以在分离于质性和立义意义的情况下被思考，而且它在这个还原中提供了那个特别从属于范畴形式之因素的被代现者。

第57节　奠基性直观的被代现者并不通过综合形式的被代现者而得到直接的联结

在这里自然要附加几个并非完全不重要的说明。

客观地看，综合，例如同一性综合、定语联系的综合等等，都从 A 646
属于**奠基性**的客体；同一性例如是这个人的同一性，定语联系例如 B_2 174

是在主语“树”和谓语“载有果实的”之间的联系。被联结的客体现在是借助于它们的被代现者而显现给我们，于是人们便会想，综合的纽带——联结作为形式便在这个纽带中（或者说，借助于这个纽带而同样以一个被代现者的方式）显现给我们——以现象学的方式简单而直接地将奠基性客体的那些被代现者相互结合在一起。

但与此相对，我们确定，**综合的因素并不在从属于基础行为的被代现者之间制作出任何直接的结合**，相反，例如现象学的认同形式本质上**建基于**[7]**奠基性行为本身**之中，亦即建基于那些超越出**它们的**[8]代现性内容并包含着这些内容的东西之中。

假如被体验到的同一性因素、心理特征是代现性感性内容的直接纽带（我们可以局限在最简单的情况上，即奠基性行为或对象是感性的），那么通过这个因素而制作出来的统一也就会是一个**感性的**统一，例如有关感性内容在其他方面所论证的空间造型或质性造型或其他的统一种类便是如此。但所有感性（实在）统一都是奠基于感性之物的内容属之中的统一，正如在本书第三研究中已经阐述过的那样。具体的内容自然是多方面的，它们自身承载着各种抽象的因素，它们论证着变化与联结的多重可能。据此，我们将某些联结种类回归为这些因素，将某些联结种类回归为另一些因素。但如果各个联合并不始终奠基于复合整体的各个属连同其完整的种类内涵之中，那么它们至少还奠基于那些与各个整体的
A 647 **因素**相符合的原始属之中。与此相反，范畴行为形式与其基础的

[7] 在A版中未加重点号。

[8] 在A版中为：**超越出**它们的。

感性内容在实事上的无联系性则表现在，这些属的内容是无限可 B2 175
变更的，换言之，如果一个内容属不能在任何一种范畴行为的基础中起作用，那么它就是先天不可能的。范畴之物恰恰不属于代现性的感性内容[9]，而是必然地从属于"对象"[10]，并且同时仍然不是根据其感性（实在）内涵而从属于这些对象。但在这里包含着这样的意思：范畴形式构造于其中的心理特征在现象学上从属于那些在其中构造出对象的"行为"。在这些行为中，感性内容作为被代现者是当下的，因而就此而言，它们当然也一同属于这些行为。但它们并不构成这些行为的特征本质；即使没有那种首先使它们成为被代现者的立义，它们也仍然可以存在；这时它们存在，但并没有什么随它们一同显现出来，并且因此也就没有什么可以被联结，没有什么能够以范畴的方式被理解为主语或谓语等等。综合的被奠基行为的范畴因素所联结的并不是奠基性行为的这些非本质要素，而是它们两方面的本质之物；它在任何情况下都联结着它们的意向质料，并且是在真实的意义上奠基于它们之中。我们在前面已经做了这样的一般陈述；我们曾说，在所有范畴行为中，被奠基行为的质料都奠基于奠基性行为的质料之中。同一性例如并不直接是感性内容的统一形式，而是一个"意识的统一"，它建基于关于同一个对象的这一个或另一个（"重复的"或内容上不同的）意识之中。而情况始终是如此。现在，这一点自然是正确的，即：任何一种直观，无论是素朴的还是范畴的，都根据其种类而可以经历

[9] 在A版中未加重点号。
[10] 在A版中未加引号，而加有重点号。

相同的范畴构形；但这仅仅是说，范畴构形在现象学上奠基于客体化行为的普遍之物之中，或者说，这是一个本质上束缚在客体化行为之种属上的作用。只有这个属的体验可以承受范畴综合，而这种综合直接联结着意向本质。

A 648 尤其是在那些直接奠基于个体直观中的相即综合直观之情况
B2 176 中，人们必须拒斥那种欺骗性的假象：似乎至少在范畴综合的最底层上始终有一个直接的现象学联合在进行着，这个联合也就是指对这个奠基性行为的感性被代现者与另一个奠基性行为的感性被代现者的联合。由于整体行为的相即性（明见性）在作用上倚赖于奠基性直观的相即性，因而这里的境况看起来有了如下的形态：因为奠基性行为是相即的，所以代现性内容与被代现的对象便恰好相互叠合。如果在这样的基础上对一个联系的直观得以成立，例如对一个部分与整体之联系的直观得以成立，那么联系的行为也就具有明见性的特征；联系是带着真实被给予的内容本身而真实被给予的。因而，联系的心理纽带——在这条纽带上，感性内容与客体被立义为联系——在这里以一个直接纽带的方式联合着这些被体验到的感性内容。

我们将指责说，绝非如此。并非感性内容，而是对这些内容的相即直观在这里为联系行为的统一奠基。与在其他地方一样，我们在这里也必须**观向**（hinblicken）对象、**观向**那些代现着同时又被代现的感性内容，而后才能进行联系行为，才能将这个作为整体的内容置于与那个作为部分的内容的关系中。关系只能在**被给予**对象的基础上被给予；但对象却并不是通过那种单纯的、自身盲目的体验而被给予我们的，而是唯独地、仅仅地通过感知而被给予我们的，而在这里的例子中则是通过对被体验到的并且不再超越出自身的代现性内容的感知。

但由此而得到证实的仅只是我们原初对作为被奠基行为的范畴行为之引入。一切智性都构成于这种范畴行为之中，这种行为的**本质**就在于，它们是分阶段进行的；在客体化行为的基础上，客体化行为得以进行并且构造起对象，这些对象作为在扩展了的、智 A 649
性的意义上的对象、作为更高序列的对象而只能在这些被奠基的 B_2 177
行为中显现。但这样一来，那种代现的直接统一，即那种联合着素朴直观的所有被代现者的直接统一，在综合行为这里便是不可能的了。于是，整个综合直观（如果前面所尝试的并且需要得到最仔细审查的诠释是正确的话）都以这种方式而得以成立，即：将奠基性行为加以联合的心理内容被**立义**为这些被奠基对象的客观统一，被立义为它们的同一性关系、它们的部分与整体的关系，如此等等。

第 58 节　这两个区别的关系：外感官与内感官以及范畴官能[11]

至关重要的是，现在也要对那两个在我们此番考虑之初便立即被引入的区别之关系进行最终的澄清，这两个区别一方面是指外感性和内感性之间的区别，另一方面是素朴行为和范畴行为之间的区别。

[11]　在 A 版中为：官能与范畴。

作为心理体验的表象，无论它是素朴的还是被奠基的，即是说，无论它是感性的还是范畴的，都属于“内感官”的领域。但这里是否含有一个矛盾？一个“反思着”一个行为的内感知，甚至是“反思着”一个被奠基行为、例如对 2 + 1 = 1 + 2 之同一性的现时明察的内感知，难道它实际上不就是被奠基的行为，因而也不就是非感性的行为吗？在这个感知的行为中，被奠基的行为与为它奠基的那个行为一同被给予，并且是在最严格的意义上被给予。它同属于这个感知的实项组成。只要这个感知在这里朝向这个行为，此感知就与此行为发生联系，因而这个感知本身是被奠基的感知。

A 650 我们显然将不得不说：对一个无论带有何种属性的行为或行
B2 178 为因素或行为复合的感知就是指一个感性的感知，因为它是一个**素朴的**感知。而且这是确定无疑的，因为感知行为与一个被感知行为的联系**不是**一个奠基联系，而且即使当一个被奠基的行为被看作是被感知的行为时，这种联系也不是奠基联系。一个行为的被奠基状态并不意味着，它——无论在何种意义上——建立在其他行为之上，而是意味着，被奠基的[12]行为根据其本性，即根据其种属而只可能作为这样一种行为存在，这种行为建立在奠基性行为属的行为上，因而被奠基[13]行为的对象相关项具有一个普遍之物、一个形式，而以此形式，一个对象就只能直观地显现在这个种属的一个被奠基行为中。所以，没有底基性的个体直观，直观的普遍性意识就不能存在；没有那些与被认同客体相关的底基性的行为，一个同一性也就不能存在，如此等等。

[12] 在 A 版中为：奠基性的。

[13] 在 A 版中为：奠基性。

但朝向一个被奠基行为的感知同样也可以朝向一个不是被奠基的行为以及可以朝向随意的外感性客体，可以朝向马匹、颜色等等。无论如何，这种感知就在于对客体的素朴观向。这个感知的质料（它的立义意义）并不处在与被感知行为之质料的任何必然联系之中；毋宁说，这个行为的整个现象学内容都具有一个被代现者的单纯特征，根据感知的立义形式[14]，这个被代现者受到对象性的解释，即被解释为这个行为本身。

出于这个原因，每一个建立在内感性之上的抽象，例如建立在对一个被奠基行为的观向之中的抽象，都是一个感性的抽象。相反，一个建立在一个被奠基行为本身之上的抽象则是一个范畴的抽象，只要这个被奠基行为本身具有一个直观的特征，哪怕是一个范畴直观的特征。如果我们观向一个认同的直观行为[15]——即一个对同一性的直观——并且在这里抽象出认同的因素，那么我 A 651
们在这里便进行了感性的抽象。但如果我们在置身于认同行为之 B_2 179
中的过程中观向客观的同一性，并且使它成为一个抽象的基础，那么我们便在进行一个范畴的抽象。① “同一性”这个客观因素不是行为，不是行为形式，它是一个对象性的[17]范畴形式。另一方面，与此完全相反，那个将被奠基行为现象学地[18]结合在一起的认同

① 进一步的阐释可以参阅本书第 60 节，第 182 页[16]。

[14] 在 A 版中为：意义。
[15] 在 A 版中加有重点号。
[16] 在 A 版中为：第 654 页。
[17] 在 A 版中还紧跟一个逗号。
[18] 在 A 版中加有重点号。

因素则是一个感性的和范畴的行为形式[19]。此外，这个区别本质上也将两种概念划分开来，一种是根据对某些直观行为的反思而构成的概念，而完全不同的另一种概念则是根据这些直观行为本身所构成的。我感知一所房屋，在对这个感知的反思中，我构成“感知”这个概念。但我如果简单地观向房屋，也就是说，如果我不是利用对此感知的感知，而是利用这个感知本身来作为抽象的奠基性行为，那么这里产生的便是“房屋”这个概念。

据此便可以理解我们以下的说法：那些在内感知中感性地被给予的（因而在其中起着感性被代现者作用的）因素可以在一个带有范畴感知或想像特征的被奠基的行为中构造一个范畴形式，亦即在这里承载一个完全不同的范畴代现。

范畴形式作为形式的不独立性在内感性的领域中便反映在：那些在其中可以构造一个范畴形式的因素（而这些因素对于每一个形式来说都是①如此狭窄，以至于每一个形式的类都只有唯一的一个因素的类与之相符）展示着不独立的心理内容，这些内容奠
A 652 基于行为特征之中。但由于所有行为特征最终都奠基于外感性的
B_2 180 内容之中②，因此我们注意到，在感性领域上存在着一个本质[21]现象学的区分。首先，

1.“反思内容”将自身规定为这样一种内容，它们或者本身是

① 根据本书第55节，第170页[20]。

② 当然不是在这些内容的各个特别属中，而是在所有这些内容的总体属中。

[19] 在A版中为：而非范畴的形式。

[20] 在A版中为：第642页。

[21] 在A版中为：本质的、。

行为特征，或者奠基于行为特征之中，

2."第一性"内容将自身规定为[22]这样一种内容，即所有反思内容都直接或间接地奠基于其中的那种内容。它们或许可以是"外"感性的内容，但外感性在这里似乎并不是通过外与内的区别（这是一个形而上学的区别）之联系，而是通过它们的被代现者的本性而得到定义的，这些被代现者是最终奠基性的、在现象学上被体验到的[23]内容。第一性内容构成一个唯一的、尽管分裂为几个种类的最高属。反思内容通过第一性内容而经历的奠基方式显然是可想像的最松散方式，即这样一种方式：反思内容永远不会被束缚在第一性内容的一个较为狭窄的属上。

而后，与纯粹感性客体和纯粹范畴客体之区别相符合的还有一个代现性内容的区别：唯有反思内容才能够作为[24]纯粹范畴的被代现者而起作用。

人们现在也可以试图对范畴概念做如下的规定：它[25]自身包含着所有那些产生于立义形式而非产生于立义材料之中的对象性形式。诚然，这里会产生出以下的顾虑：如此一来，只要感性直观构造对象性的形式，它不也就具有一个范畴行为的特征了吗？被感知之物不仅在感知之中，而且还在它之中作为对象而被给予。[26]　然而对象概念是在与感知概念的相互关系中构造起自身，

［22］　在A版中为：亦即。

［23］　在A版中为：心理。

［24］　在A版中加有重点号。

［25］　在A版中未加重点号。

［26］　在A版中为：是当下地（gegen-wärtig）、对立地（Gegen－stand）被给予。在这里始终可以抽象于偶然的感知主体。

因而它不仅预设了抽象行为，而且也预设了联系行为。就此而论，这个概念也是一个在至此为止意义上的范畴概念。

第八章　本真思维与非本真思维的先天规律

A 653

B_2 181

第 59 节　向越来越新的形式之合并。可能直观的纯粹形式学说

1193

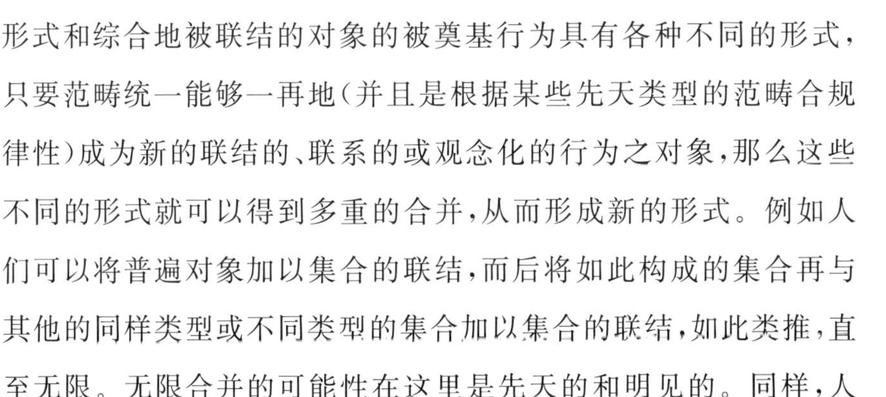

那些不是构造素朴的、感性－直观的对象，而是构造具有范畴形式和综合地被联结的对象的被奠基行为具有各种不同的形式，只要范畴统一能够一再地（并且是根据某些先天类型的范畴合规律性）成为新的联结的、联系的或观念化的行为之对象，那么这些不同的形式就可以得到多重的合并，从而形成新的形式。例如人们可以将普遍对象加以集合的联结，而后将如此构成的集合再与其他的同样类型或不同类型的集合加以集合的联结，如此类推，直至无限。无限合并的可能性在这里是先天的和明见的。同样，人们也可以将事态结合为新的事态，尽管只是在规律性的界限以内，人们可以广泛无限地在所有可能的统一之间搜寻那些内部的或外部的相互关系，可以将这些确定的结果再用做新的联系客体，如此等等。不言而喻，这种合并是在越来越高阶段的奠基性行为中进

行的。在这里起作用的合规律性是[1]纯粹逻辑语法合规律性的直观对应项。这里所涉及的也不是那种可以决定着各个阶段的被表象对象之真实存在的规律。无论如何，这些规律至少并不对相即充实的可能性之观念条件做出任何直接的陈述[2]。在这里，与纯粹的含义形式学说相符合的是一门**纯粹的直观形式学说**，在这门学说中，简单直观与复合直观的最原始类型通过直观的总体化而必定可以被表明为是可能的，并且它们向越来越新的和越来越复杂的直观的逐步合并之合规律性必定可以得到规定。只要相即直
A 654 杂的直观的逐步合并之合规律性必定可以得到规定。只要相即直
B2 182 观本身展示着一个直观的类型，直观的纯粹形式学说便包含着所有那些与相即直观形式有关的规律：然后这些规律便具有与符号意向的相即**充实**或已是直观意向的相即**充实**之规律的特殊联系。

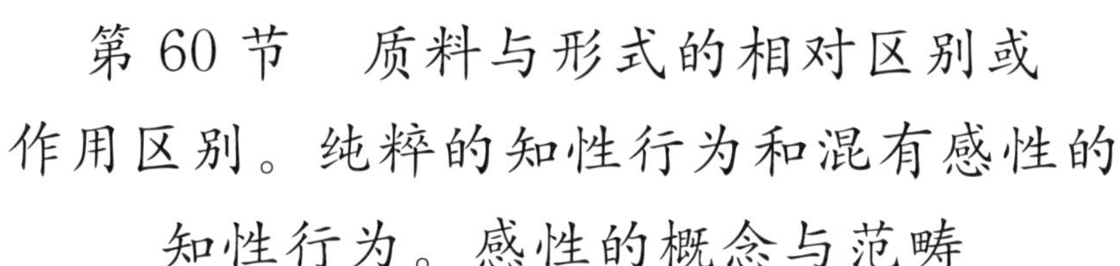

第 60 节　质料与形式的相对区别或作用区别。纯粹的知性行为和混有感性的知性行为。感性的概念与范畴

范畴直观本身有可能再成为新的范畴直观的基础，并且而后在相应的表达和含义中得到表达，与这个可能性密切相关的是在材料与形式之间的**相对的**、单纯**作用的**区别。我们在前面①已经

① 参阅：本书第 42 节，第 136 页[3]。

[1] 在 A 版中为：构成。

[2] 在 A 版中为：并不涉及相即充实的可能性之观念条件。

[3] 在 A 版中为：第 608 页。

匆促地暗示过了。在绝对的意义上，奠基性的感性为那些建立于其上的范畴形式的行为提供了材料。在相对的意义上，奠基性行为一般的客体构成了材料，这里的相对是指相对于那些在被奠基行为中为这些客体所新产生的范畴形式。如果我们将两个已经是范畴的客体、例如两个事态，置于一个联系之中，那么这两个事态便是材料，即相对于那个将它们两者置于一体的联系形式而言的材料。对材料和形式概念的这种规定完全符合于传统的在陈述方面的质料与形式的区别。这些术语所表达的恰恰是整个“联系表象”的奠基性行为，或者也可以说，这些术语指称着奠基性的对象，并且因此也展示着那个场所，唯有在这个场所才能寻找感性的贡献。① 但奠基性对象本身可能已经是范畴种类的对象。显然，充实在这种情况下便是在一个行为链中进行的，亦即奠基的层次序列向下延伸的链[5]；因为无论如何，间接的表象在这里起着一个本质性的作用，对这个作用的仔细研究是一项对于认识思维的复杂形式之澄清来说极为重要的任务。 A 655 B2 183

我们曾将素朴直观的行为称作感性行为，将被奠基的、可直接或间接地回溯到感性之上的行为称作范畴行为。然而，至关重要的是在范畴行为领域之内区分“纯粹范畴的”行为、“纯粹知性的”行为和“混合的”、掺杂着感性的知性行为[6]；这个事情的本性就在

① 参阅：本书第 135 页[4]。

［4］ 在 A 版中为：第 607 页。

［5］ 在 A 版中未加重点号。

［6］ 在 A 版中为：纯粹范畴的行为、纯粹知性的行为和混合的、“掺杂着”感性的知性行为。

于，所有范畴之物最终都建立在感性直观的基础上，甚至可以说：如果没有奠基性的感性，那么一个范畴直观、亦即一个知性明察、一个最高意义上的思维就是一个背谬。“纯粹智性”的观念——它被诠释为是纯粹思维（在这里是范畴行为）的“能力”并且已经完全摆脱了[7]任何“感性能力”——只能在对认识及其明见无疑不可扬弃之组成进行要素分析之前被构想出来。这个已经表明的区分，即纯粹范畴行为的概念，或者也可以说是一个纯粹知性的概念，它具有好的意义。即是说，如果我们观察观念化抽象的特性：观念化的抽象必然要建立在个体直观的基础上，但它却并不因此而就意指这个直观的个体之物；如果我们观察到，观念化抽象毋宁是一种新的立义方式，这种立义方式所构造的不是个体性，而是总体性；那么就会产生普遍直观的可能性，这些普遍直观不仅从其意向内涵中排除了所有个体之物，而且还排除了所有感性之物。换言之，我们区分为我们提供了“感性概念”——并且是纯粹感性的或与范

A 656 畴形式相混杂的概念——的“感性抽象”与为我们提供了“纯粹范

B2 184 畴概念”的“纯粹范畴抽象”[8]。“颜色”、“房屋”、“判断”、“愿望”是纯粹感性的概念，“有颜色状态”（有颜色－存在）、“德行”、“平行公理”等等是范畴混杂的概念，“一”、“多”、“联系”、“概念”是纯粹范畴的概念。每当我们绝然地谈及范畴概念，我们所指的始终是纯粹范畴的概念。感性概念在感性直观的被给予性中找到其直接的基础，而范畴概念则是在范畴直观的被给予性中、并且是在与这个整体的、范畴地被构形的客体的范畴形式的纯粹关联中找到其直

[7] 在A版中未加重点号。

[8] 在A版中未加引号。

接的基础。如果例如抽象是以一个联系直观为基础，那么抽象意识或许会朝向那个种类的联系形式，并且是如此地朝向，以至于[9]这些联系基础的所有感性之物都被排斥出去。这样，“各个范畴”[10]便产生出来，但如果在确切的意义上理解这个标题，那么它只包含那些原始地从属于此的概念。

我们刚才——这实际上已包含在前面所做阐释的全部意义之中——将概念与种类加以等同。但如果人们将概念不是理解为普遍对象，而是理解为普遍表象，无论它们是那种普遍直观，还是那种与它们相符合的普遍含义，那么这个区分也就完全可以转用到普遍表象之上；同样也可以转用到对“一个A”的形式上，即一同顾及到，种类A可以含有感性之物，或者相反，可以排斥感性之物。据此，所有逻辑形式和公式都是纯粹范畴的，例如“所有S都是P”，“没有一个S是P”，如此等等；因为S、P等等字母是对“某些”[11]不确定的和“随意的”[12]概念之单纯、间接的指示，因此，在公式的总体含义中与它们相符合的是一个复合的、由纯范畴因素所构成的思想。整个纯粹逻辑学是如此，整个纯粹算术、纯粹流形论、简言之，在最宽泛意义上的“纯粹数理”[13]也都是如此，“纯粹”[14]是在这个意义上的“纯粹”，即：它在其整个理论组成中不包含任何感性的概念。

[9] 在A版中为：与此同时，。

[10] 在A版中未加引号。

[11] 在A版中未加引号。

[12] 在A版中未加引号。

[13] 在A版中未加引号。

[14] 在A版中未加引号。

A 657

B$_2$ 185

第61节 范畴的构形不是对对象的实在重构

从前面的一系列考察中已经[15]可以看到，我们是在一种自然的、在我们对行为与对象的彻底区分上无害的双重意义上来使用关于**范畴形式**的说法。一**方面**，我们将它理解为被奠基的行为特征，它赋予素朴的直观行为或自身已经被奠基的直观行为以形式，并将它们改变为新的客体化行为。这些新的客体化行为构造着一个与奠基性行为相比以特殊的方式发生了变异的对象性；原初的**对象**现在自身展示为某种以新的方式对它们进行理解和联结的**形式**，而这便是**在第二种意义上、在对象意义上的范畴形式**。我们能够以“A和B”这个连词的联结为例，它作为统一行为所指的是对象的范畴统一（“这两个对象”的总和）。

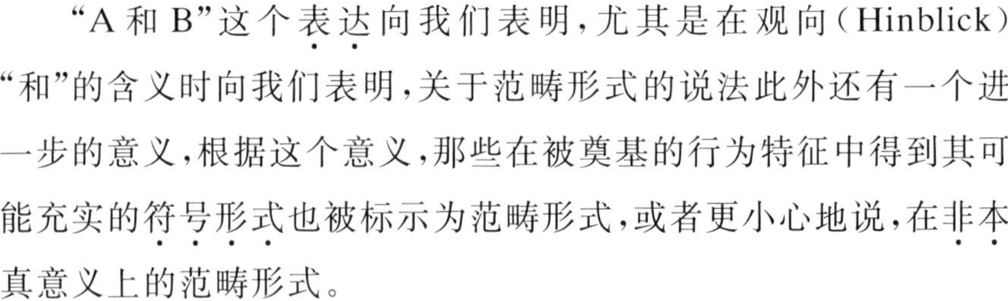

“A和B”这个**表达**向我们表明，尤其是在观向（Hinblick）“和”的含义时向我们表明，关于范畴形式的说法此外还有一个进一步的意义，根据这个意义，那些在被奠基的行为特征中得到其可能充实的**符号形式**也被标示为范畴形式，或者更小心地说，在**非本真**意义上的范畴形式。

在完成了这些预设之后，我们就要来完全彻底地澄清一个极为重要的命题，这个命题已经被陈述出来，并且就我们已做的整个阐释而言实际上是不言自明的：即范畴作用并不因为给感性对象

[15] 在A版中还紧跟：处处。

“构形”而触及这个对象的实在本质。对象通过智性，特别是通过认识（它自身便是一个范畴作用）而智性地被理解，但并不被篡改。A 658
为了说明这一点，我们回忆一下那个已经顺带提到过的两种统一 B₂ 186
的区别：一种是在对象意义上被理解的范畴统一，另一种是实在的统一，例如作为一个事物的各个部分的统一，一条林荫大道的各个树木的统一，以及如此等等。一个心理体验的实项组成部分的统一以及在个体意识中所有共存的体验的统一也都属于实在的统一。所有这些统一从总体上看都与它们的部分一样是在第一性的和素朴的意义上的对象；它们在可能的素朴直观中是可以被直观到的。它们恰恰不是单纯地在范畴上被结合为一的，它们不是在某种通过集合、分离、联结等等而进行的单纯共同观察中构造起自身；相反，它们“自身”是一致的，它们具有一个统一形式，这个形式可以在总体上以一种实在统一因素的方式，亦即以一个实在规定的方式而被感知到；而且它们是在同样的意义上被感知到，正如某个被联结的环节以及它们的内规定性被感知到一样。

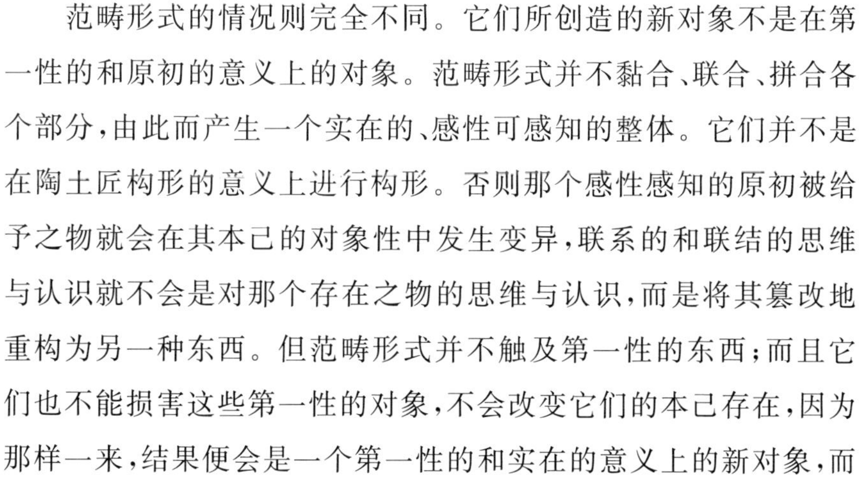

范畴形式的情况则完全不同。它们所创造的新对象不是在第一性的和原初的意义上的对象。范畴形式并不黏合、联合、拼合各个部分，由此而产生一个实在的、感性可感知的整体。它们并不是在陶土匠构形的意义上进行构形。否则那个感性感知的原初被给予之物就会在其本己的对象性中发生变异，联系的和联结的思维与认识就不会是对那个存在之物的思维与认识，而是将其篡改地重构为另一种东西。但范畴形式并不触及第一性的东西；而且它们也不能损害这些第一性的对象，不会改变它们的本己存在，因为那样一来，结果便会是一个第一性的和实在的意义上的新对象，而

范畴行为（如集合行为或联系行为）的结果明见无疑地在于对第一性被直观之物的客观理解，这种客观理解**仅仅**只能在这样一种被奠基行为中被给予，以至于对有形式之物的素朴直观的想法，或者对有形式之物在一个其他素朴直观中被给予的想法都将会是背谬。

第62节　对在先被给予的材料
A 659 进行范畴构形的自由及其限制：
B$_2$ 187 纯粹范畴规律（“本真思维”的规律）

实在的、外感性的或内感性的统一形式是由那些要被联结的部分之本质本性所规律性地规定了的，并且是由这些部分的完全个体化所绝对地规定了的。所有统一都指明着规律性，实在的统一指明着实在的规律性。实在地为一的东西，**必定**也可以被实在地结合为一。每当我们谈到**结合或不结合的自由**时，我们恰恰都不是在其完全的实在性中接受那些内容，在这个实在性中甚至一同包含着时间－空间的规定性。以这种方式，对实在内容的意识，尤其是对实在内容的素朴直观，实际上就是这些内容的实在联结或形式的意识，而在范畴形式方面的情况则与此完全不同。没有一个与实在的内容相适合的范畴形式是必然地连同这些内容一起被给予的，在这里，在联结和联系之中、在总体化和归集化等等之中存在着充分的自由。我们可以将一个感性统一的群组随意地并且以多重的方式分化为各个部分群组；我们可以对这些可多重区分的部分群组随意地进行整理，并且在同一阶段上进行相互

联结，或者也可以将第二、第三层次……的集合相互叠加地建造起来。由此便形成在同一个感性材料基础上集合构形的许多可能性。同样，我们可以将同一个感性复合的任意一个环节与其他环节中的这些或那些环节加以比较，或者将它区分于后者；我们可以在这里使每一个环节成为主语环节，或者通过对有关关系的任意反转而使每一个环节成为宾语环节；我们而后可以将这种关系本身置于相互联系之中，将它们以集合的方式相互联结，相互分类等等。

但无论这种**范畴结合**[16]**和构形的自由**有多大，它都有其**规律性的局限**。统一和规律相互间也是不可分的。范畴形式是在**被奠基的**行为特征中，而且也只在它们之中构造起自身，在这里已经包含着某种必然性联系。否则，假如任意一个材料可以被置于任意一个形式之中的话，也就是说，假如奠基性的素朴直观可以随意地与范畴特征联结在一起的话，那么我们怎么还能谈论范畴**感知与直观**。当我们例如直观地完成在整体与部分之间的关系时，我们虽然能够以通常的方式反转这个关系，但并不能如此反转，以至于我们现在竟能够直观到作为整体的部分（在不变的实在内容那里）和作为部分的整体。我们也不能自由地将这个关系理解为一个总体同一性或总体排他性的关系，如此等等。诚然，我们可以"思考"在每一种联系点之间的每一种关系，以及在每一个材料基础上的每一个形式——思考在这里是指单纯符号行为意义上的思考。但我们并不能够在每一个基础上**现实进行**地奠基，我们不能在随意

A 660
B2 188

［16］　在B版中为：**一致性**。

的范畴形式中直观这个感性材料；尤其不能感知它，并且最主要是不能相即地感知它。

在这个扩展了的感知概念的特性中事实上宣示出某种被束缚性。这并不是说，感知特征实项地被束缚在感性内容上。感知特征永远不会如此；因为这将意味着，任何东西都是被感知到的并且须被感知到。但很可能没有什么东西是不能被感知到的。而在这里却包含着这样的意思：恰恰在这些材料的基础上，或者更确切地说，在这些素朴直观的基础上，范畴[17]行为的现时进行在观念的意义上是可能的。而这种可能性与所有观念可能性一样，受到规律性的局限，只要有某些不可能性、观念的不相容性与它们合规律地相并列。

A 661 那些制约着这些可能性与不可能性之联系的观念规律从属于
B2 189 种类的范畴形式，亦即从属于在客观意义上的范畴。它们规定着，
在预设了特定的、但随意的材料之同一性的情况下，已有范畴形式的哪些变更是可能的；它们限定着范畴形式在始终同一的材料之基础上进行重整（Umordnung）和重构（Umgestaltung）的、观念上封闭的杂多性。在这里，唯有当材料必须在意向上得到自身同一的坚持时，它才会被关注。但只要材料的种类是完全可以自由变更的并且仅只服从于自明的意念条件，只要它们作为各个预先获取的形式之载者具有作用能力，那么这里所说的规律便具有完全纯粹的和“分析的规律”[18]之特征，它们便完全独立于材料的特殊

[17] 在B版中为：现时。
[18] 在A版中未加引号。

性。对这些规律的普遍表达因而不包含任何材料种类方面的东西,相反,这种表达只是利用代数符号来作为一些不确定的-普遍的表象的载者,这些表象是指关于一定的、在其他方面是随意的、但自身保持同一的材料一般的表象。

因此,为了明察这些规律也并不需要现时地进行一个将其材料直观化的范畴直观;相反,只要进行某一个范畴直观便够了,它将有关范畴构型的可能性置于眼前。在对整个可能性的总体化抽象中进行着对此规律的统一直观"明察"[19],而这种明察在我们所说的意义上具有相即的、总体的感知之特征。在这个感知中自身被给予的普遍对象就是范畴规律。我们可以说:与范畴直观一般[20]可能性的观念条件相对应的是范畴直观对象的可能性条件以及绝然的范畴对象之可能性条件。一个从范畴上这样或那样被构形的对象性是可能的,与此本质相关的是[21],一个范畴直观——[22]一个单纯想像——可以将一个这样的对象性完整适当地置于眼前;换言之,有关范畴综合以及其他范畴行为可以根据有关的奠基性[23]直观(哪怕是想像)而现实地进行。 A 662 B2 190

但是,一个随意的、无论是感知地还是想像地在先被给予的材

[19] 在A版中为:因此,为了明察这些规律也并不需要现时地进行一个给予某个材料本身、甚至是在最本真的意义上给予材料本身的范畴感知;相反,只要进行某一个范畴想像便够了,它将有关范畴复合的可能性置于眼前。在对整个复合可能性的总体化抽象中进行着对此规律的同一直观"明察"。

[20] 在A版中还紧跟:对象。

[21] 在A版中为:这本质上就意味着。

[22] 在A版中还紧跟:即使是。

[23] 在A版中还紧跟:感性。

料实际上可以获得**哪一种**范畴构形，哪一些范畴行为可以在构造着材料的感性直观基础上现实地进行，对此，这里所说的观念条件、分析规律并未做出任何陈述。前面的例子说明，在这里不可能有无限制的随意，而且“现实的”可进行性并不具有经验现实的特征，而是具有观念可能性的特征。而且这些例子还说明，正是材料的各个特性才限定了这些可能性，以至于我们例如**能够**说，G 确实是 g 的一个整体，γ确实是 G 的一个特性，以及如此等等。——诚然，在这里，范畴形式不同于实在形式，它们并不局限在 G、g、γ等等这些**内容属**上，就好像其他属的内容根本不会去考虑它一样。相反，明见无疑的是，**所有属的内容都可以通过所有范畴而得到构形**。范畴形式恰恰不奠基于材料内容之中——正如我们在前面①已经阐释过的一样。那些纯粹的规律因此不能规定，一个**被给予**
1204 **的材料**[25]可以接受哪种形式；它们只是说明，如果这个材料，以及任何一个随意的材料，接受了某个形式或者有能力接受某个形式，那么对于这同一个材料来说，有一批范围确定的形式可供选择；或
A 663 者说，有一个观念上封闭的重构范围，这个重构是对各个已成立的
B_2 191 形式向越来越新的各个形式的重构。这里所说的在此先天前提下的“分析”规律为在同一个材料基础上的新形式的观念**可能性**提供了保证。

① 参阅：本书第 57 节，第 174－175 页[24]。

[24] 在 A 版中为：第 646－647 页。
[25] 在 A 版中未加重点号。

这就是“本真思维”[26]的纯粹规律，它们被理解为范畴直观在其纯粹范畴形式方面的规律。范畴直观恰恰是在理论思维中作为现实的或可能的含义充实或含义失实而起作用，并且根据它们作用的不同而赋予陈述以真和假的逻辑价值。因此，对思维，无论是纯粹符号思维，还是掺杂符号的思维之规范性调节，都依赖于刚才所阐释的那些规律。

但是，为了更仔细地阐明这个事态以及为了澄清关于“本真”思维规律的区分性说法，我们还需要进一步观察含义领域，或者说含义意向领域。

第63节　符号行为和混有符号的行为的新[27]有效性规律（非本真思维的规律）

我们在至此为止的考察中将范畴行为看作是摆脱了所有符号性附属物的行为，也就是说，它们被进行，但不为任何认识行为和指称行为奠基。而每一个无成见的分析家肯定都会承认，例如我们直观总和或一些其他的原始事态，同时不必将它们称谓地或论题地表达出来。我们现在将单纯直观行为的情况与单纯符号行为对置起来，我们注意到，所有范畴直观行为连同其具有范畴形式的对象都能够有纯粹符号行为与之相符合。这显然是一个先天的可能性。任何一个从属于此的行为形式都有一个可能的含义形式与

[26]　在A版中未加引号。

[27]　在A版中为：纯粹。

之相符合；而每一个含义都可以被想像为是不带有相关直观而进
行的。逻辑合适的语言之理想是这样一种语言的理想，它能为所
有可能的材料和所有可能的范畴形式创造出单义的表达。于是，
A 664 在语词中便单义地包含着某些符号意向，它们即使在“相应的”直
B_2 192 观（这当然是指充实的直观）不在场的情况下也可以复活。于是，
与所有可能的第一性的和被奠基的直观相平行的是那个（可能地）
表达着它们的第一性的和被奠基的含义系统。

但含义的区域要比直观区域宽泛得多，即是说，要比可能充实的整个区域宽泛得多。因为在含义方面还要加上那些无限杂多的缺乏“实在性”或“可能性”的复合含义；这是含义的构成物[28]，它们虽然合并为统一的含义，但不会有任何可能的统一的充实相关项能够与这些统一的含义相符合。

据此，在范畴类型，或者说，范畴直观的类型，与含义类型之间也不存在完全的相似性。较低和较高阶段上的每一个范畴类型都有一个含义类型与之相符；但是，在我们可以自由地将这些类型符号地联结为复合类型的情况下，并非每一个如此形成的类型都有一个范畴对象性类型与之相符。我们回想一下分析矛盾的类型，例如“一个是非 A 的 A”；“所有 A 是 B 并且某个 A 不是 B”；如此等等。仅仅只是在原始类型方面才有可能并且也必定存在着相似性，因为所有原始的含义类型都“起源”于相关直观的充盈之中；或者更清楚地说：由于这里所说的只是被合并之物和须合并之物的领域中的相容性与不相容性，所以，简单的含义，作为对一个简单

[28] 在 A 版中为：复合体。

之物的表达，永远不可能是“想像的”[29]；这也涉及每一个简单的含义形式。“一个同时是 A 又是非 A 的东西”是不可能的，而“一个 A 和 B”则是可能的，这个“和－形式”作为一个简单形式具有一个“实在的”意义。

如果我们将“范畴”这个术语转用于含义区域，那么每一个本 A 665
真的范畴形式，无论是在对象意义上的范畴形式，还是从属的范畴 B_2 193
直观形式（即在其中感知地或想像地构造出范畴对象之物的那个直观），都会有一个特有的符号形式，或者也可以说，有一个特有的种类含义形式与之相符。在符号行为的这个形式中进行着对一个集合或分离、一个同一性或非－同一性等等的符号意指。当人们谈及本真表象与非本真表象的对立时，人们所看到的通常是“直观”与“符号”的对立（只要这里的目的不是——这种情况也会时而出现——在于“相即”与“不相即”的另一个对立）。据此，这里的情况就会是“非本真的”集合、分离、认同、抽象等等的情况。

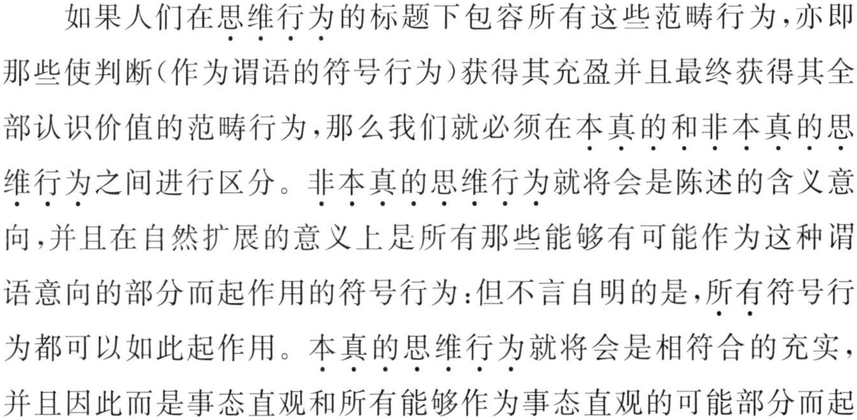

如果人们在思维行为的标题下包容所有这些范畴行为，亦即那些使判断（作为谓语的符号行为）获得其充盈并且最终获得其全部认识价值的范畴行为，那么我们就必须在本真的和非本真的思维行为之间进行区分。非本真的思维行为就将会是陈述的含义意向，并且在自然扩展的意义上是所有那些能够有可能作为这种谓语意向的部分而起作用的符号行为：但不言自明的是，所有符号行为都可以如此起作用。本真的思维行为就将会是相符合的充实，并且因此而是事态直观和所有能够作为事态直观的可能部分而起

[29] 在 A 版中未加引号。

作用的直观：而这又是所有直观都能够做到的；尤其是没有一个范畴形式不能成为一个事态形式之组成部分。关于**符号判断**[30]（陈述含义）之形式的**普遍学说**包容着**含义形式一般**（纯粹逻辑－语法[31]形式）的普遍学说，同样，关于**事态直观之纯粹形式**（或者说，关于纯粹的事态形式）的普遍学说包容着关于**直观一般的范畴形式**（或者说，关于客观范畴形式）的普遍学说。

B₂ 194 如果人们像常常所做的那样将**思维**与**判断**认同为一，那么就必须区分**本真的**与**非本真的判断**。于是，判断的概念便通过陈述意向和陈述充实的共同点，亦即通过作为质性和意向质料之统一

A 666 的意向本质而得到规定。这样的话，不仅判断行为，而且判断的所有可能部分自然都必须被看作是较为**宽泛**意义上的思维行为，这样我们便可以回归到一个与前面对思维行为概念之界定相等值的界定上去。

在非本真思维的、单纯符号行为的领域中，我们自由地摆脱了所有范畴规律的限制。在这个领域中，所有一切都可以达到统一。但确切地看，这个自由也受到一定的局限。我们在本书第四研究中已经谈及这一点，我们指明了“**纯粹逻辑－语法的**”[32]**规律**，这些规律作为复合和变异的规律划分了意义与无意义的领域。在非本真的范畴构形与改形中，我们是自由的，只要我们不去无意义地混杂各个含义。但如果我们也拒斥形式的和实在的背谬，那么非本真思维的、符号可联结之物的最宽泛领域便会变得非常狭窄。

[30] 在A版中加有重点号。

[31] 在A版中为：纯粹－语法的。

[32] 在A版中为：“**纯粹**－**语法的**”。

这样我们所涉及的便是复合含义的客观可能性，亦即它们与一个将它们作为整体而统一充实的直观之适合的可能性。含义有效性的、它们的合适直观化的观念可能性的“纯粹”规律显然是与那些调节着本真范畴形式之联结和变化的纯粹规律相平行的。

含义有效性的纯粹规律又不是指这样一种规律，在这种规律 B₂ 195
中可以找到任意的在先被给予的含义的有效性，而是指纯粹在范畴上确定了的含义联结和含义变化的可能性，这种联结和变化在每一个随意的现有情况中都可以进行，都可以被设定为“保真” A 667
(salva veritate)[①]，即是说，如果含义充实可能性从一开始就存在的话，那么它不会以任何方式受到损害。例如，倘若“g 是 G 的一个部分”这个陈述是有效的，那么“G 是 g 的整体”这种形式的陈述也就有效。如果“有一个α是β”为真，那么“某个α是β”或者“并非所有α都不是β”等等也就为真，如此等等。在这类命题中，材料是可以无限变更的，因此我们可以用间接的和完全不确定的代数符号来替代所有材料含义。但通过这种方式，这些命题便被描述为分析的命题。在此境况下，问题又不在于，材料究竟是在感知中还是在想像中被构造出来。可能性与不可能性所涉及的是在一个随意的材料底基上制作出那种合适地将含义形式直观化的行为；简言之，这里的问题在于那些完全合适的符号行为一般所具有的纯粹可能性条件，而这些条件本身又回溯地指明了范畴直观一般的纯粹可能性条件。自然，这些含义有效性规律并不是同一的，并且

① “保真”是由莱布尼茨最早提出的同义词条件：所谓同义词，应当是指在各个陈述中可以相互替代、却同时可以保持这些陈述之真值的表达。——中译注

自身不是本真的范畴的规律，但含义有效性规律忠实地追随本真范畴规律，这种追随是在那个调节着含义意向与含义充实之关系的合规律性的基础上进行的。

刚才所进行的这整个考察需要得到自然的和自明的扩展。我
们将境况做了简化，因为我们仅仅考虑了两个极端，我们将这两者
对置起来：一方面是完全直观的、因而是确实进行了的范畴行为构
B2 196 成物，另一方面是纯粹符号的、因而是实际上根本未进行的并且只
是在可能的充实过程中才能实现的行为构成物。但通常的情况是
混合；思维在一些时段上是直观的，在一些时段上是符号的；在前
一种情况中，一个范畴综合、一个谓语陈述、一个总体化等等现实
A 668 地得以进行，在后一种情况中，一个朝向这样一种范畴综合的单纯
符号意向附着在直观的或仅仅言辞表象（verbal vorstellige）的环
节上。由此而形成的复合行为作为整体具有非本真范畴直观的特
征；它们的整个对象相关项都不是现实地、而只是“非本真地”被表
象出来；它们的“可能性”，或者说，它们的相关项的客观可能性没
有得到保证。“非本真思维”的领域据此而必须得到如此宽泛的理
解，以至于它也可以接纳这些混合的行为构成物。我们所做的所
有阐释都应当在这个扩展的前提下以修正了的方式继续有效。这
样，我们所要谈论的便不是单纯含义、单纯符号判断等等的有效性
规律，而是要谈论掺杂符号的表象和判断的有效性规律。只要我
们所说的是单纯的符号思维，我们就大都是指这类混杂。

第 64 节　纯粹逻辑-语法规律[33]不仅仅是人类理智的规律，而且是每一个理智一般的规律。这些规律在不相即思维方面的心理学含义以及规范性作用

不言而喻，前一类规律和后一类规律一样，都具有**观念的**[34]本性。一个感性的材料只能在一定的形式中得到理解，并且只能根据一定的形式而得到联结，这些形式的可能变化服从于纯粹的规律，在这些规律中，材料是可以自由变化的因素；因此，如果表达性的含义没有丧失它们的本真表达能力，那么它们只能接受某些形式，或者说，只能根据规定的类型来改变它们的形式：所有这一切都不是因为意识进程的经验偶然性，也不是因为我们的、哪怕是普遍人类的智性组织之经验偶然性。毋宁说，这一切都在于**有关行为种类的特殊本性**，在于它们的意向本质与认识本质[35]；这一切并不属于恰巧是我们的（个体的或普遍人类的）感性本性，或者 B2 197
说，并不恰巧属于我们的知性本性，而是属于**感性和知性一般的观念**。一个带有不同于纯粹逻辑规律之规律的知性将会是没有知性的知性；如果我们将这个处在与感性之对立中的知性定义为范畴 A 669

[33]　在 A 版中为：纯粹语法的。

[34]　在 A 版中未加重点号。

[35]　在 A 版中“本质”为单数（ihrem ... Wesen），在 B 版中改作复数（ihren ... Wesen）。

行为的能力，并且最多再定义为朝向这些行为、因此是“正确的”表达或意指的能力，那么这些建基于这些行为种类之中的总体规律便从属于知性的**确然性**本质。其他生物可能观看着其他的“世界”，它们也可能配备了有别于我们的其他“能力”；只要它们是心理生物，只要它们具有意向体验连同所有那些这里所涉及的区别：在感知与想像之间、素朴直观与范畴直观之间、意指与直观、合适与不合适认识之间的区别，——那么它们也就会具有感性与知性，并且“服从于”那些所属的规律。

因此，本真思维的规律当然**也一同**从属于人类意识的组成，属于普遍人类的“心理”组织。另一方面，这些规律对于这个组织的**特性**而言并不具有特征性。我们曾说过，这些规律建基于某些行为的纯粹种类之物之中；这就是说，它们与这些行为的联系并不只是在于：这些行为恰恰聚合在一个人类组织之中；它们毋宁说是从属于所有那些由这类行为所构成的可能的组织一般。各个心理组织类型所具有的不同特性，所有那些例如以自然历史种属的方式界定着**人类**意识本身的东西，它们根本不会为这些作为思维规律的**纯粹**规律所触及。

B2 198 与“我们的”心理组织的关系或与“**意识**”**一般**（被理解为意识的**普遍人类之物**）的联系并不定义着纯粹的和真正的先天，而是定义了一个严重歪曲了的先天。普遍心理组织的概念与心理组织的
A 670 概念一样，仍然具有一个单纯“经验的”含义，具有一个单纯的“实际事情”（matter of fact）的含义。而纯粹规律恰恰是纯粹于实际的事情的，它们并不告诉我们，在这个或那个省份的习俗是什么，而是告诉我们，完全摆脱了所有习俗以及所有实在领域之界定的

是什么，而且这是因为，它属于存在之物的实质性配备。因而真正的逻辑先天所涉及的是所有那些从属于理智一般的观念本质、从属于它的行为种类和行为形式之实质的东西，即是说，从属于一种不可能被扬弃的东西，只要知性或定义着知性的行为是其所是：具有这样或那样的种类，同一地保持着它们的概念本质。

据此，逻辑规律、首先是“本真”思维的观念规律在何种程度上也要求一种心理学的含义[36]，并且它们在何种程度上也调节着实际心理发生的进程，这是不言自明的。每一个表达着一个建基于种类的本性之中的相容性与不相容性的真正“纯粹”[37]规律，如果它与心理上可实现的内容种类相联系，那么这个规律便限制着心理学上的（现象学上的）并存与顺延的可能性。在种类上已被明察为不相容的东西，在经验的个别情况中就不可能一致，因而不可能相容。只要经验逻辑思维绝大部分是以不相即的和符号的方式进行，那么我们现在便思考、意指着许多实际上根本不能一致的东西，亦即以本真思维的方式、以单纯被意指的综合的现实进行方式根本不能一致的东西。正因为如此，本真思维与本真表达的先天 A 671
规律便成为单纯意指的和非本真的思维或表达之规范。或者换而 B_2 199
言之：在“本真”思维规律的基础上建立起新的、同样[38]被阐释为实践规范的规律，它们被纳入到符号表象或掺杂符号的表象之领域中，这些规律陈述了一个可能真理一般（= 正确性一般）的观念条件，即在这个掺杂符号的意指领域之内的“逻辑的”（因为是与可

[36]　在A版中加有重点号。

[37]　在A版中为：和纯粹。

[38]　在A版中为：可能。

能的相即有关的)相容性之观念条件。而“非本真思维”的规律在心理学上又不被评价为是这种思维生成与变化的经验[39]规律,而是被评价为纯粹观念的被奠基的可能性与不可能性,这里的可能性和不可能性是指那些这样和那样被构形的非本真思维行为与相应的本真思维行为的相即之可能与不可能。

第65节 逻辑之物实在含义的背谬问题

1214 我们现在也完全理解,为什么这样一个想法会是背谬,即:世界的进程可能会违背逻辑规律——那种本真思维的分析规律或建基于其上的非本真思维的规范——,或者,经验、感性的实际事情必定会或可能会首先为这些规律提供论证并且对它们的有效性界限做出规定。我们且不考虑,在事实基础上的或然性论证恰恰就是自身服从于观念规律的论证,这些规律(如我们所预见的那样)就其种类的组成而言并且作为总体规律是奠基于“本真的”或然性体验之中。在这里毋宁需要指明,事实的所谓事实之物从属于感性,并且,这样一种想法,即通过感性的帮助来论证纯粹范畴规律——这些规律根据它们自身的意义排除了所有感性和事实性,并且只是对范畴形式,即作为可能的正确性或真理性一般的形式,做出纯粹的本质陈述[40]——,这种想法所表明的是一种最明显的“向另一个类的越度”(μετάβασις εἰς ἄλλο γένος)。那些不意指任

[39] 在A版中为:自然。

[40] 在A版中为:特别抽象于所有感性,亦即事实性,并且只是对范畴形式的相容性或不相容性做出总体的和明见的陈述。

何事实的规律是不可能通过任何事实而被证实和反驳的。因此，那个为伟大的哲学家们如此严肃和深刻地探讨过的问题，即“逻辑的实在含义或形式含义”之问题，是一个背谬的问题。我们不需要任何形而上学理论或其他理论来解释自然之进程与天赋“理智”之合规律性的相互应合；我们不需要解释（*Er*klärung），而只需要现象学的澄清（*Auf*klärung）[41]，即对意指、思维、认识以及由此而产生的观念与规律的澄清。 A 672 B2 200

世界作为一个感性统一构造起自身；根据它的意义，它是现实的和可能的素朴感知的统一。但根据它的真实存在，它并未在任何一个完成了的感知过程中无保留地、甚或相即地被给予我们。对于我们来说，它随时都只是[42]一个完全不相即的、部分是通过素朴的和范畴的直观行为，部分是通过符号行为而被意指的理论研究的统一。我们的知识越是进步，世界的观念对自身的规定也就越好并且越丰富，从这个观念中分离出去的不相容性也就越多。世界究竟是否真的像它显现给我们的那样存在，或者真的像在各门理论科学中被认为的那样或被合理地坚信的那样存在，这样一种怀疑具有其好的意义；因为无论归纳科学将我们带得有多远，它永远不可能相即地对世界表象进行构型。但如果怀疑真实的世界进程、自在世界（Welt an sich）的实在联系是否不会与思维形式发

---

[41]　在 A 版中“**Er**klärung”与“**Auf**klärung”二词的前缀未做斜体字，但加有重点号。

[42]　在 A 版中为：自在世界是一个感性统一；因为个体意义上的存在与感性可感知的存在是等值的。但自在世界并不是在素朴的感知中被给予我们；对于我们来说，世界只是。

生争执,那么这种怀疑也是背谬的。因为这就是说,一个确定的、[43]假言地预设的感性,即那个可以(在无限感知过程的一个意念完成的杂多性中)使自在世界相即地自身展示出来的[44]感性,它虽然能够接受范畴形式,但它必须强行将这些形式加以统一化,而这些形式的普遍本质又在总体上排除了这种统一化的可能。但这些形式的确就是如此,并且范畴的规律作为纯粹规律而有效,这
A 673 些纯粹规律可以抽象于所有感性材料,因而根本不可能为此感性的无限变更所触及。——这不仅仅是我们的意见,而且是我们的
B₂ 201 明察,它是在最完整的相即性中被给予我们的。自然,这种明察在主体方面是在某一个偶然经验直观的基础上进行的;但它是总体的并且是纯粹与形式有关的明察;抽象的基础在这里和在其他地方一样,它并不为那个被抽象出来的观念之观念可能性和有效性提供任何前提保证。

我们还可以略嫌多余地指明:如果人们在符号思维中设想一个反逻辑的世界进程之可能性,并且因此而提出要求说:这种可能性可以成立,以及,如果人们可以说是一举取消那些赋予这个和每一个可能性一般以有效性的规律,那么这里将会包含有何种荒谬性。此外,我们可以指明,从存在一般的意义中无法分离出与能够-被感知、被直观、被意指、被认识的相关性,因而从属于这个种类可能性的观念规律永远不可能通过各个存在者本身的偶然内容而被取消。但这里的论证已经够了,它们最终只是对同一个境况的

[43] 在A版中还紧跟:符号地和。

[44] 在A版中为:使自在世界相即地自身展示给我们的。

各种说法，而且它们在《导引》[①]中已曾引导过我们。

第66节　对在“直观”与“思维”之通常对置中被混淆的几个最重要的区别之划分[45]

通过上面的研究，一般可以说，在“思维”与“直观”之间被运用得如此之多，而又被澄清得如此之少的关系已经获得了可以满意的明晰性。我们将下列对立聚合在一起，对它们的混淆曾使认识论的研究产生过混乱，而我们现在可以完全清晰地将它们区分开来：

1.**直观行为**与**符号行为**的对立，**直观**作为感知或想像（无论这 A 674
个直观是范畴的还是感性的，是相即的还是不相即的）被置于与**作为符号意指的单纯思维**的对立之中。诚然，在括号中所提出的那些区别往往被忽略；我们要给予它们以最大的重视，并且在这里特别将它们列出：

2.**感性直观**与**范畴直观**的对立，即是说，我们将这两者对置起 B₂ 202
来：一方面是感性直观、在通常的、素朴的意义上的直观，另一方面是**范畴直观**、在扩展了的意义上的直观。被奠基行为所描述的是范畴直观，它们现在则被看作是使感性直观智性化的“思维”。

3.**不相即直观**与**相即直观**的对立，或者更一般地说，相即**表象**

① 即本书《逻辑研究》第一卷：《纯粹逻辑学导引》。——中译注

[45] 在A版中“直观”与“思维”二词上未加引号；“混淆”一词在A版中为“mengend”，在B版中改为“vermengend”。

与不相即表象的对立,因为我们将直观表象与符号表象聚合在一起。在不相即表象中,我们只是想像,这是如此(这显现为如此),在相即表象中,我们观视着境况本身,并且是在其完整的自身性中[46]直观到它。

4. 个体直观(通常的并且在明显未得到论证的狭窄意义中被理解的感性直观)与普遍直观的对立。根据这个对立,一个新的直观概念得到规定;这个直观与总体化相对置,而后又进一步与隐含着这种总体化的范畴行为相对置,并且在一种与行为的含糊混淆中也与这些行为的符号对应项相对置。现在便可以说,"直观"仅仅给出个别性,"思维"则朝向普遍之物,它是通过"概念"而进行的。人们在这里通常所说的是"直观与思维"的对立。

康德的认识论的总体特征便在于缺乏对这些对立的任何确定划分,对这门认识论的批判将会表明,将这些对立融合为一的趋向有多么强烈。在康德的思维中,尽管范畴(逻辑)作用起着重要的作用:[47]但他没有能够对感知与直观这两个概念做出超越于范畴领域的基本扩展;而且其所以如此,乃是因为他没有重视在直观行为与符号行为之间的巨大差别、它们的可能区分与通常的融合,因
A 675 而没有完成对意指与直观的不相即合适性与相即合适性之区别的
B_2 203 分析。因此他也没有区分作为普遍语词含义的概念与作为本真的普遍表象之种类的概念,以及还有作为普遍对象的概念,即作为普遍表象之意向相关项的概念。康德从一开始便因此而驶入了形而

[46] 在A版中为:本真地。

[47] 在A版中为:康德发现了范畴作用;。

上学认识论的航道之中，因为，在对认识本身、对那些前逻辑客体化与逻辑思维进行于其中的行为之总体领域进行澄清性的本质分析和批判之前，并且在将那些原始的逻辑概念与规律回归到它们的现象学起源之前，他就想批判地“拯救”数学、自然科学与形而上学。康德(尽管所有这一切，我们仍然感到与他很亲近)的噩运在于：他以为，对最狭窄意义上的逻辑领域只要做这样一个说明便可：它服从于矛盾律。他不仅从未注意到：逻辑规律处处都不具有在那个由他本人所定义的意义上的分析命题之特征；他也没有看到：要想澄清分析思维的成效，仅仅指明分析命题的一个明见原则是远远不够的。[48]

补充：康德理性批判的所有原则模糊性都与此相关，即康德从未弄清纯粹的“观念化”(Ideation)，从未弄清对概念本质、对本质规律之普遍有效性的相即观视(Erschauung)，即是说，他缺乏现象学的真正先天概念。因此他永远不能达到一门严格科学理性批判的唯一可能目的，这个目的也就是研究纯粹本质规律的目的，这些规律制约着作为意向体验的行为连同其所有客体化意义给予和“真实存在”之充实构造的样式。只有通过对这些本质规律的明察认识，所有那些对“认识之可能性”所能够提出来的有意义的理解问题才能得到绝对充分的回答。

[48] 在A版中为：，并且他从未注意到，逻辑命题处处都不具有在那个由他本人所说的意义上的分析命题之特征，并且，要想澄清分析思维的成效，仅仅指明分析命题的一个明见原则，哪怕是最平凡的原则，也是不够的。

第三篇

对引导性问题的澄清 A 676 B2 204

第九章　非客体化行为作为虚假的含义充实

第67节　并非每一个意指都包含着一个认识

在与一些更为普遍的问题的联系中，我们充分地研究了在含义与一致性直观之间的关系，并且与此同时也充分地研究了本真表达与非本真表达的本质；在完成这些研究之后，那些在此项研究 1223
的入口处曾困扰过我们并为此项研究提供最初推动的困难问题便得到了完全的澄清。

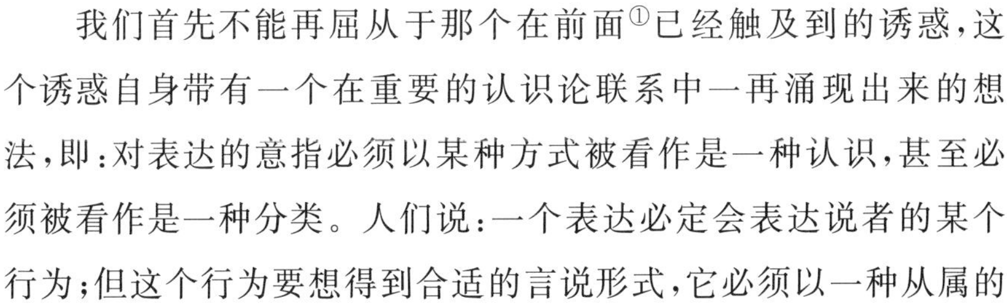

我们首先不能再屈从于那个在前面①已经触及到的诱惑，这个诱惑自身带有一个在重要的认识论联系中一再涌现出来的想法，即：对表达的意指必须以某种方式被看作是一种认识，甚至必须被看作是一种分类。人们说：一个表达必定会表达说者的某个行为；但这个行为要想得到合适的言说形式，它必须以一种从属的

① 参阅本书前面第1节、第8页[1]。

[1] 在A版中为：第480页。

方式被统摄、被认识,进一步说,表象必须被统摄、被认识为表象,属性必须被统摄、被认识为属性,否定必须被统摄、被认识为否定,如此等等。

我们回答:关于认识的说法与思维行为和充实直观的关系有
A 677 关。但思维行为在陈述[2]与陈述部分中,例如在名称中,并不是通
B$_2$ 205 过它们又再被思维和被认识而得到表达。否则,新的思维行为便是含义载者了,**它们**便会先被表达,而后又再需要新的思维行为,如此无限延续下去。如果我将这个直观对象称作“钟表”,那么我便在指称中进行一个思维行为和认识行为,但我所认识的是这个钟表,而不是这个认识行为。所有含义赋予的行为的情况当然都是如此。如果我在与表达性话语的联系中说“或”,那么我便进行了一个析取行为,但这个思维行为(析取行为是它的一个部分)并不与析取行为有关,而是与析取状态有关;正如[3]它从属于这个事态的统一一样。这个析取状态被认识并且对象地被标示。据此,“或”这个词不是一个名称,也不是一个不独立的对此析取的标示,它只是传诉这个行为。这当然也对整个判断有效。如果我进行陈述,那么我便会思想那些实事;这些实事具有这样和那样的状况:我表达它,并且有可能我也认识它。但我并不思想这个判断行为,就好像我也使它成为对象,并且现在将它归类为判断,并且还通过表达形式来指称它一样。

但是,表达与有待表达行为的语法应合不正指明了一个此应

[2] 在 A 版中“陈述”为复数(Aussagen),在 B 版中改作单数(Aussage)。
[3] 在 A 版中加有重点号。

合在其中得以进行的认识行为吗？在一定的方式上肯定是这样，或者说，在一定的情况中肯定是这样，这些情况是指：每当那个在此项研究开始时我们曾探讨过的关于表达之说法的意义得到运用时。但在另一些情况中则不是如此，即：只要这里所涉及的是用表达来进行的单纯传诉，从而每一个含义给予的行为都被看作是通过语词——语音——而被表达的；而且在下列情况中也不是如此，这些情况是指：只要表达行为所说的与意指行为一样多，而且被表达之物就是同一的含义。在后面这两个意义上，每一个陈述，无论是单纯符号的陈述，还是直观充实的陈述，都在表达着某些东西，即判断（信念）或判断内容（同一的语句含义）。但在前面所指出的 B2 206
意义上，只有直观充实了的或直观可充实的陈述才表达某些东西， A 678
在这里，不是这个语音，而是这个已经激活了意义的话语在展示着对相应直观的“表达”。含义赋予的作用首先并且始终作用于那些附着在语词上的符号意向的统一复合。当这些意向缺乏任何充实性直观时，它们便构成单纯符号的判断；在这里，那些“表达着”符号总体意向的一致性综合或非一致性综合并不是“本真地”被进行，而只是符号地被意指。如果情况相反，这个被指出的综合得到了本真的进行，那么“本真的”与“非本真”[4]的综合（符号行为[5]中的综合）便得以相合：这两者在同一意向本质中合而为一，这个意向本质展示着同一个含义，同一个判断，无论这里所做的是单纯符号的判断，还是直观的判断。如果只有几个语词意向才配备了直

[4]　在A版中未加引号。

[5]　在A版中为：含义。

观充盈，那么情况显然也会与此相似。符号行为包含着与直观行为同样的意指，但不带有它的充实；符号行为只是将这个意指“表达出来”，而且这个比喻还可以更好地适合于下面的情况：在直观行为消失时，符号行为仍然能保持直观的意义，即作为无直观核心的空壳。在直观判断的情况中，相合统一现在虽然确实也就是认识统一（即便不是联系认识的统一），但我们知道，在认识统一中的被认识者并不是充实行为，在这里亦即是指“本真的”判断综合，而是它的客观相关项，即那个事态。在对实事的直观中，我们进行一个判断的综合，一个直观的“是如此”或“不是如此”；带有联想语音的表达性意向（即语法的表达）以这个事态直观的行为来衡量自身，正是通过这种方式，对被直观的事态的认识才得以进行。

A 679 第68节　关于对那些被用来表达非
1226 B$_2$ 207 客体化行为的特别语法形式的争执

我们现在转向对那个不显眼的、但进一步看却既重要又困难的有争议问题[1]的最后考虑，这个问题是指：语言为愿望、疑问、意愿意指——一般地说，为那些不属于客体化行为种属的行为——所创造的那些已知语法形式究竟是否可以被看作是关于[6]这些行为的**判断**，或者，不仅客体化的行为，而且这些非客体化行为本身究竟是否也可以作为“被表达的”行为、亦即作为意义给予的或意

① 参阅本书前面第1节及以后各节。

[6] 在A版中加有重点号。

义充实的行为起作用。即是说，这里所涉及的是像“π是一个超越数吗?”、“愿天助我们!”等等这样一类语句。

这个问题的棘手性表现在：自亚里士多德以来的重要的逻辑学家无法对此达成一致的决定。如所周知，亚里士多德就已经反对那种将这些语句同等对待的做法。陈述就是对某物存在或不存在的表达，它们做出主张，它们对某物做出判断。只有在陈述那里才能谈及真与假。一个愿望、一个疑问不主张任何东西。人们在这里不能对说者指责说：你所说的是错误的。他根本就不会理解这种指责。

鲍尔查诺想使这个论据无效。他说：“一个问题，例如‘一个圆的直径与圆的面积处在何种关系之中?’的问题，当然不会对它所提问的**东西**做出陈述，但它因此却仍然还陈述了某个东西，即我们的要求：我们要求在我们所提问的对象上获得教诲。它恰恰既可以为真，也可以为假。而如果这个通过提问所提出的要求被标明为是不正确的，那么它便为假。”①

但这里会有疑问产生，鲍尔查诺在这里是否将这两者混为一谈，即：一方面是表达——在这里是语音——与思想的合适性或不合适性，另一方面是与思想内容以及它与实事本身的合适性相关的真或假。可以在双重的意义上谈论一个表达(作为语音)与思想 A 680
的合适性；或者是在**不合适**的话语之意义上——说者为了表达那 B2 208
个充实着表达[7]的思想而选择了这样的语词，这些语词的通常语

① 鲍尔查诺：《科学论》，第一章，第22节，第88页。

[7] 在B版中缺。

言含义与这个思想相争执——或者是在不真实的、亦即有意欺瞒的、欺骗性的话语之意义上:说者根本不想表达那些现时地充实着表达的思想,而是想表达另一些与这些思想相争执的并且只是通过这个表达而被表象出来的思想;并且说者是想以一种好像是充实着表达的方式来表达这些思想。关于真的说法与此类事情无关。一个合适的和真实的表达可以陈述这两者,即真与假,也就是说,根据它通过其意义所表达的是或不是;换言之,根据它的意义通过相即感知所能得到的相即充实或失实,这个表达既陈述着真也陈述着假。

人们现在可以反驳鲍尔查诺说:在每一个表达那里都同样可以谈论真实性或不真实性,甚至可以谈论合适性与不合适性。但唯有在陈述那里才能谈论真与非真。因而对陈述者可以进行多重指责:你所说的不是真的。——这是实事性的反驳。还有:你说得不真实。——这是对不真实的和不相即的话语[8]的指责。对提问者只能进行后一种指责。他也许是在装腔作势,或者是对他的语词使用不正确,以及他所说的与他确实想要说的不一样。但人们无法对他提出实事性的指责,因为他恰恰没有主张任何实事。如果人们用那个与表达之合适性有关的指责来证明,疑问句陈述着
A 681 一个判断,即那个以"我询问,是否……"的形式而完整得到表达的
B_2 209 判断,那么人们就必须前后一致地对待每一个表达一般,即是说,也在每一个随意的陈述那里将这样一个意义作为它的本真意义而附加给它,这个意义在"我陈述,……"的话语形式中得到表达。但

[8] 在A版中未加重点号。

这一点必须同样也对变化了的话语有效，这样我们便会进入无穷后退(unendliche Regresse)：在这里可以轻易地明察到，越来越新的陈述之洪流不是单纯的语词洪流，毋宁说，它提供了变更的陈述，这些陈述与原初的陈述并不等值，也就更不能说是含义同一的了。——因此，那个背谬的结论难道不会迫使我们承认，在这些和另一些语句形式之间存在着一个本质区别吗？[①]

但人们在这里还可以采取一种双重的态度。或者人们说，关于真实性的问题切中了每一个话语：因此在每一个话语本身之中都包含着一个判断，即与说者的有待传诉的体验相关的判断。谁言说，谁就在传诉着某个东西，与这个东西相符的便是传诉着的判断。但被传诉的东西或被表达的东西，是一个不同的东西；在疑问句中是问题，在命令句中是命令，在陈述句中是判断。据此，每一个陈述句都隐含着一个双重的判断，即一个关于这个或那个事态的判断，以及第二个由说者本身对这个作为其体验的判断所做的判断。

这似乎便是西格瓦特的立场。我们读道[②]："诚然，命令式也包含着一个主张，这个主张就是：说者现在恰恰就要他所要求的行为，而祈愿式则包含着这个主张：他期望被陈述出来的东西。但这个主张**在于**[9]**说话的事实**，而不在于被陈述之物的内容；同样，每一个A是B这种形式的陈述句都通过说话的事实而含有这个主 B2 210

① 下一节将会告诉我们：应当如何来真实地理解这个区别(参阅结尾段落)。

② 西格瓦特：《逻辑学》，第一卷，第二版，第17-18页，注释。

[9] 在A版中未加重点号。

张,即:说者思考和相信他所说的。这些关于说者主观状态的主张
A 682 包含在他的话语的事实之中,并且在他的真实性的前提下才有效,这些主张以相同的方式伴随着所有话语,因而不能论证不同语句的区别。”[10]

但还有另一种观点,即:人们将那种在陈述句情况中的传诉性判断、因而也将那种判断的双重化批评为一种偶然的、只是例外地加入的、此外还是通过描述性反思才纳入的复杂化,并且与此相对地提出:在任何一个合适地、并且不是机遇性地被简化的话语情况中,被表达之物本质上是同一个,亦即在疑问句中的问题、在愿望句中的愿望、在陈述句中的判断。我本人在进行这些研究之前曾认为,这个态度是不可避免的,即使它似乎很难与其他现象学事实达到一致。我曾认为自己受到以下的论据的束缚,现在我将对这些论据加以合适的批判。

第69节 赞成和反对亚里士多德观点的论据

1. 在那门与亚里士多德相背的学说看来,例如谁表达了一个问题,他便向另一个人传达了他在有关事态上得到教诲的愿望。人们说,与任何一个传达一样,这个与说者的现时体验有关的传达也是一个陈述。诚然,在问题式本身之中现在并没有明确地说出:“我询问,是否……”;这个问题式只是将问题标示为问题。这个话

[10] 在A版中采用小号字体。

语恰恰是一个机遇性地被简化了的话语。表达的状况已经明确地说明，说者本身就是在此提问的人。因此这个语句的完整含义并不在于这个语句本身根据其语音所意指的东西，相反，这个完整的含义是受机遇所规定的，即受与当时的说话人的关系所规定的。

对此可以做出有利于亚里士多德观点的多重反驳。

α)这个论据同样也适合于陈述句；即是说，我们必须将“S 是 A 683
P”的表达解释为对“我判断，S 是 P”这个新的表达的机遇性简化，B_2 211
如此地无限进行下去。

β)这个论据所依据的是，疑问句的明确意义不同于现实意义。也不能否认，在疑问句和愿望句本身之中并不必然地表露出愿望与愿望者的联系，就像在陈述句中没有表露出判断与判断者的联系一样。但如果这个联系不包含在这个语句的明确内容中，而只包含在那种机遇变换的意义中，那么这里所承认的便和人们所能愿望的一样多了。在某些状况下，明确的含义可以发生变异，但在另一种状况下，明确的含义完全就是被意指的含义。这样，单纯的问题(单纯的请求、单纯的命令等等也是如此)便以完全合适的方式得到表达。

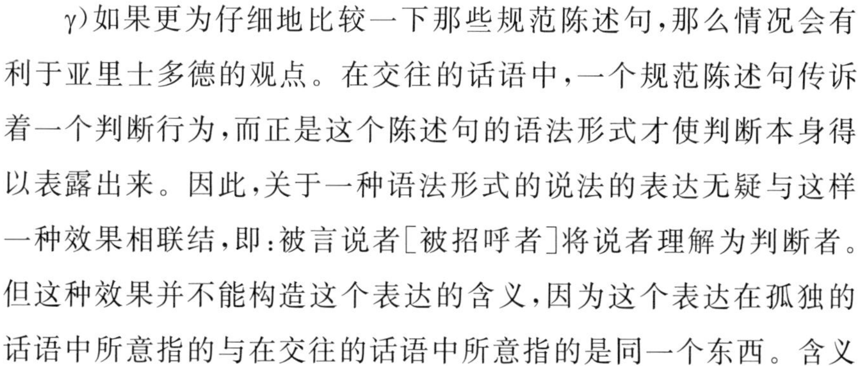

γ)如果更为仔细地比较一下那些规范陈述句，那么情况会有利于亚里士多德的观点。在交往的话语中，一个规范陈述句传诉着一个判断行为，而正是这个陈述句的语法形式才使判断本身得以表露出来。因此，关于一种语法形式的说法的表达无疑与这样一种效果相联结，即：被言说者[被招呼者]将说者理解为判断者。但这种效果并不能构造这个表达的含义，因为这个表达在孤独的话语中所意指的与在交往的话语中所意指的是同一个东西。含义

毋宁说是包含在作为同一判断内容的判断行为中。

同样的情况现在也可以适用于疑问句。疑问句的含义始终是同一个，无论它所涉及的是一个内部的问题，还是一个提问。与在前面的比较情况中一样，说者与说话对象的联系从属于单纯的交
A 684 往作用。在那里是“判断内容”，即那个在内容上这样和那样被规
B_2 212 定的判断所具有的某个种类特征构成了陈述句的含义，而在这里则是问题内容构成疑问句的含义。在这两种情况中，规范含义都经历了机遇性的变异。我们可以说出一个陈述句，而我们的第一性意向却并不在于传达那个有关的事态，而是在于传达这个事实，即：我们具有这个信念并且打算维护这个信念。这个意向或许可以通过异语法的（heterogrammatisch）手段（加重语气、手势）的支持而被理解。这里的基础在于一个与明确判断有关的判断。同样，在一个疑问句或愿望句的情况中，第一性的意向可能并不在于单纯的愿望，而在于这个事实：我们想将这个愿望表达给听者。当然，这个解释并不可能始终确切。在这样一种情况中，例如当一个迫切的愿望自发而由衷地迸发出来时，这个解释便不确切。这时，这个表达便与愿望密切相一致，它与这个愿望素朴而直接地紧贴在一起。

批判。——如果我们更切近地看，那么通过这个论据所证明的仅仅是：不可能在每一个语句的意义中都包含着一个与交往关系相关的思想。被反驳的是建立在这样一个错误假设上的对立论据，即：每一个表达都是一个传达，而每一个传达都是一个对说者的内心的（被传诉的）体验的判断。但对立论据的命题却并没有得到反驳——至少没有在适当的变异中受到反驳。这里并没有排除

这样一种可能性，即：那些有争议的语句、愿望句、祈求句、命令句等等因此还是关于有关体验的判断，即关于愿望行为、祈求行为、意愿行为的判断，并且正因为如此，它们才能够给予这些体验以合适的表达。如果这里没有为在较为狭窄的意义上的判断、即在谓语陈述的意义上（诚然，亚里士多德便是将这些有争议的语句视作谓语陈述）的判断留下位置，那么也许为在较为宽泛意义上的判断、即在设定性的客体化行为一般之意义上的判断留下了位置。

对α）我们还要再说明，陈述以及例如问题，对于这两者来说， A 685
境况仍然是不尽相同的。在“S 是 P”这个语句向“我判断，S 是 P” B_2 213
的语句或某个相似的、不确定地表达着与判断者之联系的语句的变化过程中，我们不仅获得变化了的含义，而且还获得了甚至与原初含义不等值的含义；因为素朴的语句可以为真，主体化了的语句则可以为假，或者反之。在那个比较的情况中则完全不同。在这里人们完全可以拒绝谈论真与假：人们始终可以找到一个与原初的问题式、愿望式等等“**本质上意味着同一个东西**”的陈述，例如“S 是 P 吗？”就等于“我期望知道”或“人们期望知道，S 是否是 P”等等。在这类语句形式中难道不正隐含着一个与说者的联系，即便是一个不确定的并且是顺带被一同意指的联系吗？在陈述句变化过程中对“本质意指”的保持难道不正指明，含义给予的行为至少必须像判断那样从属于同一个种属？这样也就解决了β）；对于含义来说，问题恰恰不在于单纯的愿望体验或意愿体验，而在于对这些体验的内直观（以及与它相符合的符号行为）。——但这个观点恰恰触及到了下一个论据。

2. 人们还可以以其他的方式来尝试着将这里所说的表达形式

解释为判断。只要我们说出一个愿望,哪怕是在孤独的话语中,我们便在语词中对它和所期望的内容进行理解,亦即对它和构造着它的东西进行表象。但愿望不是一个随意的、单纯被表象的愿望,而是那个刚才被感知的、生动的愿望。而我们所要传诉的是这个愿望。因此,得到表达的并不是这个单纯的表象,而是内感知——据此而确实是一个判断。当然,这个判断并不是那些通常的、对某物做出谓语陈述的陈述种类之判断。在愿望表达中,问题仅仅在
A 686 于:在素朴的设定中概念地(=合乎含义地)理解那个被内感知的
B_2 214 体验,并且表露出它的素朴此在;但问题并不在于,对此体验进行一种与体验主体发生联系的谓语陈述。

反对这种观点是这样一种指责,即:被陈述的判断的境况与所有其他的明确体验的境况是完全相同的。只要我们在陈述,我们便在判断;而在语词中,我们不仅能够理解作为判断之基础的表

象,而且也能理解判断本身(即在陈述形式中的判断)。所以我们在这里也必须推断:判断被内部地感知到,而陈述的含义则包含在对这个被感知之物、亦即对这个判断的素朴设定的判断之中。如果没有人认为可以在陈述的情况中接受这种观点,那么这种观点在其他的独立语句中也不可能得到认真的对待。我们回忆一下在前一节中所做的阐释。那种与被表达的体验相衔接的表达无法作为名称或类似名称那样与这些体验发生联系:就好像这些体验刚刚得到**对象性**的表象,而后在概念中得到把握一样,就好像因此随着每一个新出现的语词也发生着一个归总和一个谓语判断一样。如果有人判断,金是黄的,那么他并不是判断,他随着金这个语词而一同具有的那个表象就是金;他并不判断,他在“是”这个词那里

所进行的判断方式要归入到“是”这个概念之中，如此等等。实际上，“是”这个语词并不是用于判断的语词符号，而是从属于事态的存在符号。“金”也不是一个用于体验表象的名称，而是用于金属的名称。只有当体验在反思中成为表象的对象或评价的对象时，表达才是用于体验的名称。同一种情况适用于所有的语词，也适用于那些与对象之物相联系的合义的(synkategoremetisch)语词，它们根据其种类来标示这个对象之物，尽管不是作为名称来指称这个对象之物。

因此，表达并不是以规范性标志的方式附加给那个每每占据着我们的行为，那个我们生活于其中、而不对它进行反思评判的行为；毋宁说，表达从属于行为本身的具体组成。明确的判断就是判 A 687
断，明确的期望就是期望。对一个判断或一个愿望的指称并不是 B_2 215
判断或愿望，而恰恰是指称。被指称的判断永远不必为指称者所判断，被指称的愿望永远不必为他所期望。即使在相反的情况下，指称也不是对判断或愿望的表达，而是对与此相关的表象的表达。

批判。——这个指责也揭露了那个事先被提出并且起初是如此易于理解的论据之缺陷。根据这个指责，并且根据我们前面的考虑已经可以肯定，并非每一个表达本身都预设一个判断或一个其他的、使被传诉的体验成为对象的行为。但以此仍然没有反驳这个命题本身，这里没有证明：这些有争议的语句形式恰恰不是对各种愿望体验、疑问体验、祈求体验的判断，或者说，不是对这些体验在说者之中的素朴此在的表达。当然，对一个愿望的指称还不会因此就是愿望；对一个愿望的体验并与此一致地对它的指称难道不恰恰[11]也就是愿望吗？因此，即使明确的愿望必然是一个指称性的愿望或陈述性的愿望，这个命题也仍然有效：明确的愿望恰恰是愿望，而不是单纯的指称。

3.这些有争议的表达具有语句的形式，并且在某些情况下还具有那种带有主语和谓语的范畴语句形式。从这里便已经可以得出，人们也可以在内容上将它们理解为谓语陈述，虽然这个谓语陈述并不恰恰就关系到始终同一的东西，但却关系到缄默的主语：我。例如，“愿上帝保佑皇帝。”“弗兰茨应当保重自己。”“马车夫应当套车了。”一个期盼、一个应然被说出，有关的主语被理解为是屈从于一个要求或责任的。

A 688 人们在这里可以指责说：只要这个应然被视为客观谓语并且 B_2 216 本身事实上被附加进来，这个应然句就不具有一个愿望或命令的含义，或者它不仅仅具有这种含义。一个客观的责任可以作为有效的而被陈述出来，而陈述者本身却不必同时体验一种构成了现时责任意识的行为。如果我知道一个人的意愿受其雇佣关系或受风俗和品德的束缚，那么我便可以判断，他应当并且必定会做某些事情。但我并不因此而表达任何生动的愿望、欲求或应然。当然，应然－陈述在机遇性的作用中也可以被用来表达这类行为，例如，“约翰应当套车了！”很明显，这里被表达的不只是客观的责任，而是我的意愿。它没有在这些语词本身之中得到表达，但却可能通过语调和状况而得到表达。在这种状况下，谓语形式无疑会极多地替代着愿望式或命令式，亦即应然－谓语陈述，这种谓语陈述包

[11] 在A版中未加重点号。

含在语音之中，它根本没有被进行，或者成为次要的事情。最后，同样还可以无疑地看出，这种谓语陈述的解释也只是在几个情况中才显现出来。它肯定不能被运用在问题上，正如 B. 埃德曼所做的那样[①]，他虽然大都倾向于这种解释，但也建议不将它运用在问题上。

批判。——值得一问的是，这种反驳究竟是否充分。应然-谓语常常具有一个客观的意义和价值，这是毫无疑问的；但这里根本没有证明：如果这种情况不发生的话，那么也就没有进行谓语陈述，无论如何是没有进行判断。人们可以说，如果我们向某人发出一个命令，例如对马车夫约翰：他应当套车，那么他就被我们看作是屈从于我们意愿的人，他被我们理解为这样的人，并且据此而以表达的形式而被言说［被招呼］。我们说，“约翰，套车！”他作为应当套车的人在这里得到谓语的陈述，而他当然是在对相应实践成就的期待中得到谓语陈述，而不是在对这样一个事实的单纯确定之意图中，这个事实是指，他被我看作是这样的一个人。对命令的表达是一个相对的表达。如果没有命令者，我们便不能将某人表 A 689
象为一个被命令者，哪怕是以确定的或不确定的方式一同被表象。 B_2 217
只要我们自己下命令，我们便将自己理解为命令者。但这里并不需要作为自明性的明晰表达。我们不是使用“我命令……”这种复杂形式，而是使用简短的、通过其形式而指明着交往关系的命令式。带有应然（与必须）的话语形式原初并不是由命令者在现时的话语形式中用在（与他相对立的）被命令者之上，而是始终被用在

① 参阅 B. 埃德曼：《逻辑学》，第一卷，第一版，第 45 节，第 271 页以后。

事关一个更多是对本己的或陌生的意愿意指的客观表达之情况中；例如由第三个传递命令的人所使用，或者作为对法律中的立法意愿的表达被使用。在发出命令者和接受命令者之间的交往关系以外，那个在这类与前者意识状况相符合的命令式恰恰会丧失它的可使用性。这种观点可以到处得到实施。人们会说：在祈求式中，被期望之物作为被期望的而得到表象、得到指称，而后无论如何还得到陈述。同样，在请求式中，被请求之物则作为被请求的，在疑问式中，被询问之物则作为被询问的等等。这些行为被合乎表象地置于与其意向对象的联系之中，并且如此而作为在这些对象上的反思性谓语自身成为对象性的。

在交往关系中，与命令一样，其他一些相关的表达也具有这样的作用，即以本质上机遇性的表达方式对听者说，说者在与他、即与听者的意向联系中进行被传诉的行为（请求行为、祝福行为、哀悼行为等等）。只要每一种表达都能够完全有意识地承载这样的
A 690 愿望，即：用这些表达来向他人进行传达，向他人告知本己的信念、
B2 218 怀疑、希望等等，所有这些表达便都有可能伴随着对这些内体验的反思行为，而且更进一步说，伴随着对内体验的直观的行为，这些直观行为使那些内体验与自我和那个被招呼的人发生联系。因此这也对交往性的陈述有效。所以这些反思行为和联系行为并不从属于陈述的含义或其他表达一般的含义；然而的确可以说，包含在这些含义中的是那样一类有争议的表达，它们作为这类表达完全朝向于说者的内体验。

在孤独的心灵生活中缺乏（撇开自言、自问、自己愿望、自己命令自己这些例外的情况不论）与被招呼者的联系，而这时还能被使用的有关主语表达便成为对内体验连同或多或少清晰的自我联系的素朴存在之表达。独白的问题或者意味着:“我问(自己),是否……”;或者则完全缺少对自我的顾及;疑问表达成为单纯的名称,从根本上说甚至连名称都不是。因为规范的作用为名称指定了一个在谓语或定语联系中的位置,但在这里却谈不上这一点。由于表达以认识的方式与被直观的内体验结合为一,一个复合便得以产生,这个复合具有一个自身封闭的现象之特征。只要在这个复合中问题是那个我们主要生活于其中的行为,而表达只是作为陈说的、将它分节的表达而与它相紧贴,那么我们便将整个复合都称作是一个问题。认识在这里并不是理论性地起作用——它只能在谓语陈述中才能这样做,而在这里并没有进行谓语陈述,虽然问题被认识并且被表达,但没有被主语化,没有成为谓语陈述行为的主语或宾语。显然,疑问句的这个直接表露性意义是谓语陈述疑问句的组成部分,或者说,是与变化了的状况相符合的含义之组成部分。

第 70 节　决断

如果人们将判断理解为谓语陈述,那么根据这些考虑,这些有 A 691
争议的语句就**不会在所有情况下都是对判断的表达**。在这些情况 B2 219
中仿佛也有一个不可逾越的鸿沟将我们与那些与亚里士多德相伴的逻辑学家分割开来。按照他们的看法,名称、陈述、愿望句、疑问句、命令等等是**同等序列**的表达形式,并且是在以下意义上:名称给表象以表达,陈述给判断以表达,愿望句给愿望以表达,如此等等。作为含义赋予的行为，表象、判断、愿望、问题等等，简言之，任何一种行为，都可以以完全相同的方式起作用；因为“给行为以表达”在这里始终意味着同一个东西，即在这些行为中找到它的含义。相反，我们在对名称和陈述与那组有争议表达的比较中发现了**一个基本区别**：那些在名称与陈述中“被表达的”表象行为或判断行为虽然是含义给予的（或者说，含义充实的），但却恰恰并不因此而意味着：这些行为在指称和陈述中不是**对象性的**，而是**构造着对象的**。另一方面则恰恰与此相反，我们在所有这些有争议的表达上都发现，这些“被表达的”行为对于我们来说是**对象性的**，尽管它们据说是含义给予的。但我们已经认识到，这种情况之所以发生，一方面是借助于那些反思地朝向这些行为的内直观，并且大都是借助于奠基于这些直观之中的联系行为；而另一方面则是借助于某些可能只是部分地被说出的符号行为，这些符号行为以认识的方式紧贴在那些内直观和联系上，以至于这些内直观和联系的对象，即疑问行为、愿望行为、命令行为等等成为被指称的和以其他方式被陈说的对象，并且有可能成为被陈述的事态的组成部分。这些有争议表达的真实含义现在便包含在客体化的行为之中。在

A 692 这些行为那里所关涉的并不是根本上新种属的含义赋予行为；而
B2 220 是含义意向这个唯一种属的偶然殊相化（Besonderungen）。同样，含义充实的行为并不属于不同的种属，而是属于直观这个唯一的种属。并不是愿望、命令等等**本身**通过语法构成物和它们的符号行为而得到表达，而是对这些行为的**直观**在作为充实起作用。如果我们对陈述句和疑问句进行比较，那么我们不可以将**判断**与愿望相互并列，而只能将**事态**与愿望相互并列。

据此而得出这样的结论：

那些对非客体化行为的所谓表达是对客体化行为的陈述或其他表达的殊相化，它们在实践上，尤其是在交往上极为重要，除此之外也是偶然的。

但这个被谈论的问题的根本重要性就在于，人们是否能够倡导这样一门学说，这要取决于对这个被谈论的问题的决断，这门学说是指：所有在意向与充实中的意指行为都属于一个种属——即客体化行为[12]种属连同其符号行为和直观行为的基本划分——，或者毋宁说是取决于：人们是否必须决定，可以将任何一个种属的行为都看作是含义给予的或含义充实的行为。这个有争议问题又因此而具有相当重要的意义，即：它首先使人注意到关于被表达行为之等值说法的基本三重意义，此项研究便致力于对这个三重意义的分析。① 据此，“**被表达的行为**”可以是指：

1. **符号行为**，它们赋予表达一般以含义，并且以其符号的方式意指某个对象性。

2. **直观行为**，它们常常充实着表达的符号意指，即是说，将符号地被意指的对象直观地当下化，并且是在一个相同的直观的“意义”上。

3. 这样一些行为，即每当一个表达在表达（即在第二种意义上 A 693
的表达）说者的**本已暂时体验**时，它们是符号行为的**对象**，并且同 B_2 221

① 参阅本书前面第 2 节，第 10－11 页[13]。

[12] 在 A 版中“行为”为复数（Akte），在 B 版中改作单数（Akt）。

[13] 在 A 版中为：第 482－483 页。

时也是直观。如果这些行为从属于客体化的行为，所以它们就其本性而言可以具有在第1点和第2点中所标示的那些作用。

但所有的困难的根源都在于，在将表达或表达行为直接运用于那些直观地被把握的内体验的过程中，符号行为通过那些从属于它们的内直观而得到完整的充实，因而这两者是最密切地融合在一起的，而直观作为内直观则同时溶解在对被意指行为的素朴体现之中。

最后还要说明的是，严格地看，前面那个被用来[14]反对鲍尔查诺的区分——究竟是只能进行主语的反驳（与表达的真实性或合适性相关），还是也可以进行实事的反驳（与客观的真与假相关）——与这里的这个有争议问题并不具有本质联系。因为它完全一般地涉及这两种表达的区别，一方面是那些与直观地被把握的本己行为体验有关的表达，另一方面则是与此无关的表达。但在第一种表达中还有许多完全无争议的谓语陈述。例如所有这种形式的陈述："我问，是否……"，"我命令或期望……"，以及如此等等。需要注意的是：即使在这些如此被阐述的主语判断中也不能进行实事的反驳。它们尽管是真或是假，但真在这里与真实性相聚为一。在以"客观之物"为目的的其他陈述那里，实事的问题涉及含义；但真实性的问题与虚假陈述的可能性相关，在这里缺乏本真的和规范的意指行为。在这里所进行的根本不是判断，而是对那个与一个欺骗意向相关的陈述含义的表象。

[14] 在A版中"被用来"一词为"gewendet"，在B版中改为"angewendet"。

附录　外感知与内感知。物理现象与心理现象

A 694

B_2 222

1[1]

“外感知”与“自身感知”、“感性感知”与“内感知”，这些概念对于素朴的人来说具有以下内涵。外感知是对外在事物、它们的性质和状况、它们的变化和相互作用的感知。自身感知是每个人对他自己的自我及其特性、状态、活动所能够具有的感知。谁是这个被感知的自我，对于这个问题，素朴的人会通过对他的身体现象的指明，通过对他过去的和当下的体验的列举来加以回答。所有这些是否在自身感知的过程中都一同被感知到，对于这个进一步的问题，素朴的人当然会回答说，正如被感知的外在事物具有许多特性，而且是在那些暂时还没有“进入感知”的变化的过程中具有许多特性一样，被感知的自我的情况也完全与此相应。随情况的不同，会有这种或那种对自我的表象、这种或那种对自我的感受、愿望、这种或那种关于自我的切身活动等等进入到自身感知的变化

[1] 在A版和B版的目录中为：第1节。通俗的和传统哲学的外感知与内感知概念。

行为之中，就像对一座房屋，时而它的外部或内部，时而这个面或那个面、时而这个部分或那个部分会进入到外感知中一样。因此，素朴的人认为，自我和房屋在两种情况中都是被感知的对象。

A 695 对于素朴的人来说，感性感知和内感知这另一对概念并不完
B2 223 全与以上所述的外感知和自身感知这对概念相对应。感性地被感知的东西，是通过眼睛和耳朵、气味和口味被感知到的东西，简言之，是通过感官被感知到的东西。对于每一个人来说，在这个领域中都不仅包含着外在事物，而且也包含着自己的身体和自己切身的活动，如走与吃、看与听。另一方面，人们所说的被内部地（innerlich）感知到的东西主要是一些“精神体验”，如思维、感觉、意愿，当然也包含所有那些处在身体内部的、与外部感官无关的东西。

在哲学用语中，这两种术语——人们在这里通常偏爱“外感知和内感知”这对术语——只表达了同一对概念。在笛卡尔对“精神”（mens）和“物体”（corpus）做了截然划分之后，洛克在“感觉”（sensation）与“反省”（reflexion）的标题下将这两个相应的感知组引入到近代哲学中来。这个划分至今为止仍然是决定性的。在洛克看来，外感知是我们对物体的感知，内感知是我们“精神”或“心灵”对自身活动（这也就是笛卡尔意义上的思维（cogitationes））所具有的感知。这样，对感知的区分是由对感知对象的区分所决定的。同时，感知在其产生方式上的区别也被归诸于感知对象的区别。在外感知这方面，它产生于物理事物通过官能对精神所发挥的作用；而在内感知这方面，它产生于在通过感觉已经获得的“观念”的基础上，精神对活动所做的反思。

2[2]

在最近时期，人们竭力想对洛克所做的这些显然是粗糙而模糊的规定进行适当的改变和深化。

这种努力**一方面**是由普遍的**认识论**兴趣所驱动的。我们可以 A 696
回忆一下对这两种感知的相对认识价值的传统评价：**外感知是虚** B_2 224
假的，内感知是明见的。认识的一个基本支柱就在这种明见性中，它是怀疑论所无法动摇的一个支柱。内感知也是唯一的一种在其中感知对象与感知行为真实相符合的感知，是唯一一种感知对象寓居于感知行为之中的感知。因而确切地说，它是唯一一个名副其实的感知。——所以，出于感知理论的兴趣，我们还必须对内感知所具有的与外感知相区别的本质进行更为仔细的研究。

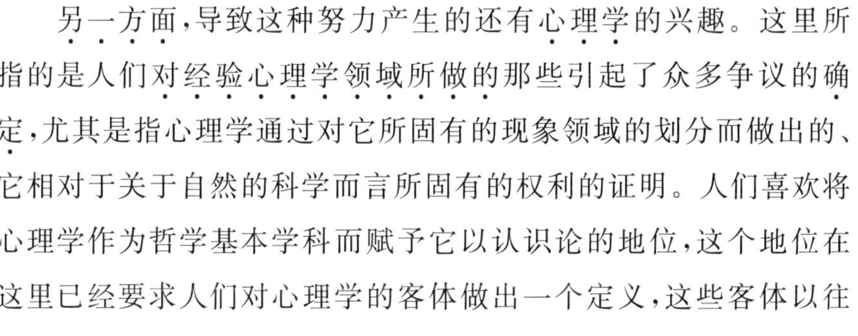

另一方面，导致这种努力产生的还有**心理学**的兴趣。这里所指的是人们**对经验心理学领域所做的**那些引起了众多争议的**确定**，尤其是指心理学通过对它所固有的现象领域的划分而做出的、它相对于关于自然的科学而言所固有的权利的证明。人们喜欢将心理学作为哲学基本学科而赋予它以认识论的地位，这个地位在这里已经要求人们对心理学的客体做出一个定义，这些客体以往在认识论上是无关紧要的，也就是说，它们不涉及超越的实在，尤其是不以自明的被给予方式涉及像心灵与物体这样一类有争议的

[2]　在A版和B版的目录中为：第2节和第3节。对传统区分进行深化的现象学的动机和心理学动机；布伦塔诺的观点。

实在。洛克对感知的划分正是依据了这个前提,因而这个前提对于论证心理学的定义以及满足上述兴趣而言便立即是不合适的(当然它本来也就不是被用于这个目的)。除此之外,很明显的是:如果感知的区别是建立在事先被接受的物体事物和精神事物之区别的基础上,那么前一个区别就不能够被用来划分在关于物体现象的科学与关于精神现象的科学之间的界限。而如果能够在保留
A 697 种类范围的情况下获得区分各个感知,或者说,区分与这些感知相
B2 225 应的躯体现象和心灵现象的纯粹描述性质,也就是说,获得那些不需要任何认识论前提的性质,那么情况就会有所不同。

笛卡尔的怀疑考察借助于在它之中得到突出的内感知的认识论特征似乎在这里开辟了一条可行之路。我们已经多次接触到这一特征。这里所展示的思路是这样的:

1246

无论我将认识论的怀疑扩展得有多远,我在,我怀疑,以及我表象,我判断,我感觉,或者其他任何被内感知到的现象——我在体验这些现象的同时,无法对它们进行怀疑;在这种情况下进行怀疑是明见的背理。因此,关于内感知的对象存在,我们具有"明见性",它是最明晰的认识,是标志着最严格意义上的知识的无可反驳的确然性。外感知的情况则与此完全不同。它缺乏明见性,事实上,在以它为依据所做的陈述中确实含有多种矛盾,这些矛盾表明,外感知能够给我们造出假象。因此我们从一开始就没有权利相信,外感知的对象会如同它们对我们所显示出来的那样真正地和现实地存在着。甚至我们有一定的[3]理由可以认为,它们实际

[3] 在A版中为:充分的。

上根本不存在，也就是，它们只能要求一种现象的或“意向”的存在。如果人们认为，在感知这个概念中包含着被感知对象的现实存在，那么外感知在这个严格的意义上就根本不是感知。无论如何，**明见性这个性质**已经为我们提供了一个**描述性的特征**，这个特征将一种感知与另一种感知区分开来并且摆脱了所有关于形而上学实在的前提。这是一个随感知体验本身一同被给予的特征，或者说，是一个随感知体验的消失而一同消失的特征，并且唯有它在规定着这个对感知的划分。

如果我们现在也来考察一下在这一个或那一个感知中展示给 A 698
我们的**现象**，那么它们也显然是**本质上各不相同的种类**。这并不 B$_{2}$ 226
是说，对象自身，即我们合理或不合理地所假设的心灵和物体，在本质上是不同的；而是指，**纯粹描述地**看，在不去考虑所有超越的情况下可以察觉，在现象之间有一个不可消除的区别。另一方面，我们可以发现那些自身已经构成一个描述性封闭统一的**感官质性**（Sinnesqualität），无论感性和官能这类东西是否存在。这是一个在严格的亚里士多德词义上的属（Gattung）。此外，我们还可以发现有一些与整个感官质性或与个别质性范围［也是严格的亚里士多德的类（Art）］必然相联结的因素，并且我们还可以发现另一些相反的因素，这些因素以必然的质性为前提，并且只有在与必然的质性相结合的情况下才能成为具体的存在。这里可以考虑一些著名的命题，例如，没有一个直观的空间事物不带有质性；有些人认为，相反的命题也成立：没有一个质性不带有空间事物。另一些人认为，这里只有一些特殊命题是有效的：没有一种颜色、没有一种触觉质性是不带有空间事物的，以及如此等等。这类命题还包括：没有一个音质不带有强度，没有一个音色不带有音质等等。[1]

另一方面，我们发现有像表象、判断、猜测、愿望、希望等等这样一些现象。我们在这里可以说是进入到了另一个世界之中。这
A 699 些现象有可能与感性事物有关，但它们本身与感性事物是“不可比
B_2 227 的”；更确切地说，它们与感性事物不是同一个（真正的）属。如果人们首先根据这些例子来说明这个种类的描述性统一，那么我们略做关注也可以发现这个种类所具有的积极特征，即“非意向存在”的特征。

上面所做的对内感知和外感知的描述区分当然也可以用在这两种现象上。现在我们做出一个好的定义：心理现象是内感知的现象，物理现象是外感知的现象。[2]

以这种方式，对这两种感知的更仔细的考察不仅仅导致对它们本身的描述性的和认识论上重要的特征阐述，而且还导致了根本性地和描述性地将现象划分为两个种类，即物理现象和心理现象。同时，对心理学和自然科学进行定义的目的似乎已经达到，这个定义摆脱了形而上学，它不是以超越世界的误想的被给予性为

① 引人注目的是，人们从未试图在这种直观的相关性的基础上建立起对“物理现象”的积极规定。在指出这一点时，我显然已经有些脱出了报告人的角色之外。为了严肃地运用“物理现象”这个说法，人们当然必须适当地注意它所具有的双重意义，我们很快将对这个双重意义做出解释。

② 所以，布伦塔诺（《出自经验立场的心理学》第一卷，第 118 页及以后各页）认为，所有心理现象的“区分特征”在于，“它们只能在内意识中被感知到，而在物理现象那里则只有外感知才是可能的。”在第 119 页上，布伦塔诺明确地说，这个定义已经对心理现象的性质“**做了足够的描述**”。内意识在这里只是对内感知的另一种表达。

依据，而是以现象[4]的真实被给予性为依据。

现在，物理现象不再被定义为那种由物体通过官能对我们心灵的作用而产生出来的现象；心理现象不再被定义为那种我们在我们精神活动的感知中所发现的现象。对于这两方面来说，现在唯一具有决定性的东西是现象——即我们所体验到的现象——所 A 700
具有的描述性质。据此，心理学现在可以被定义为关于心理现象 B2 228
的科学，自然科学可以被定义为关于物理现象的科学。

但是，只有在对这些定义做出某些限制之后，它们才能真正地符合上述科学的现状，这些限制暗示着解释性的形而上学假设；但它们仅仅只是解释性的假设，而具有各种描述性差异的现象则始终显现为真正的出发点并且显现为须做解释的客体。

“首先需要对自然科学的定义进行限制性的规定。因为它所涉及的并不是所有物理现象；它与那些被想象的现象无关，而仅仅与那些在感觉中出现的现象有关。即使对于这些现象而言，这个定义所确定的规律也只是一些依赖于官能的物理刺激的规律。人们几乎可以这样来表达自然科学的任务：自然科学是这样一门科学，它设想一个在空间上三维伸展、在时间上一维延续的世界在对我们的官能起作用，在这个设想的基础上，它试图解释那些正常地和纯粹地（不受特殊心理状况和过程影响地）被感觉到的物理现象的前后秩序。它没有去说明这个世界的绝对状况，而是满足于将那些引发感觉并且在其作用中相互影响的力量归诸于这个世界，并且确定这个力量在并存和相继方面的规律。然后，在这些规律

[4] 在A版中为：显现（Erscheinung）。

中,自然科学间接给出被感觉到的物理现象的前后秩序规律,通过科学的抽象,即从心理的共同条件中抽象出来,这些规律被想象为是纯粹的、在感觉能力不变的情况下成立的规律。——因此,如果人们要将'关于物理现象的科学'这个表达与'自然科学'的表达同义使用,那么人们就必须以这种复杂的方式来解释'关于物理现象的科学'这个表达"。①

A 701 "在对心理学概念的规定方面,尽管人们还抱有这样一种印
B_2 229 象,即:心理现象的概念似乎不是应当被缩小,而毋宁说应当被扩大,因为被想象的物理现象至少和在前面所规定意义上的心理现象一样,完全属于心理学的考察范围,并且,在关于感觉的学说中,人们也不能不顾及到那些在感觉中出现的现象。但只有这一点是显而易见的,即:这些现象只能作为心理现象的内容在对心理现象特性的描述过程中受到考察。同样的情况也适用于所有那些只具有现象性存在的心理现象。我们只能将在现实状况意义上的心理现象看作是心理学的对象。这个意义上的心理现象仅仅是这样一种东西,我们在谈到它们时会说,心理学是关于心理现象的科学。"②

3[5]

从上面的长段引文中已经可以看出,我在这里所陈述的这一

① 布伦塔诺:《出自经验立场的心理学》,第一卷,第 127 - 128 页。

② 同上书,第 129 - 130 页。

[5] 参阅此项补充的版本注[2]。

系列有趣的思想代表了布伦塔诺的立场[1]，并且也代表了一大批在科学上与他相近的研究者的立场。此外，如所周知，内感知在布伦塔诺的心理学中也仍然具有重要的作用。我在这里仅仅想指出他的关于内意识的学说：每一个心理现象都不仅仅是意识，而且本身同时也是一个意识**内容**，并且也在狭义的感知中被意识到。内体验之流因而同时是一条内感知的连续流，但这些内感知与有关的心理体验以特别紧密的方式结合为一体。内感知不是附加到有 A 702
关心理现象上去的第二个独立行为，相反，这个心理现象除了包含 B_2 230
着它与一个原初客体的关系之外，例如与那个被外在地(äußerlich)感知到的内容的关系，它"根据其总体性还将它自身作为被表象的和被认识的包含在自身中"[2]。由于行为直接地指向它的原初客体，以此方式，它同时也顺带地指向了它本身。这样就可以避免这个伴随着所有心理现象的意识(根据三个基本种类的划分，在这个繁杂的意识中也包含着内感知)所面临的无限纠纷。内感知的明见性和无欺性也应当成为可能。[3] 此外，在这里，布伦塔诺在一个重要之点上是与较早时期的大思想家们相一致的，这就是：他将意识解释为连续的内感知。甚至洛克这个经验的忠实学生也将意识定义为对在一个人的自身精神中发生之事

① 直至第 226 页[即：A 698/$B_2$226]为止所陈述的物理现象的积极特征代表着布伦塔诺的思想。此外，我在这里竭力要把握住对于我所崇敬的那些思想家的学说来说举足轻重的主导观点，我希望这些把握是准确的。

② 布伦塔诺：《出自经验立场的心理学》，第一卷，第 182 页。

③ 同上书，第二卷，第三章，第 182 页及以后各页。

的感知。①

布伦塔诺的理论遭到了各种各样的反抗。这些反抗不仅是针对在这里最后提到的关于内意识的学说,这个学说具有极为细腻地构造起来的、但至少在现象学上还有待论证[7]的繁杂性;而且这些反抗也是针对布伦塔诺的感知划分和现象划分,尤其是针对他在这种划分基础上所做的对心理学任务和自然科学任务的定
A 703 义。② 在前十年中,这个关键性的问题一再地成为严肃讨论的对
B_2 231 象,而应当抱怨的是,尽管这些问题对于心理学和认识论具有根本性的重要意义,人们在这些问题上却并没有能够达到一致。

人们在总体上必须做出这样的判断:对布伦塔诺的批判不够深入,没有能够切中要害,没有能够将布伦塔诺思想动机中那些无疑是重要的成分与在这些思想动机的组织中的谬误成分区别开来。其原因在于,那些在这个层次内有争议的心理学和认识论的基本问题没有得到足够的澄清,这是由于现象学分析的缺乏而造

① 洛克:《人类理解论》,第二卷,第三章,19。当然,洛克将感知(perception)明确地标志为对观念的理解,然后又使这种对观念的理解依赖于心理活动,依赖于那些仅仅是偶尔附加到这些活动上的**特殊**反思(reflexion)行为,就此而言,洛克并没有保持其本身的一致性。这种不一致显然与观念(idea)这个不幸的双重概念有关,它在自身中混杂地(promiscue)包含着关于[6]被体验内容的**表象**,然后又包含着被体验的内容本身。参阅《逻辑研究》第二卷,第二研究,第10节,第127页。

② 我觉得,人们在对布伦塔诺的批判中常常只抓住他对心理学和自然科学的最初的、也是暂时性的定义不放——心理学作为关于心理现象的科学,自然科学作为关于物理现象的科学——,而不去考虑他本人以其特有的明晰性和尖锐性所表达出来的那种“默默的限制”。正因为如此,我在这里更想用详细的引文来提醒人们注意它。

[6] 在A版中为:无法通过经验而得到论证。

[7] 在A版中加有重点号。

成的当然结果。布伦塔诺和他的反对者这两方面所运用的概念都始终是多义的,因而他们两方面都陷入了错误的混淆。下面对布伦塔诺的那些富有教益的观点的批判将会表明这一点。

4[8]

在布伦塔诺看来,内感知与外感知的区别在于:

1.明见性和无欺性,以及

2.具有本质差异的现象。在内感知中我们仅仅经验到心理现象,在外感知中我们仅仅经验到物理现象。借助于这个严格的平行,在第一点中所述的明见性区别也可以作为性质特征被用来划分可感知的现象。

与此相对,我觉得,**只要人们在自然的意义上来理解内感知和外感知这两个术语,它们就具有完全相同的认识论性质**。更详细地说:尽管在**明见的**和**不明见的**、无欺骗性的和有欺骗性的感知之间存在着一个言之有理的差异,但如果人们自然而然地,像布伦塔 A 704
诺所做的那样,将外感知理解为对物理事物、物理特性、物理过程 B_2 232
等等的感知,并且将内感知理解为除此之外所有其他的感知,那么这个划分与前一个划分便完全不一致了。这样的话,如果按照人们通常的观点,即按照人们通常在自我感知中所相信的那样,自我被理解成一个本己的经验人格,那么任何一个对自我的感知,或者

[8] 在A版和B版的目录中为:第4节。批评。在对外感知与内感知概念的通常理解中,它们都具有同一个认识论特征;感知与阐释。

在B版的目录中,阐释被改作统觉。

说，任何一个与自我有关的对心理状态的感知肯定都是不明见的。同样很明显的是，大多数对心理状态的感知都不可能是明见的，因为它们是在定位于身体(leiblich lokalisiert)的状况下被感知的。一方面，我感知到："恐惧扼住了我的脖子"，"疼痛在钻我的牙齿"，"悲哀在咬啮着我的心"；另一方面，我感知到："风在摇撼着树"，"这个盒子是方的和棕色的"等等；这两种感知的意义是完全相同的。显然，内感知在这里是与外感知一同进行的：但这并不影响这一事实，即：被感知的心理现象，正如它们被感知的那样，是不存在的。心理现象也可以被超越地感知到，这一点难道还不明显吗？更确切地看，所有在自然观点和经验科学观点中被把握到的心理现象都受到超越的统摄。纯粹的体验被给予性以纯粹现象学的观点为前提，现象学的观点禁止所有超越的设定。[9]

我知道人们在这里会提出什么样的指责：我们是否忽视了在感知与统觉[10]之间存在着的区别。内感知意味着对心理行为的素朴的-有意识的体验，这些心理行为在感知中被看作就是它之所是，而不是被看作那种被立义(aufgefaßt)、被统摄(apperzipi-
A 705 ert)[11]的东西。人们还应当考虑到，对于内感知来说合理的东
B2 233 西，对于外感知来说必定也是合理的。如果感知的本质不在于统觉[12]，那么所有那些与外物有关的感知，例如与山、林、屋等等有

[9] 在A版中为：或者我们应当说，心理现象也可以被外在地感知到？这样说实际上也不会有多少收益。因为即使在感性之物不起作用的地方，对一个心理现象的感知也可能是错误的。每一个虚假明见性都是一个例子。我们感知到它，尽管它根本就不存在。

[10] 在A版中为：阐释。

[11] 在A版中为：被阐释。

[12] 在A版中为：阐释。

关的感知的说法便都是背谬的了，那么感知所具有的并且在这些事例中清楚地表现出来的正常词义便完全被放弃掉了。外感知是统觉[13]，因而概念的统一性就要求，内感知也是统觉[14]。感知意味着，有某物在它之中显现出来；而**统觉**[15]**则构成我们称之为显现的东西**，无论它正确与否，无论它是忠实地和相即地依据直接被给予之物的范围，还是以假设未来感知的方式超越出这个范围。这间房屋显现给我——我以某种方式对现实地被体验到的官能内容加以统摄[16]。我听手摇风琴——我把被感觉到的声音解释为手摇风琴声。与此完全相同，我统摄地[17]感知我的心理现象，感知那激动着“我”的喜悦、心中的悲哀等等。它们都叫作“现象”，或者更好是叫作显现的内容，也就是统觉[18]内容。

5[19]

1255

当然，“显现”(Erscheinung)这个术语带有歧义性①，这些歧

① “Erscheinung”是动词的名词化，因而带有两重含义。它既可译作“显现”，以表示一个活动，也可译作“现象”，以表示一个实体。这两个含义与胡塞尔在下面所归纳的第一含义和第二含义是相符合的。这里为了避免混乱和误解，我将“Erscheinung”统译作“显现”。——中译注

[13]　在 A 版中为：阐释。

[14]　在 A 版中为：阐释。

[15]　在 A 版中为：**阐释**。

[16]　在 A 版中为：阐释。

[17]　在 A 版中为：阐释地。

[18]　在 A 版中为：知觉的阐释。

[19]　在 A 版和 B 版的目录中为：第 5 节。显现这个术语的歧义性。

义性恰恰在这里是极为不利的。我们在前面的研究的文字中已经顺带地接触到了这些歧义性，在这里对它们加以明确的排列，这将会是一件有益的工作。显现这个表达首先与直观表象有关，即：它一方面关系到感知，另一方面则关系到当下化①，例如回忆、[20]想象表象或（与感知交织在一起的）通常意义上的图像表象。因而显现意味着：

1.具体的直观体验（对一个对象的直观当下的或当下化的拥有）；例如当我们在感知我们面前的一盏灯时所具有的具体体
B2 234 验。只要行为的质性，即我们是否将这个对象看做是存在的，在
A 706 这里无关紧要，我们就可以将它完全忽略不计，这样，显现就与我们在前一项研究中②定义为“代现（Repräsentation）”的东西相一致了。

2.被直观的（显现的）对象，也就是在此时此地显现出来的那个对象；例如在刚刚进行的这个感知中被看作是灯的这个东西。

3.狭义的显现，即具体的显现行为或直观行为所具有实项的（reell）组成部分，但它们本身又以一种令人迷惑的方式同样被称之为显现。在这个意义上的显现首先意味着体现性的感觉，也就是被体验到的颜色、形状等等因素，人们没有将它们与那些与它们

① “当下化（Vergegenwärtigung）”与“当下拥有（Gegenwärtigung）”是两个相对的概念，它们在胡塞尔那里基本上与“想像”和“感知”这对概念同义。——中译注

② 参阅本书（《逻辑研究》第二卷）第二部分、第六研究、第26节、第90页[即A 563/B2 90]。

[20] 在A版中为：想像，即。

相应并在“解释”行为中**显现的**(有颜色的、有形状的)**对象特征**区别开来。我们已经多次强调:对这两者的区分是非常重要的,不能将颜色感觉与显现的物体色彩[21]、形状感觉与物体[22]形状等等混为一谈。诚然,非批判的认识论无视这个区别。那些不赞成叔本华“世界是我的表象”这种说法的人通常也会认为,显现的事物就是感觉内容的复合。人们当然可以说,构造**显现的**事物本身的材料,构造单纯感官事物的材料,与那些作为感觉被我们视之为意识内容的东西是相同的。但这并不改变这样一个事实,即:事物的显现特征本身并不是感觉,而仅仅显现为与感觉相似的东西。因为它们并不像感觉那样存在于意识之中,毋宁说它们仅仅是在意识中被展示为显现的特性,被超越地误认为是**显现的**特性。[23]据此,被感知的外在事物也不是感觉的复合;它们毋宁说是显现的对象,这些对象作为特征的复合显现出来,在真正意义上的特征的属 B2 235
与感觉特征的属是相同的[24]。我们也可以换一种说法来表达:在 A 707
感觉的标题下面,我们具有某些属,这些属是一个意识统一的在实事上具有这样或那样规定性的**体验**属。如果现在在一个意识统一中,相同属的实在特征作为外在于和超越于这个意识统一的特征

[21]　在A版中还紧跟:的特性。

[22]　在A版中为:对象。

[23]　在A版中为:人们当然可以合理地说,**显现的**世界事物连同其所有属性都是由同一个材料构造起来的,我们将这个作为感觉的材料看作是意识内容。但这并不改变这样一个事实,即:事物的显现特征本身并不是感觉,而仅仅显现为与感觉同类的东西。因为它们并不像那些感觉那样存在于意识之中,毋宁说它们仅仅是在意识中单纯地被意指为显现的特性,被表象、被认作是**显现的**特性。

[24]　在A版中为:正是作为像感觉那样同一类的内容显现出来。

显现出来[25]，那么，即使人们可以根据它们的属[26]来称呼它们，它们也决不会是感觉。我们强调“外在”(äußerlich)[27]这个词，它当然不是指空间上的外在。尽管这些在现象上外在的事物的存在与不存在问题是多么关键，确定无疑的是，各个被感知的事物的实在不能被理解为是一个在感知意识中被感知的感觉复合的实在。因为很显然，并且在每一个事例上都可以通过现象学分析证明，感知事物，这个所谓的感觉复合，无论在其个别的特征因素方面，还是作为整体，都与在有关感知中事实地被体验的感觉复合不同[28]，而且在任何情况下都不同；只有当后一种感觉复合受到了客观统摄之后，感知意义，即显现的事物，才会被这个统觉意向地构造起来。[29]

也许人们可以说，原初的显现概念是前面在第二点中所列出的概念：也就是说，显现物的概念，或者说，可能的显现物的概念、直观之物本身的概念。如果我们注意到，每个体验(也包含外直观的体验，这种体验的对象叫作外显现)都能够成为反思的、内直观的对象，
B2 236 的对象，那么所有在自我的体验统一中的体验都叫作“现象”。据此，现象学便意味着一门关于体验一般的学说，并在其中还包含着，现象学是一门关于所有那些在体验中明见地可证明的、不仅是

[25] 在A版中：如果同一个属的实在出现在一个意识统一之外，或者毋宁说是作为外部出现的而存在。

[26] 在A版中加有重点号。

[27] 在A版中为：“外面”(außerhalb)。

[28] 在A版中为：这个应当被感知为事物的所谓感觉复合体作为整体有别于在有关感知中事实地被体验的感觉复合。

[29] 在A版中为：的、对象化的统摄之后，感知显现的本质才得以构造出来。

实项的，而且也是意向的被给予性的学说。而纯粹现象学则是一门关于“纯粹现象”的本质学说，一门关于“纯粹自我”的“纯粹意识”的“纯粹现象”的本质学说。——这就是说，它不立足于那种通过超越的统觉而被给予的物理的和动物的自然，亦即心理物理自然的基地之上，它不做任何与超越意识的对象有关的经验设定和判断设定；也就是说，它不确定任何关于物理的和心理的自然现实的真理（即不确定任何在历史意义上的心理学真理），并且不把任何真理作为前提、作为定律接受下来。毋宁说，它将所有那些超越出相即的、纯粹内在直观被给予性（即超越出纯粹体验流）的统觉和判断设定纯粹地作为体验自身之所是接受下来，并且对它们进行纯粹内在的、纯粹“描述性”的本质研究。它所进行的这种本质研究还在第二种意义上是纯粹的，即在“本质直观”的意义上是纯粹的；它在真正的意义上是一种先天研究。这样理解的话，那么在这部《逻辑研究》中的所有研究，只要它们不具有本体论的课题——也就是说，只要它们不是像在第三和第六研究中那样致力于对可能的意识对象的先天确定——便都是纯粹现象学的研究。这些研究不讨论一个“客观”自然的心理学事实和规律，而只讨论属于某个纯粹“我思”形态的纯粹可能性和必然性：在观念可能的一般意识关系中讨论这些可能性和必然性的实项的和意向的内涵，或者讨论它们与其他这类形态的先天可能的联系。[30]

[30]　在A版中为（未以小号字体排出，另起一行）：如果我们现在清楚地看到，必须在直观中区分感觉与现象的规定性，前者是体验，并且因此而是主体之组成部分，后者则是意向客体的组成部分；它们两者只能在相即感知的理想情况中（我们不考虑这个情况）才相合：那么我们也就可以很容易明察到，这些被织入的感觉本身不能被看作

B₂ 237 正如显现这个术语是多义的一样,并且也正因为它是多义的,感知这个术语以及其他与感知有关的术语也是多义的。这种多义性使感知理论充满了混淆的错误。例如,“被感知的”东西被称作在感知中“显现的”东西,即感知的对象(房屋),然后,被感知的东西又被称作在感知中被体验的感觉内容,即那些在其复合中作为房屋,个别地作为这房屋的特征被“立义”的体现性的内容的总和。

6[31]

布伦塔诺的理论根据明见性质和不同的现象组来划分内感知与外感知,这恰恰表明,这种多义性给人造成的迷惑有多大。我们来听一下布伦塔诺是怎样说的:

1260 外感知是不明见的,甚至是虚假的。——如果我们将外感知所感知的“物理现象”理解为物理事物,或者说,理解为物理事物的特性、变化等等,那么这种说法无疑是正确的。由于布伦塔诺将

是显现,既不是在行为意义上的显现,也不是显现着的对象意义上的显现。它之所以不是前者,乃是因为我们将某种非-行为概括在感觉的标题之下,这些非-行为在行A 708 为中才经历客体化的立义;而它之所以不是后者,其原因在于,在感觉的现象对象性中必定包含着那些将其意向指向它们[感觉]的行为。这种行为虽然是可能的,但我们既不能通过描述分析,也不能通过发生的理由来证明,它们必然从属于每一个感知的组成,而且这也涉及它们的体现性感觉。所有这些自然也适用于想像性直观连同其想像再现的内容。

如果人们能够做到将第一个意义上的显现之组成部分本身看作是显现,那么人们也就会几乎是无意识地进一步将所有心理之物、所有在自我之体验统一之中的体验看作是现象。

[31] 在A版和B版的目录中为:第6节。因此而混淆在认识论上无关紧要的外、内感知之对立与在认识论上根本性的相即、不相即感知之对立。

“被感知”这个本真的和唯一可靠的词义与它的非本真词义相混淆，后者所涉及的不是外在事物，而是实项地属于感知的体现性内容；并且，由于布伦塔诺前后一致地不仅将那些外在事物，而且也 A 709
将这些内容称之为“物理现象”：这样，外感知的虚假性也就涉及“物理现象”。我认为在这里必须[32]做出更严格的区分。如果一个外在对象被感知（房屋），那么在这个感知中，体现性的感觉是被体验到，而不是被感知到。我们对房屋的存在会做出错误的判断，但我们却不会对被体验到的感性内容[33]做出错误的判断，因为我们根本不对它们做判断，或者说，[34]我们在这个感知中根本不感知它们。如果我们在事后注意这些感性内容，并且没有人否认我们具有这种能力（即在一定范围内的能力），那么我们就从我们刚才以及通常通过这些内容所意指的东西中抽象出来，我们只将它们看作是它们所是，然后我们当然要感知它们，但现在我们不再是通过它们而感知到那个外在的对象。这个新的感知显然和任何一 B2 238
个“内感知”一样具有无欺性和明见性的要求。怀疑一个内在存在的以及如其所是地内在被意指的东西，这是一种明见的背理。我可以怀疑，究竟是否有一个外在对象存在，一个与外在对象有关的感知是否正确；但我不能怀疑被体验到的[35]这个感知的感性内涵——当然，只要我对它进行“反思”并且直观它本身所是。因此，

[32] 在A版中为：可以。

[33] 在A版中的“被体验到的感性内容”为单数（des erlebten sinnlichen Inhalts），在B版中改作复数（der erlebten sinnlichen Inhalte）。

[34] 在A版中为：因为。

[35] 在A版中未加重点号。

我们有对“物理”内容的明见感知，同样也有对“心理”内容的明见感知。

如果人们指责说，感性内容始终是并且必然是被对象性地加以立义的；它们始终是一个外感知的载者，因此我们只能将它们作为一个直观的内容来加以关注，这样我们才能注意到它们；那么我
A 710 们在这里无须争论，这对这个实事状态并无影响。即使在行为意义上的“心理现象”的明见性不存在，这些感性内容之此在的明见性仍然是无可争议的。在整个心理现象的存在明见性中尽管蕴含着它的每一个部分的明见性，但对部分的感知却是一个新感知，它带有新的明见性，这种明见性与整体现象的明见性是不同的。

如果在概念的把握上前后一致，那么在心理[36]现象的概念中也可以发现与**物理**现象概念所带有的那种双重意义相似的东西。在布伦塔诺那里则并非如此。他仅仅将心理现象理解为一种现实
1262 存在的行为体验，并且将内感知理解为一种将这种行为体验如其
B2 239 所是地加以接受的感知。但布伦塔诺没有看到，他在内感知的标题下仅仅放置了一种对心理现象的感知，于是现在就不可能将所有感知仅仅划分为外感知和内感知这两组。他也没有看到，他认为他所说的内感知具有明见性上的优先地位，但这种优先地位所涉及的并不是被内部地感知的“现象”的特殊性，而只是与他所使用的内感知概念有关，这个概念已经根本偏离了感知的概念。如果布伦塔诺在“物理”现象方面也从一开始就仅仅将那些相即地直观着其对象的立义和把握[37]理解为本真的感知，那么他就必须承

[36] 在A版中加有重点号。

[37] 在A版中为：如其现实所是地接受着它们的对象的把握或立义。

认，被他看作是外感知的[38]那种对感性体验的感知也具有明见性，他就不能说，在他的意义上的内感知是“实际上唯一在本真词义上的感知”。①

完全可以肯定，内感知和外感知、明见的感知和不明见的感知 A 711
这两对概念是不相一致的。第一对概念是对物理之物和心理之物的规定，无论人们现在如何来划分它们；第二对概念则带有认识论的基本对立的性质，我们在本书第六研究中已经探讨过这一对立，它是指在相即感知（或最狭窄意义上的直观）与仅只是误想的、非相即感知之间的对立，前者的感知意向仅仅朝向对它来说真正在场（präsent）的内容，后者的意向则不是在体现性的内容中找到充实，而毋宁说是穿过这个内容去构造一个超越之物的切身被给予性，这个被给予性始终是单面的和预设性的。在相即直观的情况中，被感觉的内容同时也是感知的对象。这个内容不意味着其他任何东西，它本身是自为存在的。而在非相即感知的情况中，内容与对象相分离。内容所体现的是一种不包含在它本身之中，但却在它之中“被展示”的并因此（如果我们只限制在直观之物的范围内）而在某种意义上与它相似的东西，就像感觉颜色与物体颜色在某种意义上是相似的一样。[39]

① 布伦塔诺：《出自经验立场的心理学》，第一卷，第 119 页。

[38] 在 A 版中为：在外感知意义上的。

[39] 在 A 版中为：前者的感知意向仅仅朝向对它来说体现性（präsent）的内容，而后者的意向则是在体现性的内容中找到一个仅只是部分的、类比的、不完善的充实并且通过这个内容而进行超越出被给予之物以外的指明。在相即直观的情况中，被感觉的内容同时也是感知的对象。这个内容不意味着其他任何东西，它只是它本身。而在不相即感知的情况中，内容与对象相分离。内容所展现的是一种不包含在或不完全包含在它本身之中，但却完全地或部分地与它相似的东西。

B₂ 240 在**这个**划分中包含着人们所寻找的在内感知和外感知之间**认识论**差异的本质。这个差异在笛卡尔的怀疑考察中就已经起着规定性的作用。我可以怀疑非相即的、仅仅是映射性的（abschattend）感知的真实性；被意指的对象，或者也可以说，意向对象对于显现的行为来说不是内在的；这个意向在此，但最终要充实这个意向的对象本身与这个意向并不一致[40]。我怎么会明见地知道这个对象是存在的呢？而我另一方面却不能怀疑相即的、纯粹内在的感知，这正是因为在它之中不含有任何尚需得到充实的意向残余。所有意向都得到了充实，或者说，意向所包含的所有因素都得到了充实。或者我们也可以这样来表达：客体在感知中不仅**被意指为是此在的**，而且它**同时**也是在感知之中**自身地**、**并且是现实地被给予**，并且恰恰是作为被意指的这个客体而被给予。如果相即感知的本质在于，被直观的客体本身真实地和现实地寓居于感知

A 712 之中，那么用另一种表达来说就是：**只有对本己的、现实的体验的感知才是无疑的、明见的**。并不是每一个这样的感知都是明见的。例如在对牙疼的感知中，一个现实的体验被感知到，但这种感知常常也带有欺骗性：疼痛似乎是在钻着健康的牙齿而疼痛。这种虚假的可能性[41]是很明显的。被感知的对象并不是那个如此[42]被体验到的疼痛，而是超越地被解释的疼痛，并且是被超越地解释为属于牙齿的疼痛。但相即的感知却在于，在这种感知中，被感知之物**就像**它被感知的那样（就像感知所意指、所立义的那样）被体验

[40] 在A版中为：并不是这个意向。

[41] 在A版中为：原因。

[42] 在A版中为：简单地接受这种体验，而不是解释地。

到。显然,我们在这个意义上只能对我们的体验具有明见的感知,并且只有在我们纯粹地接受这种体验,而不是统摄地[43]超越这种体验的情况下才能具有明见的感知。

7[44]

在现在人们会指责说:体验与心理现象不是一回事吗,因而又 B2 241
有什么可争论的呢?对这个指责,我将回答说:如果人们将心理现象理解为我们意识的实在组成部分,理解为各种此在的体验,并且如果人们又将对心理现象的感知[45]或内感知理解为相即感知,它们的意向在有关的体验中找到内在的充实;那么内感知[46]的范围当然就与相即感知的范围相合。但极为重要的是须注意以下几点:

1. 在这个意义上的心理现象与布伦塔诺意义上的心理现象是不同一的,与笛卡尔的思维(cogitationes)以及与洛克的行为或精神活动(acts or operations of mind)也是不同一的;因为在一般体验的[47]领域中也包含着全部感性内容、感觉内容[48]。

2. 非-内感知(补充种类)与通常词义上的外感知不一致,而与在范围上要宽泛得多的超越的、非相即的感知相一致。如果一

[43]　在A版中加有重点号。

[44]　在A版和B版的目录中为:第7节。这个争论不是语词争论。

[45]　在A版中未加重点号。

[46]　在A版中未加重点号。

[47]　在A版中还紧跟:有限。

[48]　在A版中为:(感觉与想像材料)。

个感性内容、一个感性复合或一组感性内容被立义为一个此在的事物，或被立义为一个事物的集合、一个事物的多层次联结[49]，或被立义为[50]一个事物的变化、一个外在的事件等等，那么这里就
A 713 进行着一个通常意义上的外感知。但非感性的内容也属于超越性感知的展示内涵，尤其是当非感性内容与感性内容相结合时。这样，带有被感知到的**心理**规定性的**外部**对象（例如，以各种不同的方式将自己的和他人的身体立义为“人”）或者（例如在心理物理的统觉中）**内部**对象、主观体验连同在这个体验中被感知到的**物理**规定性，它们都同样可以作为被感知的对象而存在于此。[51]

B2 242 3. 如果我们在作为关于动物心灵生活之科学的心理学的范围之内将心理现象的感知或将内感知理解为对本己体验的感知，这些体验被感知者立义为他自己的、这个人自己的体验，那么所有内感知就只能是一种对外感知进行超越统摄的感知。这样，在这种感知中尽管也包含着——通过一定的抽象——可以被视作相即感知的感知，只要它们是在其纯粹自身性中接受有关的本己体验：但只要这种“相即的”内感知将那些在它们之中被把握到的体验统摄为一个感知着的心理物理的人-自我的体验（即属于现有客观世界的体验），那么在这个方向上，它们便在本质上带有一种不相即性。另一方面，与外感知一样，在内感知中也包含着这样一种感

[49] 在A版中还紧跟：关系。

[50] 在A版中还紧跟：一个事物性的属性。

[51] 在A版中为：这样，带有被误认为是感知到的**心理**规定性的**外部**对象——我们偏好于将美的、舒适的、好的、诱人的东西等等感知地加入到事物之中去——或者**内部**对象、主观体验连同在这个体验中被误认为是感知到的**物理**规定性，它们都同样可以作为被感知的对象而存在于此。

知，在这种感知的过程中，被感知的对象在感知所赋予它的那个意义上是不存在的。[52]在相即感知和不相即的感知之间的区别对于心理学来说也是一个根本性的区别——对心理学的相即性必须加以抽象的理解——这个区别与内感知和外感知之间的区别相互交叉并且同时也穿越了内感知的领域。

8[53]

“现象”这个词所带有的各种歧义性允许人们时而将显现的对 A 714
象和特征标志为现象，时而将构造着显现行为的体验(尤其是在感觉意义上的内容)标志为现象，并且最后还将所有体验都统称为现象。正是这些歧义性才诱使人们常常将两种本质不同的心理学的现象划分混为一谈：

1.对体验的划分；例如将体验划分为行为和非行为。这种划 B_2 243
分当然完全属于心理学的领域，心理学作为这样一门科学与所有体验——这些体验在心理学中被自然超越地统摄为动物自然生物的体验——有关。

2.对现象对象的划分[54]；例如，将这些对象划分为两种：一种

[52] 在A版中为：如果我们所理解的对心理现象的感知或内感知准确地说就是所有对本己体验的感知，那么在这些感知中完全就像在外感知中一样会包含着一些其被感知的对象根本不存在的感知，例如，感知的意向虽然部分地切中一个相关的对象，但这个对象在整体上并不符合这个意向(“被感知的对象存在着，但并不完全像它被感知的那样存在”)。因此人们可以感知根本不存在的本己体验。

[53] 在A版和B版的目录中为：第8节。对“现象”的两个根本不同划分的混淆。“物理”内容不仅“现象地”存在，而且也“现实地”存在。

[54] 在A版中“划分”为复数(Einteilungen)，在B版中改作单数(Einteilung)。

是作为属于自我意识的东西而显现出来的对象，另一种是不作为属于自我意识的东西而显现出来的对象；换言之，将现象对象划分为心理对象和物理对象（内容、特征、关系以及如此等等）。

在布伦塔诺那里，这两种划分实际上是相互交错的。他简单地将物理现象和心理现象对立起来，并把它们明确地定义为一种划分，即将体验划分为行为和非行为。但他随后就在物理现象的标题下混淆了感觉内容①和显现的外在对象或者说这些对象的现
A 715 象性质，以至于这种划分同时也（根据通常的词义或根据一种与通
B_2 244 常词义相近的词义）把现象客体[55]划分为物理客体和心理客体；在这里，后一种划分甚至还提供了名称。

与这种混淆密切相关的是这样一个错误的、并且被布伦塔诺用来划分这两种现象的定义：物理现象“只是现象地和意向地”存在着，而心理现象却除了“意向存在之外[56]”还具有“现实的存在”②。如果我们将物理现象理解为现象事物，那么可以肯定，它

① 布伦塔诺将感觉理解为感觉的行为并将这些行为与被感觉的内容相对立。据前所述，这种区别在我们的用语中是不存在的。我们只是将感觉称之为这样一种事实，即：一个感性内容以及一个非行为当场地存在于体验复合中。无论如何，我们可以在与显现相关或与显现相对的意义上运用感觉这个说法来指明这些内容的统摄性作用（即：它们可以作为立义的载体来发挥作用，或是作为感知，或是作为想象的显现就是在这种立义中进行的）。

② 参阅布伦塔诺：《出自经验立场的心理学》，第一卷，第7节，第119页。他举例说：认识、喜悦、欲望是现实的，颜色、声音、热仅仅是现象的和意向的。在同书的第104页，他又列举了物理现象的例子：我所看到的形状、风景……我所感觉到的热、冷、气味。

[55] 在A版中加有重点号。

[56] 在A版中加有重点号。

们至少不需要存在。创造性想象的构成物、大多数在绘画中得到艺术展示的客体、塑像、诗歌等等，幻觉性的和臆想性的客体，它们都是现象地和意向地存在着，也就是说，它们实际上根本不存在，它们只是有关的显现行为连同它们的实项的和意向的内涵。而如果我们将物理现象理解为被感觉的内容，那么这种物理现象的情况则完全不同。在对伯克林[①]的“极乐园”这张画进行图像直观的过程中，我们具有那些处在不断变化之中的被感觉的（被体验的）颜色内容、形状内容等等，在通过图像化的行为性质而被激活之后，这些被感觉的内容扩展成关于图像客体的意识，这里所说的这种被感觉的内容是这个关于图像客体意识所具有的实项组成部分。这些内容在这里绝不只是现象地和意向地存在着（作为显现的和仅仅被意指的内容），而是现实地存在着。人们当然不能忽视这一点：“现实”在这里并不意味着“存在于意识之外”，而是意味着“不仅仅是被臆指的”。

① A. 伯克林（A. Böcklin，1827－1901），瑞士画家。也可以参阅《逻辑研究》中译本第一卷，第 4 章，第 40 节中译者的说明。——中译注

作者本人告示[①]

埃德蒙特·胡塞尔:《逻辑研究》。
第二部分:《现象学与认识论研究》,马克斯·尼迈耶出版社,哈勒/萨尔河畔,[*]1901 **年,前言** XVI **页,正文** 718 **页。**

这一卷包含六个相互关联的论述,它们是对在逻辑行为中形
成的思维与认识统一的现象学澄清。在此之前是一个引论,作者
1270 试图在这个引论中阐释这些研究的目的,更一般地说,阐释对认识
的现象学澄清所具有的相对于对认识之发生-心理学解释而言的
特殊性。

理论思维和认识是在陈述中进行的,亦即在某种表达活动(Ausdrücken)以及在与它们密切交织的行为中进行的,人们通常将这些表达活动和行为称作"含义"或"意义"。澄清认识的努力当然首先要朝向对那些从属于"表达活动"之本质的区别的分析。这便是第一项研究所从事的工作,它每前进一步都会遇到深层的现象学困难,并且因此而在总体上具有准备性的特征。

---

① 载于:《科学哲学研究季刊》,第25期,1901年,第260-263页。

* 由于在1899年12月和1900年7月寄出的几册书上标明的是莱比锡的法伊特公司出版社,因此我在此还要明确地指出,此书在出版前已经更换了出版社。

与在这项研究中得到阐释的含义之观念性(或与含义相关的认识之统一性)相衔接,第二研究所探讨的,并且首先在第一章中所探讨的是更为普遍的种类观念性("普遍对象"的观念性)问题,然后在以后的各章中分析近代的抽象理论:第二章探讨洛克以心理学方式对普遍之物所做的实在设定,第三章探讨抽象的注意力理论,第四章探讨普遍代表的学说,第五章探讨休谟关于"理性的区分"的学说。结尾一章则将各个不同的"抽象"和"抽象的"概念聚置在一起。

在各个"抽象"概念中有一个涉及抽象因素——施通普夫的"部分内容"或"不独立内容"。与此相衔接,第三研究是对独立内容与不独立内容的一般区别之阐释。它试图指明,每一个不独立性都与一个建基于相关内容的种类本性之中的关系规律相符合,与此同时,在这些质料的和"分析的"或范畴的规律之间的区别也得到显露。在对这里涌现出的思想的进一步关注中,这项研究成为一种关于实在的整体和部分之学说的设想,这种构想是按这些整体和部分的纯粹的(即具有纯粹范畴特征的)类型来进行的。这样,我们便获得了一个认识澄清的领域,这个领域至此为止极少受到关注,但却具有至关重要的意义。

这里所获取的结论在后面的第四研究中得到了重要的运用:它们被用来澄清那个起初并不引人注目的在"自义的"与"合义的"表述之间,或者说,在独立的与不独立的含义之间的语法区别。对从属于这种特殊的不独立性的规律的探问将我们导向一个至此为止几乎未被涉及、在内容上还相当平凡、但却对理解逻辑最为重要的规律群。它排斥形式的无意义(Unsinn),这与通常所理解的纯

粹逻辑规律恰恰相反，后者所排斥的是**背谬**(Widersinn)；它规定，哪些含义仅仅根据它们的形式便可以先天地与**一个**含义相联结，不论这个含义是真实的还是虚假的，是在实事上一致的还是争执的。正是因为有了这些“**纯粹语法规律**”，关于一门普遍而且先天语法的古老观念才获得了一个确定的、当然也是非常有限的合法领域。

接下来是这一卷的两项现象学主要研究。它们的目的在于分析地获取现象学的区别，这些区别是最原始的逻辑区别的起源。第五研究回溯到意识这个多义的概念之上，并且选择了对于认识澄清来说至关重要的三个概念：作为自我体验之现象学统一的意识、作为内感知的意识和作为“意向体验”或作为“心理行为”的意识。这里所关涉的尤其是最后一个意识概念，因而第二章被专门
1272 用来讨论这个概念。除了其他的作用以外，对多义的“内容”之说法的分析还导致对质性和质料(=立义意义)的区分。这个区分引发了一系列与这样一个定理有关的艰难思考，即：每一个心理行为或者是一个表象，或者以一个表象为基础。如果在通常的意义上理解这个定理，它会显得不清楚，甚至不正确。它的不清楚的根源在于表象这个术语的多义性，对这些多义性的展开会一步一步地表明这种展开的重要性和困难性。作者在这里提供了表象现象学和判断现象学的片段，从这些片段中或许可以看出，我们在能够达到一门科学上充分的“判断理论”之前，还有多少分析性的工作需要完成。这一项研究在某些关节点上还有待延续和改善，结尾一章则为此项研究附加了一个概括，即对表象和表象内容这两个术语所具有的最重要的歧义性的概括。

第六研究是整部著作所提供的范围最广、实事上最成熟，而且可能也是成果最丰富的一项研究。它的标题是："现象学的认识澄清之要素"。它以一个特殊问题——非客体化行为，诸如问题、期望、命令等等，是否能够像表象和判断那样在相同的意义上经历"表达"——为出发点，第一篇阐释客体化"意向"和"充实"的本质并且澄清，认识就是对客体化充实的综合。第一章"含义意向与含义充实"所关注的是在这个首先通过标题而指明的、较为狭窄的领域中的基本关系。第二章试图通过对充实综合的现象学区分来间接地描述客体化意向以及它们的本质变种。这些区分涉及符合（象征性的）表象与直观表象的区别以及在直观表象之内的想象表象与感知表象的区别。

第三章是对一门认识阶段现象学的构想。一系列基本概念在这里得到确定。只须提及以下概念便可：一个表象的"直观内涵"或一个表象的"充盈"的概念；纯粹符号行为和纯粹直观行为、纯粹想象和纯粹感知的概念；代现或立义的概念；立义意义、立义形式与被立义的内容之间的区别；完整的直观与疏漏的直观之间、合适的与客观完整的直观化之间的区别等等。

第四章是对相容性与不相容性之间的现象学关系和观念关系的论述，而第五章则探讨相应性的理想并随之而探讨明见性与真理（或真理意义上的存在）这两个概念的起源。

这项研究的第二篇以"感性与知性"为标题。第一章（或整个研究的第六章）证明，有必要将感知与直观概念做出一个根本性的、至此为止尚未进行的扩展，从而使这两个概念不仅包括外感性与内感性（内感知与想像）领域，而且也包括范畴行为领域。不仅存在着对“实在”客体的“感知”,而且也存在着对“范畴”或“观念”客体的“感知”,例如对集合的感知、对同一性与非同一性的感知、对任何一种实事状态的感知、对一般对象的感知等等。作者相信在这一章中揭示出了任何一门未来现象学和认识论的基石。

如果我们越过用于做补充说明的下一章,那么在这里只需要指明第三章(或者说,第八章)便可:这一章运用先前的分析而将“本真思维”与“非本真思维”的先天规律对置起来,前者与范畴直观有关,后者与范畴的符号行为,或者说,与符号混浊的表象行为有关。

第三篇具有附录的特征。它在一个短章中提供了对前面已提到的引导问题的澄清。

这一系列的研究还附加了一个简短的论述“外感知与内感知,物理现象与心理现象”,在这个论述中,在对布伦塔诺学说的批判考察中,已经在标题中得到展示的那些区别之间的相关关系以及它们与相应感知与不相应感知的认识论基本区别的关系得到了昭示。

将一部带有如此程度之缺陷并且在一些想法中尚未完全明晰地得到澄清的著作交付于公众,这是一件——作者自己也意识到这一点——相当冒险的事情。原初根本没有打算将这些研究以目前展示给读者的状态加以发表;作者只是将它们作为基础来为认识论进行更系统的奠基,或者说,为对逻辑学的认识论澄清进行更系统的奠基。可惜作者无法在这部耗时多年的著作上再花费更多的时日。显而易见可以相信,尽管存在着一些易于发现的并且为作者本人深深感受到的不完善性,这部著作仍然会因为分析研究的独立性、现象学方法的纯粹性以及一系列并非微不足道的新见解而不会不受到认识论朋友的欢迎。在对认识论的系统尝试上并不存在缺陷，但也许在分析性的基础研究上还缺乏严格描述性的、不屈从于任何历史流传之偏见的精神态度。

1275

文献索引

Bergmann, J.〈贝格曼〉:

1.《哲学史》,两卷本,柏林,1892/1893 年。

Geschichte der Philosophie, 2 Bände, Berlin 1892/93.

2.《逻辑学的基本问题》,第 2 版,经过全新加工,柏林,1895 年。

Grundprobleme der Logik, 2., völlig neue Bearbeitung, Berlin 1895.

Berkeley, G.〈贝克莱〉:

1.《人类认识原理》:《乔治·贝克莱著作集》三卷本,由 A.C. 弗莱瑟选编,附有序言和注释,牛津,1871 年,第 131－238 页。

A Treatise Concerning the Principles of Human Knowledge: *The Works of George Berkeley*, in 3 volumes, collected and edited with Preface and Annotations by A. C. Fraser, volume I, Oxford 1871, S. 131－238.

2.《人类认识原理》,由 F. 宇伯维克译成德文并附加解释的和校勘的说明,柏林,1869 年。

Abhandlungen über die Prinzipien der menschlichen Erkenntnis, in's Deutsche übersetzt und mit erläuternden und prüfenden Anmerkungen versehen von F. Überweg, Berlin 1869.

Bolzano, B.〈鲍尔查诺〉:

《科学论。对逻辑学进行详细的和大部分全新的阐述的尝试,始终顾及到至此为止的逻辑学加工者》,由他的几个朋友出版,附有 J. Ch. A. 海因罗特博士的 前言,四卷本,苏孜巴赫,1837 年(简称为:《科学论》)。

Wissenschaftslehre. Versuch einer ausführlichen und grösstentheils neuen Darstellung der Logik mit steter Rücksicht auf deren bisherige Bearbeiter, hrsg. von mehren seiner Freunde, mit einer Vorrede des

Dr. J. Ch. A. Heinroth, in 4 Bänden, Sulzbach, 1837, Band. I.

Brentano, Fr.〈布伦塔诺〉:

《出自经验立场的心理学》,第一卷,莱比锡,1874 年。

Psychologie vom empirischen Standpunkt, I. Band, Leipzig 1874.

Cornelius, H.〈科内利乌斯〉:

1.《心理学作为经验科学》,莱比锡,1897 年(简称为:《心理学》)。

Psychologie als Erfahrungswissenschaft, Leipzig 1897.

2."论'构形质'",《心理学与感官生理学杂志》,第二十二期(1899 年),第 101-121 页。

„Über 'Gestaltqualitäten'": *Zeitschrift für Psychologie und Physiologie der Sinnesorgane*, 22 (1899), S. 101-121.

Ehrenfels, Chr. von〈埃伦菲尔斯〉:

1."论构形质",载于:《科学哲学季刊》,第十四期(1890 年),第 242-292 页。

„Über Gestaltqualität": *Vierteljahrsschrift für wissenschaftliche Philosophie*, XIV (1890), S. 249-292.

2."感情的强度。对弗兰茨·布伦塔诺的新强度学说的反驳",载于:《心理学与感官生理学杂志》,第十六期(1898 年),第 49-70 页。

„Intensität der Gefühle. Eine Entgegnung auf Franz Brentano's neue Intensitätslehre": *Zeitschrift für Psychologie und Physiologie der Sinnesorgane*, 16 (1898), S. 49-70.

Erdmann, B.〈埃德曼〉:

1."统觉理论":《科学哲学季刊》,第十期(1886 年),第 307-345,第 391-418 页。

„Zur Theorie der Apperception": *Vierteljahrsschrift für wissenschaftliche Philosophie*, 10 (1886), S. 307-345, 391-418.

2.《逻辑学》,第一卷,《逻辑基础学》,萨尔河畔的哈勒,1892 年。

Logik 1. Band, *Logische Elementarlehre*, Halle an der Saal 1892.

3."类型划分理论",载于:《哲学月刊》第三十卷(1894 年),第一、二册,

第 15－49 页，第三、四册，第 129－158 页。

„Theorie der Typen-Eintheilungen“：*Philosophische Monatshefte*，30 (1894)，Hefte 1 und 2，S.15－49；Hefte 3 und 4，S.129－158.

Frege，G.〈弗雷格〉：

“论意义与含义”，载于：《哲学与哲学批判杂志》，第 100 卷(1892 年)，第 25－50 页。

„Über Sinn und Bedeutung“：*Zeitschrift für Philosophie und philosophische Kritik*，100 (1892)，S. 25－50.

Hamilton，W.〈汉弥尔顿〉：

《逻辑学讲座》，第 3 版，第一册，载于：《形而上学和逻辑学讲座》，主编：H. L. 曼则尔、J. 韦奇，共四册，第三册出版于：爱丁堡/伦敦，1874 年。

Lectures on Logic，volume I，3rd edition，revisted：*Lectures on Metaphysics and Logic*，ed. by H. L. Mansel and J. Veitch in 4 volumes，volume III，Edinburgh and London 1874.

Höffding，H.〈赫甫丁〉：

“论再认识，联想和心理主动性(第一篇论文)”，载于：《科学哲学季刊》，第十三期(1899 年)，第 420－458 页。

„Über Wiedererkennen，Assoziation und psychische Aktivität.（Erster Artikel）“：*Vierteljahrsschrift für wissenschaftliche Philosophie*，13 (1889)，S. 420－458.

Höfler，A. u. Meinong，A.〈赫夫勒和迈农〉：

《逻辑学。哲学概论》，在迈农的参与影响下由赫夫勒撰写，上半部分，维也纳，1890 年(简称为：《逻辑学》)。

Logik. Philosophische Propädeutik，unter Mitwirkung von A. Meinong verfaßt von A. Höfler，I. Theil，Wien 1890.

Hume，D.〈休谟〉：

1.《人性论。在精神科学和关于自然宗教的对话中采用实验推理方法的一个尝试》，附有引论和注释，主编：T. H. 格林、T. H. 格罗瑟，两卷本，新版，伦敦，1882 年，第一卷，第 301－565 页（简称为：《人性论 》）。
A Treatise of Human Nature: *being an Attempt to Introduce the experimental Method of Reasoning into moral Subjects and Dialogues concerning Natural Religion*, edited, with preliminary Dissertations and Notes, by T. H. Green an T. H. Grose. In two vol. New edition, London 1882, volume I, S. 301－565.

2.《人性论》，第一部分：《论知性》，德译本：E. 科特根，译文经 Th. 利普斯加工并附有注释和一个索引，汉堡和莱比锡，1895 年。
Traktat über die menschliche Natur, I. Teil. *Über den Verstand*, übersetzt von E. Köttgen, die Übersetzung überarbeitet und mit Anmerkungen und einem Register versehen von Theodor Lipps, Hamburg und Leipzig 1895.

3.《人类理解研究：文章、道德、政治与文学》，主编：T. H. 格林、T. H. 格罗瑟，第二卷，伦敦，1882 年，第 1－135 页。
An Enquiry concerning Human Understanding: *Essays*, *Moral*, *Political and Literary*, ed. by T. H. Green and T. H. Grose, vol. II, London 1882, S. 1－135.

Husserl, E.〈胡塞尔〉：

1.《算术哲学。心理学与逻辑学研究》，第一卷，萨尔河畔的哈勒，1891 年（简称为：《算术哲学》）；新近由 L. 艾勒主编：《算术哲学。附有补充文字（1890－1901）》，《胡塞尔全集》，第 XII 卷，海牙，1970 年。
Philosophie der Arithmetik. Psychologische und logische Untersuchungen, I. Band, Halle-Saale 1891; Neu hrsg. von L. Eley: *Philosophie der Arithmetik*, *mit ergänzenden Texten* (1890－1901): *Husserliana XII*, Den Haag 1970.

2.“对基础逻辑学的心理学研究”，载于：《哲学月刊》，第三十期（1894 年），第 216－244 页。新近出版于由 B. 让克主编的《论文与书评（1890－1901 ）》，《胡塞尔全集》，第 22 卷，海牙，1979 年，第 92－123 页。
„Psychologische Studien zur elementaren Logik“: *Philosophische Monatshefte*, 30 (1894), S. 159－191; Neu hrsg. von B. Rang: *Aufsätze und Rezensionen* (1890－1910): *Husserliana XXII*, Den Haag, 1979, S. 92－123.

3.“关于1894年德国逻辑学著述的报告”,载于:《系统哲学文库》,第三卷(1897年),第216-244页;新近出版于由B.让克主编的《文章与书评(1890-1910)》:《胡塞尔全集》第二十二卷,海牙,1979年,第124-151页。

„Bericht über deutsche Schriften zur Logik aus dem Jahre 1894“: *Archiv für systematische Philosophie*, 3 (1897), S. 216-244; Neu hrsg. von B. Rang: *Aufsätze und Rezensionen* (1890-1910): *Husserliana XXII*, Den Haag, 1979, S. 124-151.

4.《逻辑研究》第一卷,《纯粹逻辑学导引》,萨尔河畔的哈勒,1900年(简称为:《导引》);新近由E.霍伦斯坦主编:《逻辑研究》第一卷,《纯粹逻辑学导引》,第1版和第2版的文字,《胡塞尔全集》第XVIII卷,海牙,1980年。

Logische Untersuchungen. Erster Theil, *Prolegomena zur reinen Logik*, Halle-Saale 1900; Neu hrsg. von E. Holenstein, *Logische Untersuchungen*, Erster Band: *Prolegomena zur reinen Logik*, *Text der 1. und der 2. Auflage*, *Husserliana XVIII*, Den Haag 1980.

5.《纯粹现象学与现象学哲学的观念》第一卷,《纯粹现象学概论》,《哲学与现象学研究年刊》,第一卷,第一部分,第1-323页;萨尔河畔的哈勒,1913年(简称为:《观念》);新近由K.舒曼主编:《纯粹现象学与现象学哲 学的观念》,《胡塞尔全集》第III/1卷:第1版至第3版的文字,《胡塞尔全集》第III/2卷:补充文字(1912-1929年),海牙,1976年。

Die Ideen zu einer reinen Phänomenologie und phänomenologischer Philosophie, I. Buch, *Allgemeine Einführung in die reine Phänomenologie*, Jahrbuch für Philosophie und phänomenologische Forschung, I. Band, I. Teil, S. 1-323; Neu. hrsg. von K. Schuhmann, *Husserliana III/1*; *Texte der 1.-3. Auflage*; *Husserliana III/2*, *Ergänzende Texte* (*1912-1929*), Den Haag 1976.

James, W.〈詹姆斯〉:

The Principles of Psychology, in two volumes, London 1890.

《心理学原理》,两卷本,伦敦,1890年。

Kant, I.〈康德〉:

《纯粹理性批判》:《康德全集。按年代顺序排列》,G. 哈滕斯坦主编,第三卷,莱比锡,1867 年。

Kritik der reinen Vernunft: *Sämtliche Werke in chronologischer Reihenfolge*, hrsg. von G. Hartenstein, III. Band, Leipzig 1867.

Lambert, J.H.〈兰贝特〉:

《新工具或关于对真实以及它与错误和虚假的区别之研究与标识》,第二卷,莱比锡,1764 年(简称为:《新工具论》)。

Neues Organon oder Gedanken über die Erforschung und Bezeichnung des Wahren und dessen Unterscheidung vom Irrthum und Schein, II. Band, Leipzig 1764.

Leibnitz, G.F.W.〈莱布尼茨〉:

1."关于认识、真理和观念的考察",载于:《莱布尼茨短篇论文集》,由 R. 哈布斯译成德文,附有引论和解释,莱比锡,1883 年。

„Betrachtungen über die Erkenntnis, die Wahrheit und die Ideen": *Kleinere Schriften*, mit Einleitung und Erläuterungen deutsch von R. Habs, Leipzig 1883.

2.《人类理智新论》〈1703 年〉,载于:《莱布尼茨哲学著作集》,J. E. 埃德曼主编,柏林,1864 年,第 194－418 页(简称为:《新论》)。

Nouveaux essais sur l'entendement humain (1703): *Opera philosophica*, Pars prior, hrsg. von J.E. Erdman, Berlin 1840, S. 194－418.

3.《人类理智新论》,由 C. 沙尔施密特译成德文,附有引论、作者生平和解释性说明,柏林,1873 年。

Neue Abhandlungen über den menschlichen Verstand, ins Deutsche übersetzt, mit Einleitung, Lebensbeschreibung des Verfassers und erläuternden Anmerkungen versehen von C. Schaarschmidt, Berlin 1873.

Lipps, Th.〈利普斯〉:

《心灵生活的基本事实》,波恩,1883 年。

Grundtatsachen des Seelenlebens, Bonn 1883.

Locke, J.〈洛克〉:

1.《人类理解论》:《洛克哲学著述集》两卷本(简称为《哲学著述》),附有J. A. 圣约翰撰写的序论和按语,伦敦,1882/83 年。

An Essay Concerning Human Understanding: *Lock's philosophical works*, in 2 volumes, with a Preliminary Essay an Notes by J. A. St. John, London 1882/83.

2.“与沃克斯特主教的争论”,载于:《洛克哲学著述集》,第二卷,附录 1。

„Controversy with the Bishop of Worcester“: *Lock's philosophical works*, volume II, Appendix, No. 1.

3.《人类理解论》两卷本,由 Th. 舒尔策从英文译成德文,第二卷附有《论 对理解的引导》,莱比锡,1897 年。

Über den menschlichen Verstand. Eine Abhandlung, in zwei Bänden, aus dem Englischen übersetzt von Th. Schultze; zweiter Band mit der Schrift *Über die Leitung des Verstand* als Anhang, Leipzig 1897.

Lotze, H.〈洛采〉:

《逻辑学。关于思维、研究、认识的三部书:哲学体系》,第一部分,第 2 版,莱比锡,1880 年(简称为:《逻辑学》)。

Logik. Drei Bücher vom Denken, vom Untersuchen, vom Erkennen: *System der Philosophie*, I. Theil, 2. Auflage, Leipzig 1880.

Mally, E.〈马里〉:

“抽象与相似性认识”,载于:《系统哲学文库》,第六卷(1900 年),第 291 – 310 页。

„Abstraktion und Aehnlichkeits-Erkenntnis“: *Archiv für systematische Philosophie*, 6 (1900), S. 291 – 310.

Marty, A.〈马尔梯〉:

1.“论语法与逻辑的关系”,载于:《符号论文集》。为维也纳 1893 年第 42 届语言学家和教师大会出版的布拉格德国古代文化研究学会纪念文集,维也纳、布拉格和莱比锡,1893 年。

„Über das Verhältnis von Grammatik und Logik“: *Symbolae Pragenses*. Festgabe der deutschen Gesellschaft für Altertumskunde in Prag zur 42.

Versammlung deutscher Philologen und Schulmänner in Wien 1893, Prag, Wien und Leipzig 1893.

2."论无主语语句以及语法与逻辑学和心理学的关系(第三篇文章)",载于:《科学哲学季刊》,第八期(1884 年),第 292 - 340 页。

„Über subjektlose Sätze und das Verhältnis der Grammatik zu Logik und Psychologie (Dritter Artikel)": *Vierteljahrsschrift für wissenschaftliche Philosophie*, 8 (1884), S. 292 - 340.

3."论无主语语句以及语法与逻辑学和心理学的关系(第五篇文章)",载于:《科学哲学季刊》,第十八期(1894 年),第 421 - 471 页。

„Über subjektlose Sätze und das Verhältnis der Grammatik zu Logik und Psychologie (Fünfter Artikel)": *Vierteljahrsschrift für wissenschaftliche Philosophie*, 18 (1894), S. 421 - 471.

4."论无主语语句以及语法与逻辑学和心理学的关系(第六篇文章)",载于:《科学哲学季刊》,第十九期(1895 年),第 18 - 87 页。

„Über subjektlose Sätze und das Verhältnis der Grammatik zu Logik und Psychologie (Sechster Artikel)": *Vierteljahrsschrift für wissenschaftliche Philosophie*, 19 (1895), S. 19 - 87.

5.《普遍语法学与语言哲学基础研究》第一卷,萨尔河畔的哈勒,1908 年。

Untersuchungen zur Grundlegung der allgemeinen Grammatik und Sprachphilosophie, I. Band, Halle a.S. 1908.

Meinong, A.〈迈农〉:

1.《休谟研究》,两卷本合一,维也纳,1877 年和 1882 年,第一卷:《现代唯名论的历史与批判》,1877 年,特印本出自:《皇家科学院哲学历史类会议文献》,第八十七卷,1877 年,第 185 页以后。

Hume-Studien, 2 Bände in einem Band, Wien 1877 und 1882, I. Band, *Zur Geschichte und Kritik des modernen Nominalismus*, 1877, Sonderdruck aus: *Sitzungsberichte der phil.-hist. Classe der kais. Akademie der Wissenschaften*, Band LXXXVII, 1877, S. 185ff.

2.书评:F. 希勒布兰特,《范畴推理的新理论。一个逻辑研究》,维也纳,1891 年,载于:《哥廷根学报》,1892 年,第 443 - 466 页。

Rezension von: F. Hillebrand, *Die neuen Theorien der kategorischen*

Schlüsse. Eine logische Untersuchung, Wien 1891: *Göttingische gelehrte Anzeigen* (1892), S. 443 - 466.

3. “心理分析理论文献”，载于：《心理学与感官生理学杂志》，第六期(1893年)，第340 - 385页和第417 - 455页。

„Beiträge zur Theorie der psychischen Analyse“: *Zeitschrift für Psychologie und Physiologie der Sinnesorgane*, 6 (1893), S. 340 - 385 und S. 417 - 455.

4. “论更高序列的对象以及它们与内感知的关系”，载于：《心理学与感官生理学杂志》，第二十一卷(1899年)，第187 - 272页。

„Über Gegenstände höherer Ordnung und deren Verhältnis zur inneren Wahrnehmung“: *Zeitschrift für Psychologie und Physiologie der Sinnesorgane*, 21 (1899), S. 182 - 272.

5. “抽象与比较”，载于：《心理学与感官生理学研究杂志》第二十四卷(1900年)，第34 - 82页。

„Abstrahiren und Vergleichen“: *Zeitschrift für Psychologie und Physiologie der Sinnesorgane*, 24 (1900), S. 34 - 82.

1284 Mill, J. St.〈穆勒〉:

1.《演绎的和归纳的逻辑学体系。对证明学说的原理和科学研究方法的原理之阐述》，经作者同意并在其参与影响下由Th.贡佩尔兹译成德文并加注，莱比锡，1872/73年(简称为：《逻辑学》)。

System der deductiven und inductiven Logik. Eine Darstellung der Grundzüge der Grundsätze der Beweislehre und der Methoden wissenschaftlicher Forschung, mit Genehmigung und unter Mitwirkung des Verfassers übersetzt und mit Anmerkung versehen von Th. Comperz. Leipzig 1872/73.

2.《对威廉·汉弥尔顿爵士哲学以及在他著述中所讨论的原则哲学问题的考察》，第5版，伦敦，1878年(简称为：《考察》)。

An Examination of Sir William Hamilton's Philosophy and of the Principal Philosophical Questions discussed in his Writings, 5th ed., London 1878.

Natorp, P.〈纳托尔普〉:

1.《根据批判方法而做的心理学引论》,布赖斯高地区的弗莱堡,1888 年(简称为:《心理学引论》)。

Einleitung in die Psychologie nach kritischer Methode, Freiburg i. Br. 1888.

2.“关于 1894 和 1895 年间德国认识论著述的报告”,载于:《系统哲学文库》,第三卷(1897 年),第 101 - 121 页、第 193 - 215 页、第 391 - 402 页、第 457 - 482 页。

„Berichte über deutsche Schriften zur Erkenntnistheorie aus den Jahren 1894 und 1895“: *Archiv für systematische Philosophie*, 3 (1897), 101 - 121, 193 - 215, 391 - 402, 457 - 482.

3.《根据批判方法进行的普通心理学》,第一册,《心理学的客体与方法》,图宾根,1912 年(简称为:《普通心理学》)。

Allgemeine Psychologie nach kritischer Methode, I. Buch, *Objekt und Methode der Psychologie*, Tübingen 1913.

Paul, H.〈保罗〉:

《语言史原理》,第 3 版,萨尔河畔的哈勒,1898 年。

Prinzipien der Sprachgeschichte, 3. Auflage, Halle-Saale 1898.

Rickert, H.〈李凯尔特〉:

“论自然科学概念构成的理论”,载于:《科学哲学季刊》,第十八期(1894 年),第 277 - 319 页。

„Zur Theorie der naturwissenschaftlichen Begriffsbildung“: *Vierteljahrsschrift für wissenschaftliche Philosophie*, 18 (1894), S. 277 - 319.

Riehl, A.〈里尔〉:

《哲学的批判主义和它对实证科学的意义》三卷本,第二卷,第一部分,《认识的感性基础与逻辑基础》,莱比锡,1879 年(简称为:《哲学的批判主义》)。

Der philosophische Kritizismus und seine Bedeutung für die positive Wissenschaft, 3 Bände, II. Band, I. Theil, *Die sinnlichen und logischen Grundlagen der Erkenntnis*, Leipzig 1879.

Schlick, M.〈石里克〉:

《普通认识论:自然科学的专论与教程》,第一卷(简称为:《普通认识论》),柏林,1918 年。

Allgemeine Erkenntnislehre: *Naturwissenschaftliche Monographien und Lehrbücher*, I. Band, Berlin 1918.

Schumann, F.〈舒曼〉:

“论时间直观的心理学”,载于:《心理学与感官生理学杂志》,第十七卷(1898 年),第 106 - 148 页。

„Zur Psychologie der Zeitanschauung“: *Zeitschrift für Psychologie und Physiologie der Sinnesorgane*, 17 (1898), S. 106 - 148.

Schwarz, H.〈施瓦茨〉:

《意愿心理学。伦理学的奠基》,莱比锡,1900 年(简称为:《意愿心理学》)。

Psychologie des Willens. *Zur Grundlegung der Ethik*. Leipzig 1900.

1286 Serret, J.A.〈塞里特〉:

《高等代数学手册》,由 G. 韦特海姆译成德文,第 2 版,莱比锡,1878/79 年(简称为:《代数学》)。

Handbuch der höheren Algebra, deutsche Übersetzung von G. Wertheim, 2. Auflage, Leipzig 1878/79.

Sigwart, Chr.〈西格瓦特〉:

1.《无人称动词。一个逻辑研究》,弗赖堡,1888 年(简称为:《无人称动词》)。

Die Impersonalien. *Eine logische Untersuchung*, Freiburg 1888.

2.《逻辑学》,第一卷,《关于判断,关于概念、关于推论的学说》,经过审核和扩展后的第 2 版,布莱斯高的弗莱堡,1889 年。

Logik, I. Band, *Die Lehre vom Urteil*, *vom Begriff*, *vom Schluß*, 2., durchgesehene und erweiterte Auflage, Freiburg i.Br. 1889.

Spencer, H.〈斯宾塞〉:

1.《心理学原理》,第 3 版,两卷本,伦敦,1890 年。

The Principles of Psychology, 3rd edition, in 2 volumes, London 1890.

2.《心理学原理》,第二卷,德文版由 B. 费特根据英文第 3 版翻译并经作者亲自审核的:综合哲学体系,第五卷,斯图加特,1886 年(简称为:《心理学》)。

Die Prinzipien der Psychologie, II. Band, autorisirte deutsche Ausgabe, nach der dritten englischen Auflage übersetzt von B. Vetter: System der synthetischen Philosophie, V. Band, Stuttgart 1886.

Steinhal, H.〈施泰因哈尔〉:

《心理学与语言科学引论:语言科学概要》(简称:《心理学与语言科学引论》),第一部分,《语言概论》,柏林,1871 年。

Einleitung in die Psychologie und Sprachwissenschaft: *Abriß der Sprachwissenschaft*, *I. Teil*, *Die Sprache im Allgemeinen*, Berlin 1871.

Stumpf, C.〈施通普夫〉:

1.《论空间表象的心理学起源》,莱比锡,1873 年。

Über den psychologischen Ursprung der Raumvorstellung, Leipzig 1873.

2.《声音心理学》,第一卷,莱比锡,1883 年;第二卷,莱比锡,1890 年。

Tonpsychologie, Erster Band, Leipzig 1883; Zweiter Band, Leipzig 1890.

3.“现象与理性功能”,载于:《1906 年皇家普鲁士科学院论文集》,柏林,1907 年。

„Erscheinungen und psychische Funktionen“: *Abhandlungen der Königlichen Preußischen Akademie der Wissenschaften vom Jahre 1906*, Berlin 1907.

Twardowski, K.〈特瓦尔多夫斯基〉:

《关于表象的内容和对象的学说》,维也纳,1894 年。

Zur Lehre vom Inhalt und Gegenstand der Vorstellungen, Wien 1894.

Überweg, F.〈宇伯维克〉:

《哲学史基本概要》,第二部分,《中世纪或教父学和经院论时期》,第 8

版,新近得到加工并附有索引,柏林,1898 年。

Grundriß der Geschichte der Philosophie, II. Teil, *Die mittlere oder die patristische und scholastische Zeit*, 8. Auflage, neu bearbeitet und mit Register versehen, Berlin 1898.

Volkelt, J.〈福尔克特〉:

1.“被发明的感觉”,载于:《哲学月刊》,第十九期(1883 年),第 513 - 524 页。

„Erfundene Empfindungen“: *Philosophische Monatshefte*, 19 (1883), S. 513 - 524;

2.《经验与思维。认识论的批判奠基》,汉堡和莱比锡,1886 年(简称为:《经验与思维》)。

Erfahrung und Denken. Kritische Grundlegung der Erkenntnistheorie, Hamburg und Leipzig 1886.

人名索引

（人名后的数字为原著页码，即本书边码）

A

B

C

D

E

F

G

H

J

K

L

M

N

P

R

S

T

U

V

W

Z

概念索引(德－汉)

(概念后的数字为原著页码,即本书边码)

B

C

D

E

F

G

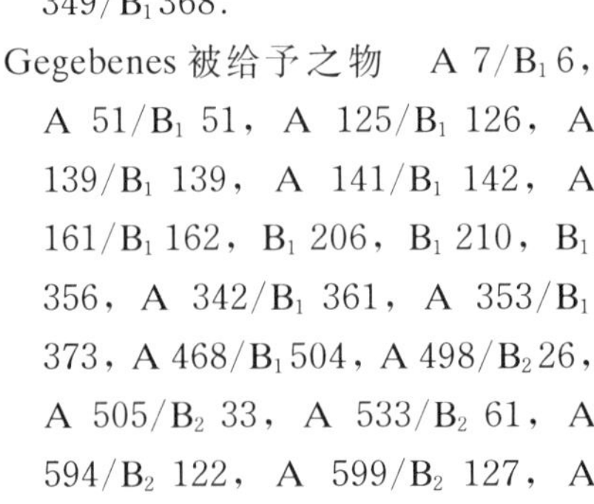

H

I

L

M

N

O

P

Q

R

S

T

U

V

W

Z

概念索引(汉－德)

(概念后的数字为原著页码,即本书边码)

B

C

D

F

G

H

J

K

L

M

N

P

Q

R

S

T

W

Y

Z

译　后　记

1997年末到1998年初，连着大大地舒了两口气：舒第一口气是因为1997年10月完成了集十多年之辛苦的《胡塞尔现象学概念通释》之文稿，其中选胡塞尔现象学常用概念600余个，逐一翻译、解释。写此书的主要奢望一是在于为现象学圈内关于现象学中译名之统一的讨论准备一个原始的起点，二是在于为现象学圈外的爱智者进入胡塞尔的巨大思维视域提供一条可能的通道。当然这些意图是否可以实现以及在何种程度上实现，又当别论。此处不提也罢。

而能舒第二口气是因为终于在1997/98年的寒假里将两卷本的胡塞尔《逻辑研究》中译收尾。此项作业实可算是一大工程：全书分两卷，第二卷再分两个部分，外文原版达1000页，中译本近一百万字。再加上在翻译中还有第一版（1900/01年A版）和第二版（1913/20年B版）的差别需要顾及和标出，其困难程度可想而知。以分四卷出版的日译本《逻辑研究》（东京，1968－1974年）为例，主译立松弘孝，其间还有另外二人参与，且未标出A、B版之差异，而从第一卷到第四卷的出版前后尚用八年之久。故而在译第一卷时，上海译文出版社的编辑刘建荣便曾打趣说，“译完《逻辑研究》，你就可以安心退休了。”言下之意，纵使一生碌碌无为，一旦译出此

书，亦足可自慰了。

当然，我舒一口气的原因并不在此，至少不完全在此。《逻辑研究》的翻译从1990年开始，其间因各种原因一再地断而又续。对我来说，能在1998年将它全部译出，这首先意味着很有可能在它问世一百年之际，亦即在2000年出版它的中文本。虽说已经很迟，总还不算太迟。故我可先舒一口长气，既对在九泉之下的原作者，也对关心此书的陌生的与熟悉的朋友们有个交代。接下来当然还要看出版社的。

《逻辑研究》在双重意义上是"划时代"的：一方面自然是因为它与本世纪同龄，它的第一版发表于1900/01年，可以说是本世纪的一声开门礼炮；而二十世纪的结束也就意味着《逻辑研究》百年效果史的完成。另一方面，《逻辑研究》的发表意味着哲学史上一个新的时代之开辟，狄尔泰甚至将它誉为"哲学自康德以来所做出的第一个伟大进步"①。波亨斯基在五十年代曾将《逻辑研究》看作是"对二十世纪哲学的最大丰富"②，这在今天来看也不能算是夸张。海德格尔虽然对其老师时有批评，但他始终承认对《逻辑研究》之研究构成他哲学的一个关键出发点，他的"现象学之路"绝大部分是围绕这部著作展开；他对此书的迷恋，或者说，从此书中发出的"魔力"甚至"一直延伸到它的版式和扉页这些外在的东西

① Vgl. Th. Rentsch, *Martin Heidegger. Das Sein und der Tod*, München/Zürich 1989, S. 19.

② I. M. Bochenski, *Europäischen Philosophie der Gegenwart*, ^{2}1952, S. 143.

上"[1]。——似乎各种风格的哲学家都在《逻辑研究》中找到了他们所要寻求的东西。无论如何，随《逻辑研究》发表而形成的欧洲大陆现象学运动无疑可以被看作是本世纪最重要的哲学思潮。因而《逻辑研究》观其左右足可以与《数学原理》论高低，视其前后更能够与《存在与时间》相呼应。试图为二十世纪哲学撰写历史的哲学史家们甚至已经开始将本世纪的哲学发展归纳为："从胡塞尔到海德格尔"(这是 K. Wuchterl 于 1995 年所著《一门二十世纪哲学史的基石》一书的副标题。[2])——细想下来，这种大而统之的归纳虽然与现象学的风格相悖，却也有其一定的道理：一门二十世纪哲学史必须从胡塞尔的《逻辑研究》开始，就像二十世纪心理学史可以从 1900 年的《梦的阐释》开始一样。而这个世纪的哲学虽不能说在海德格尔 1976 年逝世之后便截止，但至今似乎还没有人能超越出他的巨大身影之外，二十世纪哲学的尾声终究弥漫着海德格尔的余音。[3]

尽管胡塞尔本人与海德格尔都曾将《逻辑研究》称作"现象学的突破性著作"[4]。但他们二人用"突破"一词所表达的并不一定是同一个意思。就胡塞尔而言，他要想说的首先是：《逻辑研究》集"十年孤独而辛劳的工作"[5]，决定着他本人作为哲学家之精神生

① M. Heidegger, *Zur Sache des Denkens*, Tübingen [3]1988, S. 47, S. 82.

② K. Wuchterl, *Bausteine einer Geschichte der Philosophie der 20. Jahrhunderts. Von Husserl zu Heidegger: Eine Auswahl*, Bern/Stuttgart/Wien 1995.

③ 例如罗蒂去年在阿姆斯特丹又出语惊人，他认为二十世纪后半世纪的哲学都是对海德格尔各种回答，就像十九世纪的哲学可以看作是对黑格尔的回答一样。

④ 参阅胡塞尔：《逻辑研究》，B VIII；海德格尔，GA 20, S. 98.

⑤ 参阅 Hua XVIII, S. XXIII.

活的“成功与不成功、幸福与不幸福”,甚至是“存在,还是不存在”;而在此之前,如胡塞尔自己在信中所述,“我的生活从一个绝望走向另一个绝望,从一个重新崛起走向另一个重新崛起。最终……产生出一个开端——《逻辑研究》,它们从那时起给了我支撑与希望。我用它们治愈了自己。”①因而《逻辑研究》的突破,首先可以是指胡塞尔在个人哲学信念上的突破。以后的解释者们也将这个“突破”浓缩为从心理主义到反心理主义的转折。——早些年前人们曾认为胡塞尔的这个转变要归功于弗雷格的批判。近年的研究结果表明,连弗雷格本人也不知道,早在他撰写《算术哲学》之书评的三年前,胡塞尔便已脱离以前的立场并开始起草《逻辑研究》,因而他批判的已经是过去的胡塞尔。②

当然,胡塞尔用“突破”一词所想表达的最主要还是这样一个意思:“《逻辑研究》是一部突破性著作,因而它不是一个结尾,而是一个开端。”③他在此书发表几年之后便开始从描述现象学转向先验现象学。因此当海德格尔开始进入现象学时,他已经发现,“大师本人当时对他这部在世纪之交出版的著作已经不再有很高的评价了”。④ 诚然,这种对自己以往著作的轻视恰恰体现着胡塞尔本人的思维特点,他力求不断的发展,为此不惜一再地否定自身,以求达到最终的确然性。但这并未妨碍胡塞尔在二十年后回顾道:

① 参阅 Husserl, Hua Brifewechsel Bd. IX, S.136, Bd. IV, S.22.

② 参阅 R. Bernet/I. Kern/E. Marbach: *Edmund Husserl*: *Darstellung seines Denkens*, Hamburg 1989, S. 12ff.

③ 胡塞尔:《逻辑研究》I,B VIII.

④ 海德格尔:《走向语言之途》,孙周兴译,台北,1993 年,第 79 页。

"我相信可以说，此书中那些纵然不尽成熟，甚至带有失误的东西也是值得深思熟虑一番的。因为这里面的所有一切都产生于那种真正切近实事本身、纯粹朝向其直观自身被给予性的研究之中，尤其是产生于那种朝向纯粹意识的本质现象学之观点的研究之中，而唯有这种研究才能为一门理性理论带来成效。"[①]事实上，《逻辑研究》其所以影响绵延不断，恰恰是因为它所提供的不仅仅是对现象学精神的概论，而且是这精神本身。正是这种精神，才使狄尔泰为之一振，认为在《逻辑研究》中发现了精神科学不同于自然科学之"解释"的"描述－分析方法"，故而在"认识论领域中开辟了一个时代"[②]。此后在胡塞尔本人生前出版的著作中，唯有《逻辑研究》和《内时间意识现象学讲座》带有现象学具体操作的成分。它们也被胡塞尔称作"贴着地面的工作"[③]。固然，自 1950 年起陆续出版的《胡塞尔全集》目前已达三十卷，而且根据鲁汶大学胡塞尔文库 1997 的年终报告还有其他十卷已在编校之中并待出版，而这些卷帙浩繁的著述包容了胡塞尔在实事研究方面大量具体而微的分析；但是，《逻辑研究》毕竟是开山之作，且经在出版方面以严谨乃至苛刻著称的胡塞尔本人两次审定，其作用和地位实非其他各卷所能取代。

我在 1980 年前后初识现象学多属机遇。当时瑞士学者耿宁

---

① 胡塞尔：《逻辑研究》II/2，B_2 535.

② Vgl. W. Dilthey, *Der Aufbau der geschichtlichen Welt in den Geisteswissenschaften*, [8]1992, S. 14, Anm.

③ 参阅：Husserl, Ms. B I, S. 20.

(Iso Kern)先生恰好在华做佛学唯识研究,他成为我的现象学入门向导,并由此而引出已持续了十几年的指导与扶携。耿宁本人曾在鲁汶大学的胡塞尔文库任职多年,在胡塞尔研究方面著有经典文献《胡塞尔与康德》和《哲学的观念与方法》,并主编《胡塞尔全集》第13至第15卷,系统地出版了胡塞尔在"交互主体性现象学"方面的研究手稿,在学术界颇有影响。他那时为我开的书单首先是胡塞尔1916年在弗赖堡的就职讲座"纯粹现象学及其研究领域和方法"(《哲学译丛》1994年,第5期),然后是《现象学的观念》(上海译文出版社,1987年)和《哲学作为严格的科学》(国际文化出版公司,1988年),再下来是《纯粹现象学与现象学哲学的观念》第一卷(商务印书馆,1992年),最后才是《逻辑研究》(上海译文出版社,1994年起)及其他等等。这个进入现象学的通道现在看来是一条由一般概论到具体分析的道路。其精要在于,首先纵观现象学广厦之全貌,而后才登堂入室,逐一审视其中的各间宅舍,最后掌握现象学各个细微砖块乃至它们具体的堆砌方法。

在沿着这个方向完成硕士论文之后,我于1985年到弗赖堡大学作哲学博士生,当时的导师是现任弗赖堡大学胡塞尔文库的主任让克(Bernhard Rang),曾著有《因果性与动机说明》和《胡塞尔的自然哲学》,主要从胡塞尔现象学的角度讨论自然科学的基础。我在弗赖堡所听的第一堂课便是他的"《逻辑研究》研讨"。记得他上课时特意带了一个木质的圆球,在或明或暗灯光的照射下用这个道具来向低年级的学生们解释胡塞尔意向分析中的一个核心概念:"映射"(Abschattung);由此而引出胡塞尔对一切意向对象的两种被给予方式的划分:事物性对象以映射方式被给予,体验性对

象以反思方式被给予。而让克为现象学初学者所指的通道恰恰与耿宁的相反：首先读《逻辑研究》，然后读1913年的《纯粹现象学与现象学哲学的观念》第一卷，最后再去理解1916年的就职讲座以及其他等等。这条入门之径自然也有其所长：它与胡塞尔本人的思路历程是平行的。如果前一条耿宁之路可以说是沿系统线索行进的话，后一条让克的道路则是顺应了发生的走向。

发生的道路自有其特长。远的不去说，海德格尔本人便是沿此道路进入现象学的。他在许多年后回顾说："那时候我是胡塞尔的助手，每周一次与几位日本同行一道研读胡塞尔的第一部主要著作，就是《逻辑研究》。……我偏爱《逻辑研究》是为了入现象学之门。"[①]海德格尔一再声言，《逻辑研究》是他哲学的出发点[②]并将《逻辑研究》称作是一部"带有七个，甚至更多的印记"的著作[③]。他将自己日后与其老师的思想分歧归诸于胡塞尔未能抗拒当时的哲学气氛，屈从于新康德主义，从而在《逻辑研究》后的《哲学作为严格的科学》(1910/11年)与《纯粹现象学与现象学哲学的观念》(1913年)中放弃了现象学的原则。——当然海德格尔对胡塞尔还有另一个批评：胡塞尔缺乏与历史的任何活的联系。[④] 这两个批评都有待深究。但前一个批评的随意性似乎较为明显：胡塞尔

① 海德格尔：《走向语言之途》，孙周兴译，台北，1993年，第79页。

② 参阅 Heidegger, *Sein und Zeit*, a.a.O., S. 38, *Unterwegs zur Sprache*, Pfullingen [9]1990, S. 90f., *Zur Sache des Denkens*, a.a.O., S. 47, S. 83.

③ 参阅 Heidegger, GA 58, S.16.

④ 参阅 Heidegger, *Zur Sache des Denkens*, a.a.O., S. 47.

在《逻辑研究》发表后身处两大阵营之间，为何没有选择日趋兴盛的狄尔泰生命哲学，却偏向已显衰败迹象的先验哲学[1]，其中必然另有原委。况且若屈从生命哲学也不见得就维护了现象学的原则。但胡塞尔迈出的这一步导致了现象学运动的分流却是事实。几乎他当时的所有弟子都曾期望他将其精湛的分析能力运用于人类生存状态的研究上。然而胡塞尔偏偏认为这会导致人类主义的泛滥，因而在他研究手稿中虽然早已含有此类分析，但他始终将大量精力放在先验的奠基之上。如今已经很难想象，倘若胡塞尔此后一生始终沿着《逻辑研究》的方向行进，现象学运动今日会以何种面目展现于世人。

海德格尔本人对《逻辑研究》的解读方式与他对整个哲学史的解读方式一致：他是用他的问题来考问被解读的对象。一方面，他在早期《存在论》(1923 年)的讲座中指出，胡塞尔的《逻辑研究》"扭断了"主－客体的虚假问题的"脖子"，而在此之前"任何对此模式[主－客体模式]的沉思都没有能够铲除这个模式的不合理性"；故而《逻辑研究》曲高和寡，始终不会成为"公众废话"的论题[2]。在逐步弄清了海德格尔本意的今天，我们的确可以从他提供的这个角度来探讨《逻辑研究》：胡塞尔在《逻辑研究》中的分析在某种程度上可以被看作是用意向分析来澄清主－客体的模式的初步努

① 如普莱斯纳所言，胡塞尔 1916 年去弗赖堡继任新康德主义代表人物李凯尔特的教椅，表明新康德主义后继无人，表明它"连同其圈内圈外人在当时已经走到了尽头"。(H. Plessner, *Zwischen Philosophie und Gesellschaft*, Frankfurt a.M. 1979, S. 45)

② 参阅 Heidegger, GA 63, S. 82.

力。但就胡塞尔本人的思想内在发展而言,则更应当说他是在《逻辑研究》之后才看清了这个“虚假问题”,并试图通过发生分析来不断地向这个问题的真正起源深入。而为海德格尔所反对的向先验现象学的转向,完全就是在这个发展过程中的必然一步。——这里当然不能再说开去。

另一方面,海德格尔在早期和后期都一再强调,胡塞尔在《逻辑研究》中,首先是在第六研究中,已经切入了存在问题[①](以后也曾有人专门以此课题做博士论文)。海德格尔研究最多的是其中的第六研究,尤其是第五章“明见与真理”和第六章“感性直观与范畴直观”,其中包含着胡塞尔对真理问题以及范畴直观问题的论述。故而海德格尔所说的《逻辑研究》之“突破”主要是指胡塞尔在通过“范畴直观”而向存在问题的突破——对范畴直观的指明可以为我们揭示存在的起源,或者用布伦塔诺-海德格尔的话来说,可以揭示“对存在者的多重含义的规定”。这两章实际上也是胡塞尔本人最为关注的章节。但胡塞尔恰恰认为,理解了这两章也就可以理解他在此后的思想发展:“关于‘感性直观与范畴直观’的一章连同前一章准备性的阐述为从现象学上澄清逻辑明见性(当然随之还包括对它在价值论领域和实践领域的平行项的澄清)开辟了道路。如果人们关注了这一章,那么某些对我《纯粹现象学与现象学哲学的观念》的误解就会是不可能的。”[②]胡塞尔的这种想法,今天看来实在是与诠释学的主张无缘,已近乎奢望或苛求了。话

① 参阅 Heidegger, *Zur Sache des Denkens*, a.a.O., S. 47.

② 胡塞尔:《逻辑研究》II/2,B_2 534.

说回来，两位大师至少在第六研究的第五章和第六章上有过短暂的聚合，交会之后似乎便又按着各自的轨迹行走下去。现在来回顾这个交叉点实在是很有趣的思维游戏。

值得一提的是：在胡塞尔逝世50多年、《逻辑研究》诞生近一百年之后，终于有一本用胡塞尔母语写成的《胡塞尔传》（法兰克福/纽约，1995年）得以出版。它的开首第一句便是："胡塞尔是二十世纪的一位重要哲学家——而只有最少数的人才知道，为什么。"《逻辑研究》的中译本的出版是否能使更多的中国读者知其然更知其所以然，我还不能肯定。在以"后哲学时代"为标记的今天，胡塞尔所做的那种对自然主义和相对主义的批判往往与流行意识相背，而他对确然性之苦苦追求更是被视为不明生活形式和价值系统之杂多与间断的真谛。大概正是在这个意义上，传记的作者也将胡塞尔称作"最后的哲学家"。但我相信，纵使退一万步说，胡塞尔以其毕生之努力至少还可以为我们提供与"坏的怀疑论"相抗衡的另一个极点，因而永远不会在思的事业中过时。

*　　　*　　　*

译者所追寻的理想当然是有能力用译著来完全取代原著，使读者不必纠缠在语言障碍之中。但此等理想永远只是一个无法达到的终极状态，无论译者在这方面具有何等的愿望与能力。因此，追求完善理解之理想的读者还是应当尽可能阅读或参照原著。这里的译著为此理想的理解所提供的不是目的，仅是手段。记得熊伟先生曾认为译著的对象只能是那些略通原文的读者而已,以此来强调阅读译著的前提。但愿这个前提在这里还不是一个必不可少的前提。

回顾自己对《逻辑研究》的多年翻译,扪心自问已尽了可能之力。虽无良心之累,却难作才疏学浅的托辞。译文中能力所不及之处以及可能存在的疏漏偏差,还恳盼读者朋友、专家同行来函指点。在此预先致谢!

最后照例还要做如下的说明以方便读者:

1.《逻辑研究》的翻译从1990年开始,第一卷的翻译于1992年2月完成。近三年半之后于1995年6月完成第二卷的第一部分。而最后一部分,即第二卷的第二部分,一直到1998年3月方告全部结束。在此期间,已经不断发现前面的翻译所留存下来的错误;尤其是通过前面提到的《胡塞尔现象学概念通释》一书的撰写,初步完成了概念清理的工作,故而在1997/98年翻译最后一项研究时,我尽可能地将已确定的中译名加以贯彻。因此,尽管我本人在以往的一些文章中曾强调译名的统一性问题,但细心的读者在这里也会发现的几个中心概念翻译的不统一:

"Evidenz"在第一卷中被译作"明证性",在第二卷中则译作"明见性"。其原因在于,我在第一卷翻译时过多地顾及到前一个已成为传统的译法,这个译名受日译名影响,明显带有不妥。到第二卷翻译时,已经是忍无可忍——与其为译名统一而牺牲严格确切,不如反其道而行之。

类似的情况还表现在对"Adäquation"的翻译上:它在第二卷

的第一部分中先被译作“相应性”，而后在第二部分中统一改译作“相即性”。前一个译名带有过浓的日常含义，特别是在形容词“相应的”（adäquat）上，因而在以后的翻译中选择了一个较为生疏的概念，避免了可能的误解。

“Apodiktisch - assertorisch”在第一卷中被译作“[本质]可靠的-[事实]可靠的”。这个译法更多是一种解释而不是翻译。因而在第二卷中下决心改译作“绝然的断然的”。

2.“Präsenz”、“präsent”、“Präsentation”、“präsentieren”在第二卷中统一译作“体现”、“体现（性）的”、“体现”、“体现”。这种译法的缺陷在于不易表明德文原文的动词-名词差异；但它的长处更多，主要是可以统一地表现出该词的统一词根以及由它所突出的“原本性”之特征。

还有一些虽语词不同，但意义基本相同的概念则尽可能通过中译来加以区别，例如将“Phantasie”与“Imagination”分别译作“想象”和“想像”；“Wahrnehmung”与“Perzeption”分别译为“感知”和“知觉”。而“Anschauung”与“Perzeption”则无法分别，统译作“直观”。如此等等，不一而足。

3.以上所列出的这些概念都可以在书中以及书后的索引找到德文原义。这里当然只能对本书中一些中心概念的中译做出扼要的说明、解释，否则“译后记”会变成现象学概念翻译解释辞典。如前所述，这样一项工作我在此前已经初步完成。对胡塞尔现象学专有概念的翻译解释，有兴趣的读者可以参考拙著《胡塞尔现象学概念通释》。

4.原著没有列出概念索引，只有人名索引，且未标出 A、B 本页码。此次收尾,在几个索引上花费了大量的机械功。但由于是人工作业,尽管不乏细致耐心,尽管有过一一的核对,在概念的选择和列出方面仍可能存有疏漏。纵使如此,也整整耗去了我一个月的时间,尤其是在“概念索引”上。但愿它们能方便于读者。在查阅时特别需要注意的是:原书的脚注在当页,中文本则因技术问题而必须统一作尾注处理,故而在原脚注中含有的概念便不会出现在给明的边码当页,而需根据这个边码到后面的尾注中寻找。为此还要敬请读者谅解!

倪梁康

1998 年 3 月　于南京

《逻辑研究》中译本修订版后记

在《逻辑研究》中译本初版的“译后记”中曾有这样的文字：“回顾自己对《逻辑研究》的多年翻译，扪心自问已尽了可能之力。虽无良心之累，却难作才疏学浅的托辞。译文中能力所不及之处以及可能存在的疏漏偏差，还垦盼读者朋友、专家同行来函指点。在此预先致谢！”

《逻辑研究》中译本于1999年全部出版之后，的确受到了各方人士的关心。最早收到的是北京大学的张祥龙先生发来的修订建议，而后是上海译文出版社赵月瑟女士转来康宏达先生的修改意见。此后还有复旦大学的丁耘先生在《读书》(2001年9月)上发表的评论文字“知其不可而译之”。接下来是方向红先生的修改建议。此后又收到靳希平先生转来的郑辟瑞先生的“《逻辑研究》汉译勘误”。在即将修订完毕时，收到了丁耘先生收集的翻译问题和修改建议。所有这些建议和意见，译者都在修订过程中做了认真的考虑和必要的采纳。值此再版的机会，译者要向这些朋友和同道再次表示由衷的谢意！

在此期间，译者自己也陆续发现了《逻辑研究》中译本中存在的一些问题，简言之：发现中译本的各类“缺－失”。其中的一些甚至每每会使译者产生最终放弃一切翻译工作的念头。这主要是因为哲学翻译的责任实在重大,弄不好就会谬种流传,妨碍读者对思想家思想的正确理解。

为了尽可能地避免以讹传讹的可能性,译者于一年前在“中国现象学网站”上刊登了《逻辑研究》中译本的“补-正”。这个做法带有两个目的:其一是尽可能早地告知《逻辑研究》中译本持有者在该书中已经发现的“缺-失”,以免误导读者。其二是希望以网络布告为开端,传告各地的朋友:把各自所发现的和认为可讨论的问题继续刊登出来,以便日后再版时修正。

译者原本还计划把这些“补正”正式刊登在《中国现象学与哲学评论》上,但考虑到《逻辑研究》脱销已久,读者和出版社都在催促再版,因此,还不如一步到位,出版一个修订本。特别是在完成《现象学的始基——对胡塞尔〈逻辑研究〉的理解与思考》(广东人民出版社,2004年)之后,有了一段相对空歇时间,于是便把连续进行的修订加以系统化,并一一整理出来。

这里所说的“一步到位”,实在也只能是相对而言,只能是说说而已。我曾在“《逻辑研究》中译本补正的引言”中期盼《逻辑研究》中译本的读者能够继续加入补正的行列,为日后能够出版一部尽可能理想的《逻辑研究》中译本而一同努力。现在看来,即使在修订之后,距离一个理想的译本的目标仍然很远,远非一步可及。以这次的修订为例:在自己完成了所有的补正,并认真通读一遍之后,我又请朱刚博士以及我的硕士生和博士生张伟、高松、肖德生、夏宏、高维杰等人分别通读了整个中译本。其间仍然有许多问题和差误被提出和被发现。我的感觉是里面藏着捉不完的臭虫,于是也就会有打不完的补丁。仅就这点而言，理想的译本就和理想的软件一样，实在是不可望而更不可及的。

虽不能至，却心向往之。现在反省起来，凭一人之力来做此事，难免会捉襟见肘。十年前在翻译此书时的豪气，现在则更多化为了一种思虑。从英译本看，类似的问题也还存在，而合作完成的日译本就听说要好一些。因此在筹划中山大学985二期项目的时候，曾想把陈嘉映先生的一个精品精译的想法付诸施行：选十本已经译成中文的当代西学经典，请十位高水平的专家来进行校对，并附以对译名、译法、内容理解的评议和解释。但由于相关的研究经费没有完全按原计划到位，因此这个设想最终未能付诸实现。可能得以实施的仅剩《逻辑研究》一部：在这个修订本完成后，我将请张祥龙先生对这个修订本再作一次严格的校对。希望借他的眼光、经验与领悟，可以弥补我这方面的不足，从而能够在不远的将来提供一个更为准确和到位的中译本。

接下来还有几个与翻译有关的问题需要在此一并说明：

1.对翻译中的“信”、“达”、“雅”标准，陈康先生的理解，也是我的翻译信条，或被我用来做自己翻译的托词：

“信”可说是翻译的天经地义：“不信”的翻译不是翻译，不以“信”为理想的人可以不必翻译。

“达”只是相对于的。……译文的“达”与“不达”，不能普遍地以一切可能的读者为标准，乃只相对于一部分人，即这篇翻译的理想读者。

“雅”可视为哲学著作翻译中的脂粉，只有在不妨害“信”的情形下才能讲究。……“雅”与“不雅”，只是表面上的问题。

这当然也可以被看作是对译笔缺乏“雅”的一个借口。事实上，胡塞尔的文笔很难说是雅的。他一生中大概有一两篇文字可以算得上是所谓的“美文”。但正如要求一个数学家在写作中注意文笔的优雅的做法可以说是不着边际一样，要求胡塞尔的《逻辑研究》如散文一般通畅也是一种“媚雅”的俗套。

2.“Satz”一词，若始终统一译作“定律”的确有不妥之处。但如果要统一译成“命题”，也是问题，一来与胡塞尔的另一个常用概念“These”相冲突，二来在遇到“Satz von Widerspruch”（矛盾律）时也不能统一。这里涉及在翻译中是否需要以及能否做到一字一词地对应的问题。在《逻辑研究》新版中，我会根据情形来选择不同的翻译，一般尽可能统一在“命题”或“定律”或“定句”下。

3.第五研究的第10节（A 349/B_1 399）中出现的一个词“Artung”较难翻译。它的上下文为：“gibt uns die rein phänomenologische Gattungsidee intentionales Erlebnis oder Akt wie dann weiter auch deren reine Artungen”。这里译作：“为我们提供了纯粹现象学的属观念（Gattungsidee）‘意向体验’或‘行为’，而后也进一步提供了它们的纯粹本性（Artung）”。“Artung”一词如今在德文中很少出现，一般解释为本性、资质、天资、生性。英译本译作“species”，似乎是将它干脆等同于“类”（Art）了。但在胡塞尔时代，这个词所指究竟是什么？偶尔发现在里尔克的诗“Der Auszug des verlorenen Sohnes”中有“出于本性”的说法（“fortzugehn：warum? Aus Drang，aus Artung，aus Ungeduld，aus dunkler Erwartung，aus Unverständlichkeit und Unverstand”），看起来这是胡塞尔时代的通常含义，因此仍然译作“本性”，至少不

能译作“类”。

4.中译本初版中所有脚注均为章末注。修订版中则全部改为当页脚注，以方便读者阅读。

对《逻辑研究》中译本修订版的通读和校定是由以下几位同事和同学完成的：张伟通读和校订了第一卷和第二卷的第二部分，并完成了打印稿全书边码的补登；高松通读和校订了第二卷第一部分的第一研究；朱刚通读和校订了第二研究；肖德生通读和校订了第三研究；夏宏通读和校订了第四研究；高维杰通读和校订了第五研究。

这里要对他们的耐心和仔细表示衷心的感谢！

最后还是一个希望：愿这个修订本能够更有助于读者对胡塞尔现象学的理解和领悟！

倪梁康

2005年9月22日　于广州

中译本第三版后记

由上海译文出版社于2006年出版《逻辑研究》中译修订本脱销已经多年。常常有朋友会来信询问或索要。旧书网上修订版的价格看起来已经涨了两三倍。自己手边也只还剩下一个自藏本以供自己阅读和随时标记勘误之用。之所以迟迟没有让出版社再印，主要原因在于自己在这些年的现象学教学与研究中一再发现其中还有许多疏漏差误存在，故而不想在未修改之前去加印一些已经意识到不尽完善的版本。正如我在给一位来函索书的朋友的回信中所说："但此译乃十多年前手笔，疏漏谬误甚多。或信而不达，或达而不信，或应信时不信，应达时不达（至于雅的缺失，因学术著作，属可有可无，且胡塞尔本人也不在意用力，这里也就不再自责）。当时虽已尽力，如今看来，实有润饰、修改、订正之必要。故始终未做再印之推动。或许几年之后方可着手。"

按照自己的计划，这个"几年之后"应当是指2013年。因为2012年是献给亦师亦友的耿宁先生75岁诞辰的。该年应当编辑出版他的一个文章与讲演集，并完成他的《人生第一等事》巨著的中文翻译。但这两件事的进展比我计划得更为迅速。龙年未至，我已经可以开始《逻辑研究》的再次校订了！

此次校对，没有时间的压迫，没有非学术因素的干扰，甚至少了学术好奇心或求知欲的驱使(这是在翻译耿宁《人生第一等事》过程中的常态),剩下的应当主要是从容的心态了。校订是对照德文本(常常也参照英文本)逐段进行的,改动之处甚多。原先的疏漏与误解,此次得到了大幅度的修订与补正,尤其是第一卷。已经很难确定此次改动的比例有多大,只能大致估测第一卷在三分之一上下,第二卷的第一部分在五分之一以内,第二卷第二部分的改动则更多是修饰性的。

总的感觉,原先第一卷的翻译,过多偏重于"达",亦即通顺。若只读中文会觉得不错,甚至觉得比现在译得还好,但对照德文便发现偏离之处甚多;而原先第二卷的翻译则偏重于"信",亦即忠实,中文读来不顺,但对照原文却发现差误相对较少。可能在我觉得重要的和有趣的部分,这次的校对就会做得比较仔细。而问心有愧的是,在我觉得不重要和不有趣的部分,这次的校对仍然可能留有疏漏。一般说来,第一卷、第二卷的第一、二、五研究得到了更为仔细的校订,其余的部分则反之;整个正文部分得到更为仔细的校对,编者引论和各类注释则反之。看起来这次系统的修订应当是最后一次,至少是我自己经手的最后一次。

有几个概念翻译方面的修订在这里需要特别说明:

1. Allgemeinheit, allgemein:原译:一般性、一般;现译:普遍性、普遍的。胡塞尔通常用它来标示广义、笼统的普遍性;

2. Universalität, universell:普全性、普全的;它被胡塞尔用来指称范围的普遍性、经验的普遍性,例如,类似所有人、所有天鹅这样的普遍性;

3. Generalität, generell:总体性、总体的;它在胡塞尔那里大多是指形式的普遍性、种类的普遍性,如,红色、一、三角形等等;

4. überhaupt:一般:包括个别对象与普遍对象在内的全体;

5. Charakteristik, Charakterisierung:原译:特征描述;现译:刻画、特征刻画;以区别于描述:Beschreibung, Deskription;

6. Merkmal:原译:特征;现译:标记;以区别于特征:Charakter;

7. Disposition, dispositionell:这个词在心理学中大都被译作"素质"、"气质"。但在胡塞尔的意识现象学中却常常无法统一做此翻译。我根据情况而更多选择"心境"的译名。

在此次修订期间,王鸿赫提供了一份相当详细的"《逻辑研究》若干补正",列出约200个可以考虑修改的地方!朱刚也提供了一些对第三研究的补正建议。全书修改完后,于涛十分仔细地通读了全部的修订稿,并标明了边码。此后高松与张伟又提出一些修改建议。所有这些,都对该译稿的修缮有所助益。在此我想一并表达我对他们由衷的感激之情!

倪梁康

2013年2月25日

中山大学园西区

补记:

目前这个精装的版本相当于中译本的第三版,但对一些在此期间发现的数十个错误做了修正。这里要特别感谢李云飞、朱刚提供的修改建议!同时也期待本书的书友们一起来参与修订,使之在将来逐步臻于完善。

倪梁康

2016年8月24日

图书在版编目(CIP)数据

逻辑研究/(德)埃德蒙德·胡塞尔著;倪梁康译.—北京:商务印书馆,2017
(汉译世界学术名著丛书:120年纪念版:珍藏本)
ISBN 978-7-100-14709-5

Ⅰ.①逻… Ⅱ.①埃… ②倪… Ⅲ.①逻辑—研究
Ⅳ.①B81

中国版本图书馆CIP数据核字(2017)第156305号

汉译世界学术名著丛书
(120年纪念版·珍藏本)
逻辑研究
(全二卷)
〔德〕埃德蒙德·胡塞尔 著
埃尔玛·霍伦斯坦、乌尔苏拉·潘策尔 编
倪梁康 译

商务印书馆出版
(北京王府井大街36号 邮政编码100710)
商务印书馆发行
北京冠中印刷厂印刷
ISBN 978-7-100-14709-5

2017年12月第1版 开本710×1000 1/16
2017年12月北京第1次印刷 印张96¾
定价:485.00元